JN438940

문제 해결과 의사소통

— 발표와 토론 —

가톨릭대학교 학부대학
김상희 · 김영심 · 이지양 · 이현재 · 최선경 · 하병학 · 황성근

가톨릭대학교출판부

* 이 책에 인용된 글은 "문화일보", "미디어필름인터네셔날(주)", "사단법인국제앰네스티한국지부", "아이뉴스24" 정진호, "오마이뉴스" 황선주, "주간조선" 조희문의 저작권 승인을 받아 게재하였습니다.

Problem-Solving and Communication

Edition by
Institute of General Education, the Catholic University of Korea

Printed in
THE CATHOLIC UNIVERSITY OF KOREA PRESS

차례

제2부 토론

머리말

기성세대들이 신세대들의 생각이나 행동을 못마땅한 눈으로 바라보는 일은 어제오늘의 일이 아니다. 조선시대 사람들의 글에서도 젊은이들의 모습을 못마땅하다고 질타하는 내용이 심심치 않게 발견되곤 한다. 하지만 우리 역사에서 요즈음처럼 변화가 급격한 시대는 흔치 않을 것이다. 젊은 세대의 언어와 나이든 세대의 언어 사이에 의사소통이 불가능할 정도로 큰 차이를 보이는 현실에 초점을 맞추어 이를 소재로 한 텔레비전 프로그램이 만들어질 정도이니 말이다.

요즈음 대학생들은 그 전의 세대들보다 여러 면에서 두드러지는 장점을 가지고 있다. 번뜩이는 끼와 재치, 자유로운 상상, 순발력, 자신의 생각을 거침없이 드러내는 표현력 등은 이들의 특징이다. 그러나 한편으로는 예전에 비해 생각의 깊이를 키워 가는 따분한 노력은 잘 하려고 들지 않는다. 그렇지만 한 사회를 이끌어 나갈 지식인으로서의 자격을 갖추기 위해서, 피상적 사고는 지양되어야 한다. 얕은 생각의 결과는 한 사람의 불행에서 그치는 것이 아니라 사회 전체, 나아가서는 국가적인 불행을 초래할 수도 있기 때문이다.

CAP는 학생들에게 깊이 있는 사고를 할 기회를 제공하기 위해 만들어진 프로그램이다. 자기 앞에 놓인 현실의 문제를 겉핥기식으로 넘겨 버리지 않고, 심도 있게 분석하여, 창의적으로 해결하는 것이 이 프로그램의 목표이다.

CAP 교육의 내용은 "깊이 있게 생각하기", "생각한 결과를 정확하고 세련되게 표현하기"로 구성되어 있다. CAP 교육의 모든 과정은 생각하는 훈련으로 이루어진다. CAP I의 "읽기"에서 집중적으로 이러한 훈련이 이루어지겠지만, "발표와 토론", "학술적 글쓰기"에서도 그 토대는 "생각하기"이며, 이 "생각하기"를 우리 식으로 표현한 것이 C(Creativity), A(Analysis), P(Problem Solving)이다.

그러나 아쉽게도 CAP 교육의 핵심적 목표는 너무 깊숙한 곳에 들어 있어서, 그 목표에 직접 도달할 도구나 수단이 쉽게 찾아지지 않는다는 데에 고민이 있다. 우리는 이런 고민을 해결하기 위해 이미 연전에 CAP I 「분석과 비판의 기초」, CAP II 「문제 해결과 의사소통」을 통합한 교재(『분석과 창의적 문제 해결』, 가톨릭대학교출판부, 2005)를 만든 바 있다. 그런데 이 교재는 다소 이론적인 면에 치우친 감이 없지 않아서, 학생들이 쉽게 접근하기 어려운 측면이 있었고, 통합 교재라는 점 때문에 CAP I과 II 각각의 수업 시간에 적극적으로 활용하기에도 어려운 점이 있다. 따라서 이런 고충을 해결하기 위한 방법으로 수업 시간에 잘 활용할 수 있는 워크북을 계획하게 되었고, 교양교육원 교수님들을 비롯한 많은 사람들의 노력으로 이제 책으로 발간하게 되었다.

CAP II 워크북은 "발표"와 "토론"으로 구성되는데, 실제적인 발표와 토론의 장면을 상정하고 이 모든 국면에서 문제를 발견하고 자신의 생각을 잘 표현할 수 있는 방법을 기술적인 부분까지 세세하게 점검하고 훈련할 수 있도록 구성하려고 노력하였다.

이번 발간되는 워크북을 통하여 학생들이 보다 높은 학문의 세계에 접근할 수 있는 생각의 기초, 표현의 기초를 잘 연마할 수 있을 뿐 아니라, 장차 사회생활을 영위하는 데에도 도움이 될 수 있으면 하는 바람이다.

이 워크북을 만드는 데에는 교양교육원 교수님들의 헌신적인 노력이 숨어 있다. 교수와 연구에 바쁜 학기 중에도 학생들의 기초학문 탐구능력 향상을 위해 집필자들 사이에 격론을 벌여가며 고심한 시간을 이루 헤아릴 수 없다. 방학 중에도 거의 쉬는 날 없이 연구실에서, 컴퓨터 앞에서 끊임없는 연구를 거듭해 주신 교수님들께 미안한 마음과 함께 고마운 마음을 드린다.

2007. 8. 2

가톨릭대학교 교양교육원장 이 지 양

제1부

발표

1장 발표란 무엇인가?
2장 발표 준비하기
3장 발표 실전에 임하기
4장 발표 평가하기

1장 발표란 무엇인가?

사전적 정의를 통해 볼 때, 발표란 여러 사람 앞에서 자신의 의견이나 생각을 진술하는 행위를 말한다. 보통 '퍼블릭 스피치', '대중 연설', '공적 말하기' 등으로 지칭되는 발표는 오늘날 민주사회에서 타인에게 가장 큰 영향력을 행사하는 중요한 행위로 자리 잡게 되었다. 우리는 일상생활에서 수많은 발표를 접하게 되는데, 가령 수업 시간 중에 이루어지는 교사의 강의와 학생들의 연구 과제 발표, 대통령의 신년 연설, 직장인의 브리핑 혹은 프리젠테이션, 정치인의 선거 유세, 성직자의 설교 혹은 강론, 각종 행사의 축사 및 격려사 등이 그것이다.

역사적으로 볼 때, 사회가 민주화될수록 그만큼 발표 능력이 중시되는 경향이 나타난다. 민주주의가 정착된 사회에서는 자신의 의견을 대중 앞에서 개진하여 자신이 원하는 방향으로 다수의 사람들이 동의하게끔 설득하는 발표 행위가 무엇보다 필수적이기 때문이다.

서양의 경우, 발표의 역사는 2500년 전인 고대 그리스 시대로까지 거슬러 올라간다. 기원전 5세기경 시실리의 도시국가 시라쿠사에서는 참주정치가 무너지고 민주정치가 도입되면서 재산 반환 소송이 일어나게 된다. 시민들은 참주에게 빼앗긴 사유재산을 도로 찾기 위해 배심원인 청중들 앞에서 연설을 했으며, 목적을 달성하기 위해 체계적이고 논리적인 연설 기법을 학습했다. 이 밖에도 고대 아테네에는 '아고라'라고 불리는 광장을 중심으로 각종 연설이 유행했으며, 합리적 사고방식과 민주주의와 결합하여 발표 문화가 꽃필 수 있는 토양이 마련되었다. 이 시대에는 연설을 잘하는 사람이 대중의 사랑을 받았으며 그들은 오늘날 유명 연예인만큼이나 큰 인기를 누렸다고 전한다.

그러나 우리나라에서는 전통적으로 말 자체를 일종의 허위적 수식으로 간주하는 유학적 풍토와 아울러 '침묵이 금이다'라는 식의 통념으로 인해 발표 문화 자체가 깊이 뿌리내리지 못했다. 더욱이 근래의 권위주의적 사회 풍토와 오랜 독재정치로 인해 다른 사람 앞에서 말을 삼가는 것이 스스로에게 이득이 된다는 생각이 암암리에 널리 퍼져 있었다. 이러한 풍조는 민주주의가 사회 전반에 뿌리를 내리게 된 1990년대 이후 점차 바뀌기 시작했으며, 최근에는 정치나 사회 분야뿐 아니라 취업, 승진, 협상 등에서 발표 능력이야말로 개인이 갖추어야 할 가장 중요한 능력이라는 인식이 확고히 자리 잡게 되었다.

특히 고도 정보화 사회로 접어든 지금, 사회 모든 분야에서 발표야말로 모든 것에 우선하는 가장 중요한 능력으로 평가받고 있다. 오늘날 우리는 모든 정보를 대중 매체를 통해 접하게 되며 미디어를 통한 말에 의존하여 중요한 사안들을 결정하므로, 타인에 대해서도 역시 개별적인 접촉보다는 말을 통해 그 사람의 능력을 평가하게 마련이다. 이런 특성을 가진 사회에서 발표의 중요성은 점점 더 커질 수밖에 없으며, 발표 능력은 곧 그 사람의 전반적인 능력을 의미하게 된다. 현재 모든 대학의 교과과정에 발표와 토론이 필수적으로 이수해야 할 과목으로 지정되는 현상은 이러한 사회적 수요와 추세를 반영하는 것이다.

발표는 단순한 말재주나 말놀음이 아니라 청중에 대한 면밀한 분석하에 상황적 요소를 충분히 고려하여 정확하고 뚜렷이 의사를 전달하는 일종의 과학이라 할 수 있다. 발표 내용이 아무리 충실하더라도 그것을 제대로 전달하지 못한다면 그 발표는 실패할 수밖에 없다. 따라서 발표에 임하는 사람은 먼저 발표하고자 하는 내용에 대한 정확하고도 해박한 지식을 갖추어야 하며 청중을 사로잡을 수 있는 설득 전략을 연구하여 성공적인 발표를 준비해야 할 것이다.

1. 설득적 의사소통으로서의 발표

'사고의 전달 혹은 교환'이라고 정의되는 의사소통은 그 어원에서부터 발표 행위와 깊은 관련을 맺고 있다. 의사소통에 해당하는 라틴어 'communicatio'는 원래 고대 수사학에서 연설가가 청중에게 자문을 구하면서 수사적 질문을 던지는 방식을 일컫는 말이었다. 즉 연설가가 청중과 의견을 공유함으로써 그들을 설득한다는 목적을 이루기 위해, 일부러 청중들에게 질문을 던짐으로써 자신이 그들의 결정을 믿고 따르는 것처럼 믿게 만드는 일종의 담화 기술이었다.

예를 들면 '여러분들이라면 이런 미묘한 상황에서 어떻게 행동하시겠습니까?' 하는 수사적 질문을 청중에게 던져 청중을 자신의 발표에 적극 참여시키는 방식이었다. 이와 같이 의사소통은 고대에는 연설의 한 작은 분야에 지나지 않았으나 20세기 중반에 와서 독립된 학문으로 다시 탄생하면서 모든 사회적 실천 영역에서 중요한 기능을 하는 상호 행위적 과정으로 탈바꿈하게 되었고 지금은 오히려 발표가 의사소통의 한 영역으로 포함되게 되었다.

언뜻 보기에 발표는 발표자가 청중을 향해 말하는 일방적인 의사소통인 것 같으나, 실제로는 청중과 발표자가 보이지 않는 대화를 지속하는 양방향의 의사소통 과정이다. 발표자는 이미 발표의 준비 단계에서부터 보이지 않는 청중의 수준과 관심, 지적 능력 등을 염두에 두고 마음속으로 끊임없이 청중과 대화를 나누고 있으며, 발표를 실제로 행할 때에도 청중의 반응을 주의 깊게 살펴 준비한 내용에 보다 자세한 내용을 덧붙이거나 적절히 삭제하기도 한다. 청중들 또한 그들의 눈빛이나 태도, 표정 등을 통해 나름대로의 방식으로 발표자에게 자신의 견해를 소통한다.

그러므로 발표 역시 일상 대화나 대담 등과 마찬가지로 발표자와 청중이 상호적으로 영향을 미치는 쌍방의 의사소통으로 보아야 하며, 따라서 의사소통의 세 요소인 발표자, 발표 내용, 청중이 조화를 이루어야 한다. 결국 발표의 성패는 발표자가 청중을 자신의 발표에 얼마나 잘 끌어들이는가에 달려 있으므로 발표자는 청중을 고려해 청중과의 눈 맞춤, 호감을 주는 표정, 변화 있는 목소리, 시간 준수, 자연스러운 말투, 적절한 제스처 등에 유의해야 하는 것이다.

또한 모든 발표는, 그 목적과 종류에 따라 정도의 차이는 있으나, 설득의 기능을 가진다고 할 수 있다. 대중을 상대로 어떤 정보를 전달하거나 자신의 주장을 개진하는 경우, 어떻게 하면 가장 효과적으로 다른 사람에게 정보를 전달할 수 있을지 혹은 내 생각에 대해 동의를 얻을 수 있을지에 초점이 맞추어지기 때문이다. 발표란 내가 가진 정보를 다른 사람과 나누고, 더 나아가 그 사람들에게 영향을 끼치는 행위이므로 본질적으로 설득을 지향하고 있다.

가령, 어떤 정보를 객관적으로 전달하는 정보 전달의 발표에서도 그러한 정보를 효과적으로 전달하기 위한 어휘의 선택이나 표현, 내용 전달의 순서, 구성 등에서 발표자의 특정한 시각이 전제되어 있다는 점에서 그것은 설득의 시도라는 범주를 벗어날 수 없다. 발표자는 자신이 가진 정보를 청중에게 신뢰감을 줄 수 있도록 전달하기 위해 발표자 자신의 태도를 통해 믿음을 주어야 할 것이며, 발표 내용 또한 성실하고 논리적으로 구성해야 할 것이다. 또한 정보가 청중에게 잘 인식될 수 있도록 청중의 감정 상태도 고려해야 한다.

2. 발표의 구성 요소

발표를 구성하는 요소는 의사소통 모델이 발전됨에 따라 변해 왔다. 의사소통 모델은 처음에 직선(linear) 모델에서 그 후 상호작용(interactive) 모델로 바뀌었으며, 그리고 최근에는 교류(transactional) 모델로 발전되었다.

직선 모델은 오랜 기간 의사소통 모델로 확고한 자리를 차지해 왔는데, 이는 발화자가 부호를 만들어 발화하고 수신자는 그 메시지를 듣고 해독하는 것으로, 직선을 따라 메시지가 전달되는 과정의 모델이다. 이 모델에 따르면 발표의 구성 요소는 발표자・메시지・청중의 세 요소로 이루어진다.

그 이후에 개발된 상호작용 모델은 수신자가 메시지를 듣기만 하는 것이 아니라 발화자에게 피드백을 보낸다는 의미에서 발전된 모델이라 할 수 있다. 즉 의사소통의 과정은 발화자에서 수신자로의 일방적인 과정이 아니라 발화자와 수신자가 상호적으로 작용하는 과정이라는 것이다. 이때 수신자의 피드백은 언어적 혹은 비언어적 메시지를 통해 이루어진다. 또한 이 모델에는 성공적인 의사소통을 방해할 수 있는 내적・외적 장애도 구성 요소로 포함된다. 내적 장애는 발화자와 수신자의 마음속에서 발생할 수 있는 요인이며, 외적 장애는 의사소통 상황에서 발생하는 요인을 지칭한다. 그러므로 상호작용 모델에서의 구성 요소는 직선 모델의 세 요소 외에 채널・장애・상황·피드백이라는 네 가지 요소가 추가된다.

최근에 개발된 교류 모델은, 발화자와 수신자 사이에 메시지를 주고받는 상호작용이 상황에 따라 여러 가지 방법으로 동시에 이루어진다는 점에서 상호작용 모델보다 훨씬 발전된 모델이라 할 수 있다. 교류 모델의 구성 요소 또한 상호작용 모델과 마찬가지로 발표자·메시지·청중·채널·장애·상황·피드백으로 이루어진다. 의사소통의 한 유형인 발표를 구성하는 요소도 다음과 같이 일곱 가지로 나누어 볼 수 있다.

1) 발표자

발표자는 발표를 행하는 주체이며, 발신자·연사·소스(source)라고 부르기도 한다. 발표자는 발표의 주제에 대해 조사하고 자료들을 조직하고 메시지를 전달하는 과정에서 반드시 청중의 요구와 특성, 그리고 발표의 조건을 고려해야 한다. 또한 성공적인 발표를 위해 청중에게 신뢰감을 주어야 한다.

2) 청중

수신자로도 불리는 청중은 발표를 듣고 그것을 해독(decoding)하여 피드백을 보내는 역할을 한다. 발표자가 의도한 메시지는 청중에게 그대로 전달되지는 않는다. 메시지는 청중이 자신의 지식과 경험, 가치, 태도 등에 의해 만든 준거 기준에 의해 걸러진다. 그러므로 발표의 성공 여부는 청중에게도 달려 있다고 볼 수 있다. 청중이 선입견을 갖지 않고 발표자의 발표를 존중하며 열린 마음으로 경청하는 자세를 가져야 하고, 발표자가 말하고자 하는 본래의 의미를 있는 그대로 파악하도록 노력해야 한다.

3) 메시지

메시지는 발표자가 청중에게 전달하는 발표 내용이며, 언어적 혹은 비언어적 상징으로 전달된다. 엄밀히 말해 메시지는 발표자가 말하는 것뿐 아니라 말하는 방법까지도 포함하는 다면(多面)적 특성을 갖는다고 할 수 있다. 즉 발표자가 선택하는 어휘나 그 어휘를 배열하는 방법, 음성 변화, 태도와 몸짓, 얼굴 표정 등의 모든 것이 중요한 메시지를 이룬다고 볼 수 있다. 비언어적 상징은 언어적 상징을 강조해 주며 때로는 언어적 상징보다 더 큰 호소력을 가진다. 그러므로 발표자는 비언어적 상징을 사용할 경우, 자기가 생각하고 있는 의미를 청중이 그대로 받아들일 수 있도록 배려해야 한다. 이때 비언어적 상징은 언어적 상징과 일치해야 한다. 양자가 일치하지 않을 때 청중은 비언어적 상징을 메시지로 받아들이게 되기 때문이다.

4) 채널

채널은 메시지를 전달할 때 사용되는 매체와 수단을 말한다. 채널에는 목소리와 같은 청각 채널뿐 아니라 태도, 외모, 시선 맞추기, 제스처, 얼굴 표정, 시각 자료(도표, 차트, 그래프 등)와 같은 시각 채널이 동반된다. 마이크나 인터넷, 텔레비전도 채널로 사용될 수 있다.

5) 장애

장애는 발표자와 청중 간의 의사소통에 방해가 되는 요소이며, 청각적 요인 외에 시각적, 심리적, 의미적 요인 등 발표를 간섭하는 모든 요인을 지칭한다. 장애에는 내적(internal) 장애와 외적(external) 장애가 있다.

내적 장애는 발표자 혹은 청중 자신의 신체적, 심리적 요인에서 생겨난 것을 말한다. 가령 청중의 경우 어떤 사람은 두통으로 인해 발표를 잘못 들을 수도 있으며, 또 어떤 사람은 자신이 치러야 할 시험 걱정으로 발표가 제대로 귀에 안 들어올 수도 있다. 점심시간 직전에 행해지는 발표의 경우에 청중들은 이 발표가 끝나고 뭘 먹을 것인가를 생각하느라 발표에 집중하지 못할 수도 있다. 또한 발표자의 경우에는 발표 연습하느라 전날 늦게 잔 것이 피로를 몰고 와 발표의 집중력을 방해할 수 있다.

외적 장애는 발표자와 청중의 외부에서 기인하는 요인이다. 발표 중 누군가가 옆 사람에게 속삭인다든지, 에어컨 소리가 크게 들린다든지, 지각생이 문을 열고 들어오는 경우가 외적 장애에 해당한다.

발표자는 장애를 잘 이해하고 그것에 능숙히 대처할 수 있어야 성공적인 발표를 할 수 있다. 가령 발표장 밖의 복도에서 시끄러운 소리가 들리면 문을 닫아 소음을 줄일 수 있으며, 에어컨 소리가 시끄러운 경우 목소리를 더 높여 전달을 도울 수 있다. 발표자는 발표 도중 예기하지 못했던 장애를 줄일 수 있도록 유연한 자세로 발표에 임해야 할 것이다.

6) 상황

상황은 주로 발표 장소, 시간, 조명, 온도, 거리, 좌석 배치, 모임의 성격 등으로 이루어진다. 발표자가 상황을 제대로 파악하는 일은 발표의 성공을 위해 필수적인 것이다. 가령 졸업식에서의 발표와 장례식에서의 발표는 그 성격이 다를 것이며, 야외에서 행해지는 발표와 교실에서 행해지는 발표는 전달 방법이 달라질 것이다. 같은 교실이라 하더라도 의자의 배열이나 청중의 수, 오전이나 오후, 월요일 아침 혹은 금요일 오후 등 여러 가지 상황에 따라 다르게 준비해야 한다.

7) 피드백

피드백은 청중이 발표자에게 보내는 반응이다. 즉 발표의 명확성과 그것의 수용성에 대해 청중이 보내는 메시지라고 볼 수 있다. 발표가 진행되는 동안에는 주로 비언어적인 방법으로 피드백이 이루어진다. 발표자는 청중의 피드백을 잘 읽어 자신의 메시지를 거기에 맞추어 나가야 한다. 청중에게 어떤 정보를 전달하는 것이 목적인 발표의 경우 청중이 충분히 이해하지 못했다는 피드백을 보내면, 내용을 좀 더 쉽게 부연 설명할 필요가 있다. 또한 자신의 주장에 동참해 주기를 바라는 목적에서 발표를 할 경우, 발표자는 청중의 얼굴 표정에 나타난 결연한 표정이나 머리를 끄덕이는 피드백을 통해 발표의 진행 상황을 점검해 볼 수 있다.

〈발표의 구성 요소〉

〈연습문제〉

1. 우리의 수업도 하나의 발표 형식을 띤다고 할 수 있다. 강의하는 교수가 발표자 역할을 하며, 학생들은 청중의 역할을 한다. 발표의 일곱 가지 요소를 사용하여 우리가 듣고 있는 강의 중의 하나를 분석해 보시오.

2. 현재 수업 중인 강의실에서 감지되는 외적 장애를 분석해 보시오. 청중의 입장에서 볼 때, 이 장애는 수업을 듣는 것에 어떤 영향을 주는가? 또한 발표자의 입장에서 볼 때, 어떻게 이러한 장애의 영향을 최소화할 수 있겠는가?

3. 발표의 종류

발표는 그 목적에 따라 정보 제공 발표, 설득 발표, 유흥 발표로 구분되고, 실전 방식에 따라 즉흥 발표, 암송 발표, 메모를 가지고 하는 발표, 원고를 가지고 하는 발표로 구분된다. 또한 발표 준비 혹은 발표의 인원에 따라 개인 발표와 팀 발표로 구분된다.

수업 중 학습 대상으로 다루는 발표는 주로 정보 제공 발표나 설득 발표이며, 발표문을 준비해서 팀 혹은 개인이 발표를 하게 된다. 정보 제공 발표와 설득 발표를 나누는 것은, 서로의 특성에 따른 엄격한 구분이라기보다 중점을 두는 목적이 무엇인가에 따른 편의상의 구분이라 할 수 있다. 정보 제공 발표에서도 청중에게 정보를 효과적으로 제공하기 위해서 설득을 위한 여러 기법들이 사용될 수 있으며, 설득 발표에서도 청중을 설득하기 위해서는 주장하는 주제에 대한 정보를 먼저 제공해야 하기 때문에 두 발표는 공통분모를 함께 가지고 있는 것이다.

1) 정보 제공 발표

정보 제공 발표의 목적은 서로의 지식을 공유함으로써 다른 사람들과의 상호 이해를 창출해내는 것이다. 발표자는 일반적으로 '6하 원칙'에 의거한 질문에 답하는 형식으로 정보를 제공하는 것이 좋다. 정보 제공 발표의 대표적인 경우가 어떤 지식을 전달하기 위한 교사들의 수업이며, 그 대상은 어떤 사건, 물건, 장소, 인물, 과정, 절차, 개념, 이슈 등에 관한 것들이다.

정보 제공이 효율적으로 이루어지기 위해 가장 신경을 써야 할 부분은 청중의 관심을 효과적으로 유도해 낸 다음 그 관심의 집중도를 발표 시간 내내 유지하는 일이다. 발표의 목적이 청중에게 지식을 전달하는 일이므로 수동적인 입장인 청중은 집중력이 금방 떨어지기 쉽다. 그러므로 전달하고자 하는 정보는 청중의 지식수준에 맞는 새로운 것이어야 하며, 청중의 관심을 끌 수 있는 것이어야 한다. 또한 논쟁의 여지가 있는 주제의 경우, 발표자의 개인적인 주관이 개입되지 않도록 가능한 한 모든 관점을 객관적으로 전달해야 한다.

정보 제공 발표의 유형은 대략 세 가지로 나누어 볼 수 있다. 어떤 물건이나 사람, 사건, 장소에 관해 그것의 모습을 그림을 그리듯이 묘사하는 서술 발표, 어떤 이슈나 개념, 혹은 신념에 관해 왜 그러한지를 밝히는 설명 발표, 그 대상이 어떻게 작용하고 기능하는지의 과정을 보여 주는 시범 발표가 있다.

〈정보 제공 발표의 예〉

안녕하세요? 저는 ○○○입니다.

3월초 주말 오전에 학교에 왔다가 M.T.를 떠나는 학우들이 음료수와 함께 엄청난 양의 소주를 차에 싣는 것을 본 적이 있습니다. 이후로도 대부분의 모임에 많은 술이 동원되는 것을 보았습니다. 하지만 그 다음날 멀쩡한 모습으로 영어퀴즈 100점을 거뜬히 맞는 학우를 보면서 술에 대한 이야기를 한번 나누고 싶었답니다.

사람을 즐겁게 하고 사람 사이를 맺어 주기도 하는 좋은 음료이면서 간혹 잘못 마시면 큰 실망을 주기도 하는 '술 이야기'를 한번 펼쳐 볼까요?

술을 즐기는 참된 풍류가이며 술로 인해 성인의 경지에 이르렀다고 하는 청록파 시인 조지훈 선생은, 그 사람의 술 마시는 모습을 보면 인품과 직업은 물론 주력(酒歷)과 주력(酒力)을 당장 알아낼 수 있다고 했습니다. 더불어 바둑이나 장기처럼 주도에도 9개의 급과 9개의 단이 있다고 합니다.

우리 신입생들은 이제 겨우 주도의 길에 입문하게 된 경우가 많죠? 대학 생활, 또 이어지는 사회생활에서 우리와 동고동락을 하게 될 술 마시는 문화, 주도 18단계를 알아보면서 자신은 어느 단계에 속하는지 스스로를 비교해 보세요.

…… (중략) ……

사상 체질에 따른 바람직한 음주 방법

대학 생활과 앞으로의 사회생활에서 음주를 피할 수 없는 경우가 많습니다. 몇 년 전까지만 해도 술자리에서 여성은 본인의 선택에 따라 술 대신 탄산음료 등을 마시는 경우가 많았지만, 지금은 양이나 종류에서 남녀 구별이 없어진 것 같습니다.

피할 수 없는 술자리라면, 또 선택할 수 있는 자리라면 이제마 선생의 사상 체질에 의해 자신의 체질을 알고, 이왕이면 자신에게 맞는 술과 안주를 택한다면 건강 문제에 조금이라도 도움이 되지 않을까 해서 사상 체질에 따른 음주 방법을 알아보았습니다. 물론 건강상으로는 마시지 않는 것이 가장 바람직하겠지요.

그럼 체질에 따라 어떤 음주 방법이 적합한지 한번 알아볼까요?

사상 체질에 따른 바람직한 음주 방법

사상 체질 \ 분류	체격의 특징	술	안주
태양인	얼굴이 둥근 편이고 머리가 크다	알콜도수가 낮은 술 — 포도주, 생맥주	조개류, 포도, 김, 신선한 야채
태음인	체격이 크며 골격이 굵고 살이 찐 사람이 많다	대부분의 술이 잘 맞으나 알콜도수가 높은 술 — 소주, 고량주, 보드카, 위스키	쇠고기, 우유, 치즈, 두부, 콩나물, 은행, 밤, 배, 버섯, 당근, 무
소양인	흉곽이 발달하고 하체가 약하다.	술보다는 분위기 — 맥주	돼지고기, 굴, 전복, 새우, 배추, 오이, 수박, 참외
소음인	비위가 약하고 상체보다 하체가 실하나 균형이 잡혀 있다.	소주, 와인, 브랜디, 인삼주	닭고기, 파전, 사과, 토마토

태음인은 간 기능이 왕성해서 대주가가 많습니다. 지방간 등 40대 이후에 간질환이 발병하기 가장 쉬운 체질이지요. 맥주는 내장 기능 저하로 지방이 축적되기 쉬워 복부가 비만해지므로 가능한 금하는 것이 가장 좋구요.

소음인은 술을 잘 마시는 체질이나 위장이 차고 냉하므로 적절히 마시지 않으면 건강에 해가 됩니다. 평소 몸이 차고 저혈압이면서 자주 어지럼증을 느끼는 여성의 경우 저녁식사 때 포도주나 위스키 등을 한 잔 정도 마시면 도움이 될 수 있답니다. 소주나 양주, 고량주 등 독한 술이 좋고 성질이 찬 맥주 등은 좋지 않습니다.

☞ 효과적인 정보 제공 발표를 위한 유의 사항

- 내가 지금 전달하려는 정보는 과연 새로운 것인가?

  정보 전달 발표는 지식을 공유하여 상호 이해를 창출해 내는 것이므로, 전달하려는 지식은 청중에게 새로운 것이어야 한다. 청중에게 익숙한 주제인 경우, 그 주제의 깊이를 더하거나 범위를 넓히거나 아니면 독특한 관점을 취해서 정보를 새롭게 만들어야 한다.

- 내가 지금 전달하려는 정보는 청중의 필요와 욕구에 부응하는가?
- 발표에서 사용된 언어의 의미는 정확한가?
- 내가 전달하는 정보는 객관적인가?
- 전달 기법이 신선한가?
- 나의 발표는 여러 가지의 학습 행태(learning style : 통계, 예, 설명, 실험 등)를 제시하고 있으며 명쾌한가?

2) 설득 발표

설득 발표의 목적은, 다른 사람의 태도나 믿음, 가치관, 행동에 영향을 미쳐 자신이 원하는 방향으로 생각하고 행동하게 하는 것이라 할 수 있다. 그러므로 발표자는 어떤 주제에 관련된 특정 관점에 대해 청중들과의 상호 이해를 창출함과 동시에 청중이 그 입장에 동의하도록 영향을 줄 수 있어야 하며, 더 나아가 자신이 기대하는 행동을 청중들이 하도록 유도해야 한다. 정보 제공 발표가 주로 교사들에게 해당되는 발표라면, 설득 발표는 지도자들에게 해당되는 발표라고 볼 수 있다. 청중들을 설득하여 자신의 관점에 동의하게 만드는 일이야말로 그들에 대한 지도력을 발휘할 수 있는 큰 힘이 되기 때문이다.

설득 발표는, 청중의 동의를 얻어 태도를 변화시키는 것을 목적으로 하는 태도 변화 발표와 청중의 행동을 변화시키는 것을 목적으로 하는 행동 촉구 발표로 나눌 수 있다.

(1) 태도 변화 발표

청중이 지닌 믿음, 태도, 가치관에 영향을 미치는 일에 초점을 맞춘 발표이다. 가령, 동성애를 긍정적으로 보는 발표자가 동성 간의 결혼도 이성 간의 결혼과 마찬가지의 법적 보호를 받아야 한다는 자신의 신념을 청중에게 납득시킨다든지, 반대로 동성애자들을 부정적으로 보는 발표자가 동성애가 윤리적으로 천박하고 인간의 타고난 본성을 거스르므로 잘못되었다고 주장하는 것이 여기에 해당한다. 수업 시간에 행해지는 설득 발표는 대부분 태도 변화 발표에 해당한다.

(2) 행동 촉구 발표

발표자가 원하는 방향으로 청중이 행동하도록 설득하는 발표이다. 행동 촉구 발표는 정보 제공 발표와 태도 변화 발표의 특징을 일부 포함한다고 할 수 있다. 발표자가 원하는 방향으로 청중이 행동하게 유도하기 위해서는, 우선 자신의 주제에 관한 정보를 청중에게 제공해야 할 것이며, 또한 문제의 중요성과 해결 방안, 그 해결 방안의 가치에 관한 동의를 구해야 한다. 그런 다음에야 청중을 행동하게 만든다는 최종 목표에 비로소 도달할 수 있다. 따라서 행동 촉구 발표가 발표 유형 중 가장 복잡하고 힘든 발표에 속한다.

〈설득 발표의 예〉

체벌은 사회악인가?
— 체벌의 부당성에 대하여 —

안녕하십니까? 체벌에 대해 발표할 ○○○입니다. 여러분, 발표에 앞서 질문을 하나 하고자 합니다. "지금까지 나는 한 번도 부모님이나 선생님으로부터 맞은 적이 없는 분"이 있다면 손을 들어 주십시오. (반응을 살핀 뒤 적절히 답한다.)

아마 어떤 이유에서든 체벌을 경험한 적이 있으실 겁니다. 이렇듯 체벌은 우리와 매우 가까이 있는 문제이고 앞으로도 마주쳐야 할 문제입니다. 그래서인지 어떤 이는 체벌은 필요악이라고 말합니다. 과연 체벌은 피할 수 없는 사회악인 걸까요? 그에 대한 저의 대답은 "아니오" 입니다. 이제부터 저는 교사의 학생 체벌이 옳지 못하다는 것에 대해 말씀드리겠습니다.

첫째, 체벌은 과정상 감정 개입의 여지가 다분하기 때문에 객관성, 공정성 및 교육적 효과가 떨어집니다. 왜냐하면 대부분의 체벌이 교사가 화가 나 있을 때 갑작스레 행해지기 때문입니다. 그러한 상황에서 이루어지는 판단은 비이성적일 가능성이 다분합니다. 부당한 체벌로 인해 교사와 학생 양자가 입는 심리적, 신체적 상처는 되돌리기가 매우 힘듭니다. 일시적인 감정의 개입으로 입은 상처는 영영 치유되지 않을 수 있습니다. 때문에 체벌은 본래 목적인 행동의 교정이라는 교육적 효과의 달성보다는, '대화와 상호 신뢰 상실'이라는 비교육적 결과를 가져올 가능성이 큽니다.

둘째, 체벌이 행해지면 행해질수록 학생과 교사는 폭력에 익숙해지고 무감각해

지게 됩니다. 체벌에 무감각해진 학생에게 교사의 체벌은 심화될 수밖에 없을 것입니다. 체벌이 심화되면 본래 의미는 사라지고 그것이 폭력으로 비화될 우려가 커지게 됩니다. 우리가 어떤 약을 장기 복용할 경우 약에 대한 내구성이 생겨 점차 복용양을 늘리지 않으면 효과가 나타나지 않게 되는 것과 같은 이치라 할 수 있습니다.

셋째, 체벌은 학생에게 '경우에 따라 정당화될 수 있다'는 생각을 학습시킬 우려가 있습니다. 아이들은 모방을 통해 사회화를 습득합니다. 때문에 학교에서 체벌이 인정된다면, 아이들은 잠재적으로 교사의 폭력을 배울 것입니다. 실제로 현재 사회적으로 만연해 문제가 되고 있는 선후배 간의 폭력도 교사가 학생에게 가하는 체벌의 형식과 유사합니다. 선배라는 권위를 내세워 복종시키려 하고 이것이 뜻대로 이뤄지지 않을 때는 폭력을 스스럼없이 행사합니다. 마치 당연하다는 듯 말입니다.

네 번째로 체벌은 대부분 공포적인 분위기 속에서 이루어집니다. 때문에 대부분의 피체벌자는 부당한 체벌에 이의를 제기하지 못합니다. 이는 불합리한 것에 대한 자신의 권리를 당당히 주장할 수 있는 민주적 시민 양성 의무를 지닌 학교가 자칫 비민주화의 온상으로 전락할 수 있음을 의미합니다. 아울러 이러한 분위기 속에서 인생 상담 따위를 할 수 있는 사제 간의 인간적 관계 형성은 이루어질 수 없습니다.

마지막으로 말씀드리고 싶은 것은 시대의 변화입니다. 과거처럼 정보의 양이 한정되어 있고, 인생의 선배인 교사라는 매개체를 통해 대부분의 정보를 습득하던 시대는 지났습니다. 지금은 정보 시대입니다. 정보의 양은 많고 그 정보를 신속하게 처리하고 전달해 줄 매개체도 넘쳐나고 있습니다.

이와 같은 시대에 학교와 교사는 우리에게 어떤 의미의 존재로 부각되어야 할까요? 아마 인성과 도덕이라는 측면, 즉 지식 이외의 것들을 배우는 데 더 많은 초점을 두어야 할 것입니다. 이런 시대에 권위주의적인 체벌을 요구한다는 것은 21세기 교육의 목표 실현에 부합하지 않는다고 생각합니다.

교사는 학생들에게, 인격적이고 도덕적인 측면의 모범이 되어야 할 것이며, 교사는 체벌이 아닌 대화로 학생과의 유대를 강화해야 합니다. 물론 교사에게 권위도 필요합니다. 하지만 교사의 권위는 체벌이라는 폭력을 통해서가 아니라 인격적이고 도덕적인 표상으로서 학생 스스로 모시고 섬기는 형태가 되어야 할 것이라 생각합니다.

☞ 효과적인 설득 발표를 위한 유의 사항

- 청중에게 신뢰감을 줄 수 있는 태도를 보이고 있는가?
- 설득이라는 목적에 초점을 맞추고 있는가?
- 청중과 유대감을 형성하고 있는가?
- 타당한 논거들을 갖추고 있는가?
- 청중의 정서에 호소하고 있는가?

〈연습문제〉

1. 우리 학교에 들어올 후배들에게 '도서관 이용법'에 관한 정보를 준다고 가정하자. 이 발표에서 전개시킬 핵심 사항의 개요를 작성해 보시오.

2. TV에서 진행되는 정보 제공 발표 중의 하나를 택해 유의 사항이 잘 지켜지고 있는지 분석해 보시오. 잘 지켜지고 있다면, 어떤 점에서 그러한지를 열거하고, 지켜지고 있지 않다면 불충분한 사항이 무엇인가를 설명하시오.

3. 최근 신문이나 TV에서 자신의 시선을 사로잡았던 기사 혹은 광고 중 한 개를 골라 어떤 요소가 설득적이었는지 말해 보시오.

4. 발표 수업의 의의

현대사회는 점점 더 많은 발표 혹은 프리젠테이션을 요구하고 있으며, 지금 이 시간에도 수천 명의 발표자들이 청중 앞에 서서 연설을 진행하고 있다.

현대인들은 발표의 중요성을 차츰 인식하고는 있으나 그것의 체계적인 학습에 대해서는 소홀히 생각하는 경향을 가지고 있다. 발표 능력은 타고나는 것이라 믿고서, 자신감 있게 큰 목소리로 전달하면 되는 것이라고 생각한다.

그러나 발표 능력은 교육을 통해 향상될 수 있는 능력이며, 발표의 원리를 배운다는 것은 말을 효과적으로 하는 방법을 배우는 것 이상의 능력을 함양하는 것이다. 발표를 준비하는 전체적인 단계, 즉 주제를 선정하고 내용을 구상하여 자신의 논리를 세우는 과정, 그것을 적절한 언어로 표현하는 과정, 발표문을 기억하고 청중에게 전달하는 과정을 통해 발표 학습의 의의를 다음과 같이 정리해 볼 수 있다.

첫째, 분석력 · 비판력 · 창의력을 기를 수 있다. 발표문을 작성하기 위해서는 먼저 자신의 주제에 맞는 자료들을 찾아 그 내용을 분석해야 한다. 이 과정에서 자신의 관점으로 그 자료를 비판하게 되며, 자신의 문제에 맞는 내용들을 선택해 조직하게 된다. 이와 같이 다양한 자료를 분석하고 지식들을 통합하여 자신의 목적과 문제에 맞게 가공해 내는 능력이 발표를 준비하는 과정에서 자연스럽게 함양된다.

둘째, 자기 주도적 학습 수행 능력을 통해 성공적인 대학 생활을 영위할 수 있다. 분석력 · 비판력 · 창의력은 대학의 지적 활동을 수행하는 데 필수적인 능력이다. 발표를 통해 이러한 능력이 길러지면 학생들이 전공 영역으로 나아가는 데 있어서도 자기 주도적인 조직 능력이 생겨나 효과적으로 지식을 습득하게 된다.

셋째, 대중 발표를 통해 대인 관계에 대한 자신감을 획득하게 된다. 발표 기술을 터득하는 과정에서 청중의 중요성을 알게 되고, 청중 중심의 사고가 전제되면서 대인 관계에 있어서 원만한 대화가 가능해 진다.

넷째, 취업과 승진에 도움이 된다. 현대와 같이 개인의 능력을 중시하는 사회에서는 자신의 능력을 말을 통해 입증할 수 있어야 한다. 따라서 기업 채용에서도 면접이 점차 강화되고 있는 추세이며, 기업 내에서도 의사소통 능력이 뛰어난 사람이 전반적인 능력을 갖춘 사람으로 인정되고 있다. 발표 과정의 학습을 통해 상대방에게 호감을 주는 면접 기법을 습득할 수 있으며, 세련된 프리젠테이션 기술을 익힐 수 있다.

다섯째, 고객 혹은 협상 대상자에 대한 설득력을 제고시킨다. 정보 제공 발표와 설득 발표를 통해 청중을 설득하는 기법과 전략을 익혀, 직장과 사회에서 발생할 수 있는 여러 종류의 협상에 대처하는 능력을 기를 수 있다.

여섯째, 민주사회의 한 시민으로서 자신의 의사를 충분히 개진할 수 있게 한다. 민주주의는 각 개인이 자신의 생각을 자유롭게 말함으로써 발전되는 제도이다. 그러나 이제까지는 우리나라의 교육 현실로 인해 논쟁 문화가 몸에 배지 못한 것이 사실이다. 발표 수업을 통해 어디서든지 자신의 견해를 체계적이고 명확하게 전달할 수 있을 것이다.

일곱째, 설득력 있는 대중 발표로 민주사회의 지도자로서의 능력을 발휘하게 한다. 대중 발표를 한다는 것은 매우 어렵고 도전적인 일이다. 청중에게 어려운 내용을 쉽게 이해시키고 청중의 태도와 행동에 영향을 끼칠 수 있는 방법을 터득하면서 자부심과 성취감을 느끼게 된다. 이러한 긍정적인 자아성취 개념은 지도자에게 요구되는 필수적인 자질이라 할 수 있다.

2장 발표 준비하기

발표를 잘하기 위해서는 사전에 철저한 준비가 필요하다. 즉석에서 이루어지는 즉흥 발표나 유흥 발표의 경우에는 준비할 시간적 여유가 없는 까닭에 비교적 가볍게 행해질 수 있으나, 목적을 지닌 발표는 그 목적을 달성하기 위한 사전 준비가 필요하다.

발표를 준비하는 순서는 우선 어떤 주제로 발표를 할 것인가를 정하고, 발표의 목적에 맞게 주제문을 만드는 것에서 시작된다. 그런 다음에는 주제에 관한 자료를 검색하고 어떤 자료들을 참고해야 할지를 결정한다. 자료를 확보한 후에는 자료 분석, 필요한 정보 혹은 근거 수집, 발표문의 뼈대 형성, 발표문 작성, 암기, 리허설의 순서를 거쳐 실전에 들어가게 된다.

1. 주제 선정하기

발표의 시작은 주제를 선정하는 일에서 시작된다. 외부에서 주제가 주어지는 경우도 있지만 설령 그렇다 하더라도 그 주제를 자신이 원하는 방향으로 조정할 필요가 있다. 주제를 잘못 선정하게 되면 발표 준비가 어려워지고 실전 후에도 기대한 만큼의 효과를 얻기가 어렵다. 발표의 성패가 주제 선정에서부터 결정된다는 것을 인식하고, 다음의 유의 사항을 고려하여 신중하게 주제를 선택해야 한다.

☞ 주제 선정 시 유의 사항

- 청중과 상황, 발표자의 능력, 발표 시간을 고려해서 정한다.
- 자신이 잘 알고 있는 주제를 선택한다.
- 자신이 잘 알지 못하더라도 발표 준비를 통해 더 많이 알고 싶거나 특별히 탐구하고 싶은 주제를 선정한다.
- 청중이 관심을 가질 수 있는 주제를 선정한다.
- 주어진 시간 내 다루기에 적절한 주제를 선정한다.
- 참고 자료가 충분한 주제를 선정한다.
- 자신이 해결할 수 있는 주제를 선정한다.
- 주제를 정하기가 막연한 경우, 자신의 경험, 관심, 취미, 기술, 신념 등에 관한 세부 사항들을 브레인스토밍 해 본다.

주제가 선정되면 발표의 개괄적인 목적을 정한다. 개괄적인 목적은 자신이 정한 주제에 대해 청중에게 정보를 제공할 것인지, 청중을 설득할 것인지, 분위기를 고무시켜 그들의 흥을 돋울 것인지를 결정하는 일로서 발표는 항상 하나의 개괄적 목적만을 가지는 것이 좋다. 개괄적 목적이 정해지면 이것을 주제와 연결시켜 보다 구체적으로 표현하는 세부 목적을 정하고 주제문 혹은 핵심 메시지를 개발한다.

☞ 주제 선정 과정

자신의 경험, 취미, 관심 등에 비추어 개괄적 주제를 생각한다.

↓

청중을 분석한 결과를 토대로 주제 영역을 정한다.

↓

개괄적인 목적을 정한다.(정보 제공, 설득, 유흥)

↓

주제 영역을 더 좁혀 구체적으로 무엇에 관하여 말할 것인가를 정한다.

↓

핵심 메시지를 하나의 문장으로 만든다.

〈정보 제공 발표 주제 선정 과정의 예〉

- 주제 영역: 건강
- 개괄적인 목적: 트랜스 지방의 위험을 알리기 위해(정보 제공)
- 구체적인 목적: 우리가 일상적으로 섭취하는 식품 속에 우리의 건강을 위협하는 트랜스 지방이 많이 들어 있다는 정보를 제공함.
- 핵심 메시지: 일반인의 기호 식품인 아이스크림, 과자, 감자튀김 등에 트랜스 지방이 많이 함유되어 있으므로 이런 종류의 음식을 섭취할 때는 주의를 기울여야 한다.

〈설득 발표 주제 선정 과정의 예〉

- 주제 영역: 친일 작품
- 개괄적인 목적: 친일 작품 자체에 대한 교육의 필요성을 청중에게 인식시키기 위해(설득)
- 구체적인 목적: 교과서에 빠져 있는 친일 작품을 교육시키는 일이 식민시대 문학 작품에 대한 평가에서 빠질 수 없는 부분임을 인식시키기 위해
- 핵심 메시지: 친일 작품을 교과서에 실어 식민시대 문학 작품을 제대로 평가하고 나아가서 작품과 작가의 관계를 분명하게 인식해야 한다.

〈연습문제〉

1. 다음의 주제 영역에 대해, 구체적인 세부 주제를 정하고 정보 제공 발표와 설득 발표를 하기 위한 핵심 메시지를 써 보시오.

1) 광고

2) 수업 출석

3) 신용카드

4) 다이어트와 영양 섭취

2. 수업 발표에서 청중 역할을 하는 학우들의 관심을 끌 수 있는 주제와 그렇지 않은 주제를 영역별로 적어 보시오.

2. 자료 검색 및 자료 분석하기

주제와 발표 목적이 정해지고 핵심 메시지가 개발되면 주제와 관련된 자료를 찾고 분석하여 자신의 발표 목적에 맞는 자료를 선별하는 작업이 이루어진다. 정보 제공의 목적으로 발표하는 경우에는 새로운 정보를 줄 수 있는 자료를 선별해야 할 것이고, 설득의 목적을 갖는 경우에는 주장에 타당한 논거를 발견해야 한다.

1) 자료 검색

인터넷에서 자료를 검색할 때는 발표의 핵심 용어를 검색 도구로 사용한다. 이 경우 가능한 많은 수의 관련 사이트에서 검색하여, 자신의 발표 주제와 관련된 자료들을 선별한다. 발표 내용의 뼈대가 구체적으로 잡혀 있지 않은 경우에는 핵심 용어를 입력해서 나온 자료들을 일렬로 나열한 후 구체적인 얼개를 짜게 된다. 그러나 발표에 대한 아웃 라인이 잡혀 있는 경우에는 검색할 항목을 중분류로 묶어, 세부 항목을 구체적으로 설정한 다음 자료를 검색하는 것이 효과적이다. 이때 중분류를 설정하는 과정에서 사고의 갈래를 잡는 능력이 길러진다.

〈도서관(가톨릭대학교)을 이용한 자료 검색 방법〉

〔온라인 도서관을 이용한 자료 찾기〕

1. 학교에서 접속하기
   1) 도서관 홈페이지 좌측 학술데이터베이스 클릭
   2) 자신이 찾고자 하는 곳을 클릭(국내 학회지는 한국학술정보[KISS]를 클릭하면 됨)
2. 교외(학교 밖) 접속 이용안내
   1) 도서관 홈페이지 접속 후, 학술데이터베이스 또는 전자저널 메뉴를 클릭
   2) 팝업 창으로 나타나는 교외 접속 로그인 창에서 학번(직번)으로 접속
      ※ 교외 이용 시 홈페이지 우측 상단의 로그인창 이용하지 말 것
   3) 로그인 후 교외 접속 프로그램 설치 화면이 나오면 "예"를 선택 후 이용 (최초 1회에 한함)
      ※ 교외 접속 시 교외 접속 프로그램을 설치하지 않고 로그인을 한 상태에서는 원문보기가 제한됨.

* 전자저널 및 데이터베이스의 원문은 Acrobat Reader를 설치한 후 이용.
* 한국학술정보(KISS) 이용 안내는 한국학술정보 하단의 이용안내보기를 참고할 것.

〈자료 검색의 예〉

발표 주제; 친일 작가에 대한 평가

〔저서〕
- 임종국, 『친일문학론 — 일제 암흑기의 작가와 작품』, 평화출판사, 1979.
- 김병걸, 『친일문학작품선집 1, 2』, 실천문학사, 1986.
- 김재용, 『협력과 저항 : 일제 말 사회와 문학』, 소명출판사, 2004.
- 정운현, 『학도여 성전에 나서라 : 학병권유 친일문장선집』, 없어지지 않는 이야기, 1997.

- 정한용, 『민족문학 주체 논쟁』, 청하, 1990.
- 정한모, 『문학개설』, 박영사, 1974.

〔논문〕
- 신희교, 「현대문학 : 친일문학 규정 고찰 — 친일소설과 관련하여」, 『한국언어문학』 제45집, 한국언어문학회, 2000.
- 권유, 「민촌 이기영의 친일작품 연구」, 『한민족문화연구』 제4집, 한민족문화학회, 1999.
- 곽은희, 「만몽문화의 친일적 해석과 제국국민의 창출 : 최남선의 만몽문화와 만주건국의 역사적 유래를 중심으로」, 『한민족어문학』 제47집, 한민족어문학회, 2005.
- 최원식, 「1910년대 친일문학과 근대성」, 『민족문학사연구』 제14집, 민족문학사학회, 1999.
- 이경훈, 「다시 읽는 역사문학 : 해설논문 ; "근대의 초극"론 — 친일문학의 한 시각」, 『현대문학의 연구』 제5집, 한국문학연구학회, 1995.
- 구중서, 「40년대 문단과 친일문학」, 『새국어교육』 제46집, 한국국어교육학회, 1990.
- 김성경, 「특집 : 한국 근현대문학 담론에 나타난 민족이념과 국가주의 ; 인종적 타자의식의 그늘 : 친일문학론과 국가주의」, 『민족문학사연구』 제24집, 민족문학사학회, 2004.
- 김철, 「친일문학론 ; 근대적 주체의 형성과 관련하여 ; 이광수와 백철의 경우」, 『민족문학사연구』 제8집, 민족문학사학회, 1995.
- 홍성식, 「국문학 ; 1970년대 민족문학론의 성격과 변모과정」, 『새국어교육』 제69집, 한국국어교육학회, 2005.
- 이상갑, 「탈식민론과 민족문학 : 전향과 친일, 그리고 저항」, 『민족문학사연구』 제23집, 민족문학사학회, 2003.
- 임규찬, 「문학교육의 민족성과 세계성」, 『문학교육학』 제6집, 한국문학교육학회, 2000.
- 이재선, 「문학 주제학의 시각 ; 세계화 시대의 민족문학 연구의 방향 모색」, 『한민족어문학』 제35집, 한민족어문학회, 1999.
- 유철상, 「영향개념의 문학교육적 함의와 그 적용 가능성」, 『문학교육학』 제19집, 한국문학교육학회, 2006.
- 손진은, 「국어교육 : 문학교육과 문화의 수용문제」, 『새국어교육』 제69집, 한국국어교육학회, 2005.

<중분류 설정의 예>

발표 주제 : 황우석 사태에서 드러난 문제점	
중분류	항 목
언론	• PD 수첩 황우석 사태 고발성 의혹제기 • 노성일 원장의 황우석 박사 노골적 비판 기자 회견 • 황우석 사태 발생 약 2년이 지난 지금의 언론 입장(신문/과학잡지)
미즈메디	• 삼성메디포스트와의 관계 • 이번 사태에서의 미즈메디 김선종 연구원 역할 • 섀턴 교수와의 관계
여성단체 반대	• 황우석 사태 파문 당시 여성단체 입장(글 및 인터뷰) • 난자 반강제 요구 당했던 여자 연구원의 인터뷰 • 난자를 채취 당한 일반 여성들의 인터뷰
파급효과	• 황우석 사태로 인해 삭감된 연구비와 사태 후의 정확한 연구 진행 정도 • 황우석 사태 후 세계가 바라보는 한국 • 사이언스지의 황우석 사태에 대한 입장/의견 • 세계 과학자들의 의견 • 황우석 사태로 인해 변경된 법정 조항
연구비 횡령	• 연구비 정확한 사용 내역 • 구매한 사적인 땅 내역 • 과학자들의 국가 지원에 대한 입장
배아줄기세포	• 배아줄기세포연구에 대해 비판적인 시각으로 바라보는 종교계의 황우석 사태에 대한 입장 • 불치병 치료라는 면에서 경제적 효과는 어느 정도였던 것인가
연구결과 조작	• 사이언스지에 올라온 조작 사진 • 황우석 박사팀이 작성한 줄기세포 일지 • 황우석 박사가 밝혔던 논문 조작 부분의 구체적인 내용

<중분류 설정과 자료 검색의 예>

발표 주제 : 황우석 사태에서 드러난 문제점	
중분류	항목과 자료의 출처
배아줄기세포의 의미	• 뜻: 배아 상태에서 추출한 분화 가능한 세포 • 사용의 의미: 수정란을 연구에 사용해 생명윤리 논란 ◁— CHAM Times (과학정보지)
사건정황	• PD수첩의 문제 제기 과정: 난자 의혹 ⇒ 황우석 신화 취재 ⇒ '줄기세포'의 거짓성 발표 ⇒ 매장 ⇒ 재검증 ◁— imbc 홈페이지 — "PD수첩다시보기" • 미즈메디 측의 행동: 배양세포의 관리 소홀, 허술, 오염된 배지 배양, 황우석과 섀턴 팀 몰래 미국의 기관에 배양 세포 제공, 상업성을 목표한 계약 ◁— 2005년 11월 17일자 『국민일보』 • PD 수첩의 사회적 매장: 노무현 대통령의 과학 기술 증진 정책 ⇒ 황우석 팀 지지 ⇒ 민심 구축 ⇒ PD 수첩의 문제 제기 ◁— 네이버 블로그 (http://blog.naver.com/aerppp) ◁— 전체 자료: 한학수 PD(당시 PD수첩의 PD)의 『진실의 힘, 그것을 믿었다』
종교적 측면 : 불교계 내에서도 다른 양상	• 황우석 지지: 황우석 박사를 반드시 지켜야 한다. 완성된 생명체가 더 존중받아야 한다. ◁— 1월 23일자 『불교수호대법회 회지』 • 황우석 반대: 황우석의 '미망'에서 깨어나라. 생명은 무엇보다 가장 중요하다. 생명의 기준을 엄격히 해라. ◁— 인터넷뉴스 『프레시안보』
사회적 측면 : 시민들의 대립된 반응	• 황우석은 음모의 피해자: 노대통령 이상의 거대한 세력 (정치, 국제...)과 섀턴의 음모(원천 기술을 빼돌려 특허 출원)로 일방적인 피해를 입은 것이다 ◁— 다음 카페 — 아이러브 황우석(http://cafe.daum.net/ilovehws) • 우리가 피해자: 황우석이 2004년, 2005년의 논문과 데이터를 조작해 전 세계를 상대로 속인 것이다. ◁— 다음 카페 — 황우석 지탄 연대(http://cafe.daum.net/hwangjikook)
윤리적 측면	• 난자 채취 과정: G씨의 진술(새벽에 끌려가 난자 채취 당함, 유학을 놓고 회유)과 PD수첩이 공개한 G씨의 e-mail("이 방법은 아니었는데 …… 선생님께 대적하지 못한 것……)

2) **자료 분석**

자료 검색이 끝나면, 수집한 자료들 중 신뢰할 만한 자료를 가려내고 좀 더 정확하고 상세한 자료가 필요할 경우 관련 전문서와 논문 등을 확보한다. 수합한 자료에 대해서는 다음 사항을 중점적으로 분석한다.

- 사실과 통계 수치 : 가장 객관적인 자료로 사용될 수 있고, 특히 설득 발표에 유용하다.
- 권위적 증언 : 자신의 메시지를 효과적으로 전달하기 위해 전문적 지식을 가진 다른 사람의 말을 인용하는 경우이다. 다만 그 증언이 편향적 시각을 보여 주지는 않는지 주의할 필요가 있다.
- 사례 : 사례는 말로써 그림을 그리듯이 구체적으로 보여 주는 효과가 있다. 청중의 관심을 끌 수 있고 주제를 구체화하는 일에 도움이 된다. 이 경우 사례가 대표성이 있는지 살펴보아야 한다.
- 비교, 대조, 유추 : 청중이 이미 알고 있는 사실에 비추어 새로운 사실을 설명한다든지, 차이를 강조하여 설명을 효과적으로 할 수 있다.

〈연습문제〉

1. '스크린쿼터제 축소'에 찬성하는 설득 발표를 준비하면서 아래의 자료를 분석한다면, 자신의 주장을 뒷받침하기 위해 어떤 사례들을 논거로 사용할 수 있겠는가?

질주하는 한국 영화의 '그늘'

2006년에 개봉한 영화는 한국 영화 108편, 외국 영화 211편. 관객 점유율(서울 기준)은 한국 영화 60.6%, 외국 영화 39.4%로 한국 영화가 외국 영화를 1.5배 수준으로 압도했다. 한국 영화는 지난 한 해 동안에만 두 개의 흥행 신기록을 만들었다.

'왕의 남자'가 1230만 명을 동원하며 이전의 '태극기 휘날리며'의 기록을 갈아 치우는가 싶더니 '괴물'이 7개월 만에 그 기록을 다시 뛰어넘었다. 1300만 명을 넘긴 '괴물'은 오히려 한국 영화가 시장을 독점하는 바람에 다른 영화가 피해를 받고 있다는 원망을 들어야 했다. 특정 영화의 큰 성공이 한국 영화 전체의 성공과 직결되

는 것이 아니라는 사실을 경험한 영화인의 걱정과 불만이 나타나기 시작한 것이다.

지난 여름에 개봉했던 미국 영화 '미션 임파서블 3'는 시장을 압도하며 한국 영화의 멱살을 잡을 것이란 기대를 모았지만 결과는 전국 관객 590만 여명을 모으는 데 그쳤다. 미국 영화의 야심작이라고 주목받았던 '반지의 제왕', '해리 포터', '킹콩' 등과 같은 영화도 명성에 비해 성적표는 소박한 수준에 머물렀다. 한때는 어떤 미국 영화가 언제 개봉하는가를 살피며 흥행 일정을 짜는 것이 관행처럼 통했으나 '쉬리'가 한국 영화 바람을 일으킨 2000년 이후부터는 오히려 미국 영화가 한국 영화의 눈치를 살피는 처지가 되었다. 결국 국내에서 영업을 하고 있는 외국계 직배 회사도 손을 들고 물러나는 지경이다.

미국 직배사의 상징이나 다름없었던 UIP코리아는 파라마운트, 유나이티드 아티스트, MGM 등 3개 회사가 만든 영화를 국내에 배급해 왔지만 올해부터는 파라마운트사가 제작한 영화는 국내 업체 CJ엔터테인먼트가 배급에 나선다. 한국 영화사가 미국 직배 회사를 잡은 격이다. 영업 위기를 당하고 있는 것은 이 회사뿐이 아니다. '007 카지노 로얄'을 배급한 영화사는 '한국 소니픽쳐스 릴리징 브에나비스타 영화주식회사'라는 긴 이름을 가졌다. 국내에서 배급 영업을 하던 소니픽쳐스 코리아와 브에나비스타 코리아를 합쳐 하나의 회사로 바뀌었기 때문이다. 한국 영화의 급속한 성장이 미국 영화를 국내 시장에서 몰아내고 있는 것이다. 세계적으로도 드문 사례다.

그렇다면 한국 영화는 건강하며 행복한가? 그렇지 않아 보인다. 한국 영화가 흥행을 주도하면서 국내 영화 시장의 다양성은 현저하게 약화되었다. 극장에서 볼 수 있는 외국 영화의 범위가 극도로 좁아졌고 그나마 제대로 흥행하는 경우는 더욱 찾아보기 어렵다. 그 자리를 한국 영화가 대신하고 있는 것이지만 상위 몇몇 작품이 차지하는 부분을 빼면 한국 영화 역시 줄줄이 쓰러지는 것은 외국 영화나 다를 바 없다.

한국 영화끼리의 경쟁에서 도태되는 것이다. 영업에 불안을 느끼는 극장도 가능한 한 '되는 영화'만을 잡으려 한다. 특정한 영화가 500~600개의 스크린을 차지하는 현상이 나타나는 이유다. 그럴수록 제작사도 스타에 매달리고, 규모로 승부하려 한다. 결국 한국 영화는 구조적으로 한두 편의 대박 영화를 향한 투기장으로 바뀌고 있는 셈이다. 갈수록 심화되고 있는 한국 영화의 배타적 편중화는 '1000만 관객'시대의 그늘이자 대안을 찾아야 하는 과제이기도 하다.

— 조희문, 〈주간조선〉(2007.01.15)

2. '스크린쿼터제 축소'를 주제로 발표를 하고자 할 때, 참고로 읽을 수 있는 자료를 검색하여 목록을 만들어 보시오.

3. 청중 분석하기[1]

발표를 청취하는 청중은 각자 자기 나름대로의 가치관과 지식 체계를 가지고 있으므로 발표자가 자신들의 생각에 부합되지 않는 주장을 내세우거나 자신들의 지식 체계와는 상이한 정보를 제공할 경우 발표를 무시하거나 발표로부터 관심을 돌리게 된다. 그러므로 성공적인 발표를 위해서는 반드시 청중을 분석한 후 적합한 발표를 준비해야 한다. 즉 자신의 발표 내용을 청중의 태도와 욕구에 맞게 작성하고 청중이 더 많이 호응할 수 있도록 준비해야 한다.

일반적으로 발표문을 작성하기에 앞서 청중을 분석할 때 분석 항목으로 삼는 것은, 청중의 연령, 성별, 교육 수준, 종교, 직업 등 인구 통계학적 기본 정보와, 화자와 주제에 대한 태도, 주제에 대한 관심도, 욕구, 동기 등이다. 이 중 가장 중요하게 분석되어야 할 사항은 발표 주제에 대한 청중의 기존 태도, 발표 내용을 처리할 수 있는 청중의 지식수준, 발표 메시지에 대한 청중의 관심도이다.

수업 중에 이루어지는 발표의 경우에는 급우들이 청중의 역할을 수행하므로 청중에 대한 파악이 잘 되어 있다고 볼 수 있다. 평소 개인적 접촉을 통해 청중의 관심사 혹은 지적 능력, 기존 태도 등을 짐작할 수 있기 때문이다. 그러나 잘 알지 못하는 대중들을 상대로 하는 경우에는 발표 준비 전에 청중 분석이 반드시 선행되어야 한다.

1) 청중의 기존 태도 파악하기

설득 발표에서 특히 고려해야 할 일은 발표자 혹은 주제와 관련된 청중의 기존 태도를 파악하는 것이다. 청중이 발표자의 주장에 대해 동의하는 태도를 취하는지, 혹은 반대하는 태도를 취하는지에 따라 발표의 내용은 크게 달라지게 마련이다.

---

1) 청중 분석의 이론적 배경에 관한 자세한 내용은 박재현(2006)의 논문 「설득 담화의 내용 조직 교육 연구」를 참고할 것.

(1) 청중이 발표자의 주장에 동의하는 경우

청중이 발표자의 주장에 동의하는 경우에는 발표자가 자신의 관점을 입증하기 위해 많은 노력을 기울일 필요가 없다. 단지 청중의 집중을 유도하기 위해 발표 초기에 흥미를 끌 수 있는 표현으로 시작하는 것으로 충분하다. 청중의 관심을 얻은 후에는 문제의 중요성을 더욱 강조할 필요가 있으며, 청중의 동의가 약한 부분만 보완하면서 입증하는 것이 좋다.

또한 청중의 행동을 변화시키는 데에 발표의 목적을 두고, 해결책을 명확하게 제시하면서 구체적인 행동을 촉구해야 한다. 발표자와 청중의 주장이 일치하므로 공동의 적을 공격하는 형태로 내용을 조직하는 것도 도움이 된다.

〈청중이 동의하는 경우 발표문의 예〉

한 노동자의 이야기를 예로 들면서 제 발표를 시작하겠습니다. 얼마 전 비정규직에 관한 법안이 통과되고 나서 직장에서 해고된 A씨가 자신의 집에서 목을 매어 자살한 사건이 있었습니다.

……

만약 여러분이 어느 회사에 취업을 하였는데 그 회사가 2년마다 기존 직원을 자유롭게 해고하고 다시 새 직원을 고용한다면 어떨까요? 정말 애정을 가지고 열성적으로 일할 마음이 생길까요?

……

비정규직 법안은 폐지되어야 합니다. 해고가 자유로운 직장에서는 어느 노동자도 효율적으로 일할 수가 없습니다. 노동자들 중에는 개인적으로 정규직보다 비정규직을 선호하는 사람도 있습니다. 그런 사람들일지라도 그 사람의 의지와 상관없이 직장에서 해고된다면 안정적인 마음을 가질 수 없을 것입니다.

……

2년의 고용을 보장하는 비정규직법은 무기계약법으로 바뀌어야 합니다. 결정적인 하자가 없는 한은 무제한적으로 계약이 될 수 있도록 법적인 장치가 마련된다면 노사 모두가 만족하는 기업을 만들 수 있을 것이며, 생산의 효율성 또한 높아질 것입니다. 사회의 불안이 개인의 고용 불안에서 기인된다고 한다면, 우리 사회 또한 안정을 찾아갈 것입니다.

……

정부와 국회는 더 이상의 비정규직 노동자가 희생되지 않도록 빠른 시간 안에 법안 수정을 검토할 것을 촉구합니다.

(2) 청중이 발표자의 주장에 동의하지 않는 경우

청중이 발표자의 주장에 동의하지 않는 경우에는 내용 조직에 보다 더 주의를 기울여야 한다. 자신과 대립되는 관점에 대해 비난하는 태도를 취해서는 안 되며, 청중이 조금이라도 동의하는 부분을 찾아 발표자와 청중 사이에 공감대를 형성하는 일이 우선되어야 한다. 공감대가 형성된 이후에 청중의 반대를 극복하기 위한 노력을 시도하는 것이 좋다. 발표의 목적 또한 청중의 태도 변화 혹은 행동 촉구에 두기보다는 공통 가치를 확장시켜 청중의 신념을 변화키는 것에 만족해야 한다.

〈청중이 동의하지 않는 경우 발표문의 예〉

여러분, 언제부터인지는 모르지만 우리 사회가 점점 더 경쟁이 치열해지고 살기가 각박해 짐을 느끼지는 않나요? 학생은 학생대로, 직장인은 직장인대로 각각의 위치에서 더 불안하고 더 여유가 없어진다고 생각하지 않나요?

……

비정규직 노동자들은 이러한 불안이 극에 달해 있습니다. 2년마다 자신이 다니던 직장에서 쫓겨나 거리로 나서게 되었으니 그 마음이 오죽하겠습니까? 실제 비정규직 법안이 통과되고 나서 직장에서 해고된 노동자가 자살하는 일이 일어났습니다. 앞으로 이러한 일이 더 일어나지 않는다고 아무도 장담할 수가 없습니다. 당장의 생존권을 빼앗긴 노동자가 더 이상 살아나갈 의욕을 상실하는 것은 당연한 일입니다.

……

비정규직 법안은 수정되어야 합니다. 고용자가 고용하고 싶어도 법안에 떠밀려 해고할 수밖에 없는 사태가 발생되어서는 안 됩니다. 이 법안이 무기계약법으로 바뀐다면, 고용자와 노동자 양측이 모두 안정적으로 고용 관계를 맺을 수 있을 것입니다.

……

고용자는 정규직에 대한 부담을 덜 수 있을 것이고, 노동자 또한 주기적으로 계약을 갱신해야 하므로 열성을 다해 일하게 될 것입니다. 진정 고용자와 노동자 모두가 윈윈하는 이상적인 고용을 창출해 낼 수 있을 것으로 확신합니다.

……

정부 관계자는 단기 고용의 불안에 떨고 있는 노동자들의 마음을 내 가족의 고통처럼 깊이 헤아려야 할 것입니다. 2년 후에 쫓겨나야 한다고 생각한다면 어느 누가 안정적으로 제 직장이라는 생각을 가지고 일하겠습니까?

2) 청중의 지식수준 파악하기

청중의 지식수준이 어느 정도인지 혹은 사전 지식을 보유하고 있는지의 여부를 파악하는 일은, 발표문의 수준을 정하는 문제와 깊은 관련을 맺고 있다. 발표문의 어휘 선택이나 내용 조직, 순서 등의 문제도 이러한 사항과 결부되어 있다.

청중의 지식수준에 영향을 미치는 세부 요인은 여러 가지가 있지만 그중에서 가장 중요한 것은 청중이 가지고 있는 지적 수준이라고 할 수 있다. 지적 수준이 낮은 청중에게는 발표자가 곧장 자신의 주장을 전달하는 것이 효과적이지만, 청중의 지적 수준이 높을수록 발표자는 반대 의견도 함께 제시하면서 자신의 주장을 펼치는 것이 효과적이다.

또한 발표자는 청중이 사전 지식을 가지고 있다고 판단되는 경우에는 기본적인 용어 정의와 관련된 내용은 과감히 생략하고 본론으로 바로 들어갈 수가 있으나, 그렇지 않은 경우에는 설득력 있는 전달을 위해 기본적인 개념에 대한 친절하고 자세한 설명이 필요하다.

〈청중이 사전 지식을 가지고 있지 않은 경우 발표문의 예〉

안녕하십니까?

저는 '지능로봇 개발을 해야 하나?'에 대한 저의 의견을 발표하겠습니다. 우선 '로봇'에 대해 간단하게 말씀드리겠습니다. 로봇은 '일하다, 노동'을 뜻하는 체코어 'robota'라는 단어에서 유래했습니다. 이처럼 로봇은 인간에게 어떤 노동을 대신해 주는 역할을 하기 위해 만들어지고 있습니다. 그런데 한성현이라는 분의 「인간을 이기는 로봇 축구팀 50년 안에 탄생」이라는 논문에 의하면 2050년에는 로봇이 소프트웨어로 만든 인류의 정신적 유산, 이를테면 지식, 문화, 가치관을 모두 물려받게 되어 지혜를 갖게 된다는데, 이것을 '로봇사피엔스'라고 합니다. 이런 로봇이 인간을 추월해 지구의 주인이 된다고 합니다. 그리하여 지능 로봇이 악용되면 인간에게 오히려 좋지 않은 기계가 되어 버립니다. 이러한 예견에 대하여 저는 다른 의견을 가지고 있습니다. 본론으로 들어가겠습니다.

(이하 생략)

〈청중이 사전 지식을 가지고 있는 경우 발표문의 예〉

안녕하십니까?

저는 '지능로봇 개발을 해야 하나?'에 대한 저의 의견을 발표하겠습니다. 여러분 모두가 컴퓨터 공학과의 학생들이라는 점을 감안해서 로봇에 대한 설명은 생략하고 바로 본론으로 들어가겠습니다. 한성현 씨의 「인간을 이기는 로봇 축구팀 50년 안에 탄생」이라는 논문에 의하면, 2050년에는 '로봇사피엔스'가 인간을 추월해 지구의 주인이 된다고 합니다. 그리하여 지능 로봇이 악용되면 인간에게 오히려 좋지 않은 기계가 되어버립니다. 이러한 예견에 대하여 저는 다른 의견을 가지고 있습니다.

(이하 생략)

3) 청중의 관심도 측정하기

청중이 발표의 주제에 개인적으로 관심이 있는 경우와 그렇지 않은 경우에 있어서는, 주장에 대한 찬성과 반대의 입장 차이가 크게 벌어진다. 심리적으로 인간은 누구나 자신이 직접 경험한 바도 없고 자신의 이익과 무관한 영역에 대해서는 중립적인 태도를 갖게 되지만, 자신의 이익과 직접 연관이 있을 경우에는 그 문제에 대해 나름대로의 확고한 신념을 지니게 된다. 발표 주제에 대해 개인적으로 관련이 있다고 느껴야 청중들은 발표에 집중하게 되고 그 주제에 대해 진지하게 평가를 하게 된다. 그렇지 않은 경우 청중은 발표를 건성으로 듣고 대충 평가하기 때문에 성공적인 효과를 기대하기 어렵다.

그러므로 발표자는 자신이 준비한 발표 주제에 대해 청중이 개인적인 관심을 갖도록 유도할 필요가 있다. 즉 청중의 관심이 낮은 주제인 경우, 발표자와 청중이 공동으로 관심을 갖는 주제로부터 시작하든지 혹은 발표자 자신의 개인적 사례를 소개하거나 청중의 감정을 자극하여 관심을 환기시키는 발표문을 준비하는 것이 좋다.

〈발표자와 청중이 공동으로 관심을 갖고 있는 주제로부터 시작한 발표문의 예〉

안녕하세요. 저는 ○○○입니다.

여러분, 드라마시티 자주 보시나요? 오래전 주진모가 출연한 한 드라마에서 그는 직장 상사인 김갑수를 사랑하게 됩니다. 그는 김갑수에게 사랑을 고백하면서 이런 말을 합니다. "난 남자를 사랑한 게 아닙니다. 내가 사랑하는 당신이 남자인 것일 뿐입니다." 그렇습니다. 동성애는 선택이 아닌 본능입니다. 그들이 동성에게 사랑의 감정을 느끼는 것은 그들이 잘못을 해서도 아니고 그 자체도 잘못이 아닙니다. 그러므로 우리는 이들이 당연히 사랑의 결실로서 누려야 할 결혼의 권리를 인정해 주어야 합니다.

〈청중의 감정을 자극하여 관심을 환기시키는 발표문의 예〉

안녕하세요. 저는 ○○○입니다.

제가 지금부터 발표할 주제는 '학교 체벌은 필요한가?' 입니다.

인터넷에서는 심심찮게 체벌 동영상이 뜨거나 모 학교에서 교사의 체벌이 수준을 넘었다는 이야기들이 올라옵니다. '초등 1학년 체벌 동영상'을 보신 분 있으세요? 며칠 전에 성적이 떨어졌다는 이유로 초등학교 1학년생에게 체벌을 가하는 선생님의 동영상을 보면서 깜짝 놀랐습니다. 이제 겨우 초등학교를 입학한 아이에게 성적은 무슨 소용이 있으며, 게다가 아이에게 가한 교사의 행동은 체벌 정도의 수준이 아니라 폭행의 수준이었습니다. 징계권이라는 교사의 권리로 합법적인 폭력이 자행되고 있는 것입니다.

〈개인적 사례를 통해 관심을 환기시키는 발표문의 예〉

안녕하세요. ○○○입니다.

지금부터 동성애에 대한 저의 생각을 말씀드리겠습니다.

여러분들 혹시 이런 경험이 있으실지 모르겠어요. 자기랑 매우 친했던 친구가 다른 친구랑 친하게 지내면 약간의 질투와 같은 감정을 느꼈던 적 있으세요?

사람은 누구나 동성애적 성향을 조금씩은 지니고 있습니다.

보통 사람들은 이성애적인 성향이 동성애적인 성향보다 많기에 이성애자인 것이지 어느 사람이든지 완벽하게 이성애적인 성향만 지니고 있거나 완전히 동성애적인 성향만 지니고 있는 사람은 정말 드뭅니다.

〈연습문제〉

1. '안락사의 합법화'를 반대하는 입장에서 설득 발표를 할 때, 청중으로서의 급우들의 개인적 관련성을 높이기 위한 발표문의 도입부를 작성해 보시오.

2. '청소년 대상 성범죄자의 명단 공개'에 대한 정보 제공 발표를 준비할 때, 청중인 급우들을 분석하여 사전 지식이 없다면 발표문에 어떤 내용을 넣는 것이 좋을지를 고려하여 4~5 문장으로 간추려 보시오.

4. 설득 전략 세우기

제1장 1절에서 말했듯이 모든 발표는, 그 목적과 종류에 따라 정도의 차이는 있으나, 설득의 기능을 가진다고 할 수 있다. 설득이란, 상대방을 내가 의도하는 방향으로 생각하고 행동하도록 이끄는 것이다. 그러나 넓은 의미에서 볼 때 설득이란 상대방의 행동을 변화시키지 않더라도 화자가 청자에게 영향을 주어 청자의 마음 상태를 다른 상태로 변화시키는 것, 말하는 사람과 듣는 사람 사이에 공감대가 형성되는 것까지도 포함한다.

설득의 목표가 달성되느냐의 여부는 듣는 사람의 마음의 변화 여부에 달려 있는데, 듣는 사람의 마음이 변화되기 위해서는 지적이거나 감정적인 동기가 부여되어야 한다. 타인의 주장이나 의견을 받아들일 때는 머리와 가슴이 그럴 준비가 되어 있어야 하기 때문이다. 이성적이고 논리적인 말은, 상대방의 공감을 끌어낼 수는 있으나 마음을 변화시키고 행동을 변화시키는 단계로까지 나아가게 하기에는 부족하다.

상대방의 마음을 변화시킬 수 있는 설득의 요인을 바다에 떠 있는 빙산에 견주어 말한다면, 수면 위의 것은 두뇌와 의지의 작용으로 분석적이고 이성적인 논리성과 합리성에 따르며, 수면 아래에 숨어 있는 거대한 요인은 가슴과 감정의 작용으로 정서적이고 감정적인 작용에 따른다고 할 수 있다. 이처럼 성실하고 잘 조직된 발표 내용과 아울러 청중의 정서적인 부분에 대한 고려도 매우 중요하다. 키케로가 말하듯, 설득을 위해서는 이성적으로 먼저 상대를 확신시키고 감정의 도움으로 그것을 공고히 해야 할 것이다.

1) 설득의 세 요소

설득력 있는 발표를 지향하는 발표자는 발표 내용의 논리적 전개뿐 아니라 자신의 태도를 통해 청중에게 신뢰감을 줄 수 있는 윤리적 자질과 청중의 감정적 호응에 유의해야 한다. 이것은 아리스토텔레스가 체계화한 설득의 세 가지 요소인 에토스(ethos)·로고스(logos)·파토스(pathos)와 일치한다.

에토스는 그리스어 '인물'에서 유래된 말로 영어의 '윤리(ethic)'로 변화되었고, 로고스는 '언어 혹은 논리'에서 유래되어 영어의 '언어(language)'에 해당하며, 파토스는 '감정(passion)'을 지칭한다. 이 세 요소는 의사소통의 직선 모델에 나타나는 발표의 구성 요소인 발표자·메시지·청중과도 어느 정도 부합한다.

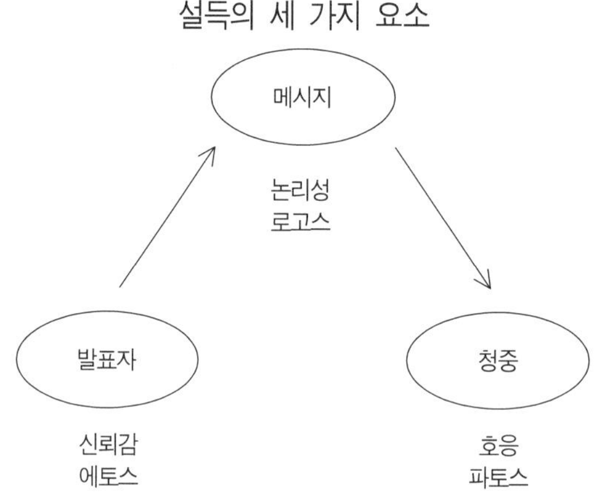

설득에서 에토스는 화자의 '인성', 즉 화자가 지닌 가치이며, 화자의 인격적 감화를 통해 상대를 설득하는 것이다. 우리는 덕망 있는 사람이 말을 할 때 더 잘, 더 빨리 믿게 된다. 학생이 선생님을, 신도가 사제나 스님의 말을 신뢰하는 것은 일단 상대방의 인격이 훌륭하다고 인정하기 때문이다. 발표자의 재치, 친밀감, 진지함, 겸손함, 청자에 대한 관심, 주제에 대한 권위, 확신, 자신감뿐 아니라 발표 목적이 발표자 자신만의 이익이 아니라 청중, 나아가 많은 사람들의 이익을 위한 것이라는 윤리성과 발표 태도, 성격 등이 그의 에토스를 드러낸다.

〈에토스를 사용한 발표문의 예〉

오늘 발표를 위해 저는 가능한 한 이 분야를 다룬 많은 학자들의 저서와 논문을 수집해서 정리해 보았습니다. 이제 부족하나마 제 나름대로 이 분야에 대해 느꼈던 점과 앞으로 해결해야 할 과제들을 여러분들 앞에서 말씀드리고자 합니다.

위의 예에서 발표자는 자신이 이 발표를 하기 위해 얼마나 많은 노력을 기울였는지를 보여 줌으로써 자신의 성실성과 진지함을 드러내고 있다. 이러한 말을 듣는 청중은 발표 내용에 대한 기대감과 아울러 발표자에 대한 신뢰감을 가지게 된다. 또한 '부족하나마 ……' 이하의 겸손한 표현을 통해 발표자의 인격에 대한 신뢰감도 느낄 수 있다.

로고스는 '이성적 · 논리적 언어'를 의미하는 말로서 발표자가 청중의 이성에 맞추어 논리적으로 설명함으로써 설득하는 것이다. 발표자가 '참' 혹은 '참 같아 보이는 것(개연성 있는 것, 신빙성이 있는 것)'을 제시할 때 비로소 청중은 그 말을 신뢰하게 되므로 말 자체가 설득 수단이 된다. 로고스는 이성, 판단력, 추론 등의 철학적 의미로 쓰이기도 하고, 말, 말솜씨, 설득 등의 수사적 의미로 쓰이기도 한다. 발표에서는 발표 내용이 얼마나 청자에게 필요하고 확실한 정보를 가지고 있으며 논리적으로 잘 전개되는가가 핵심적인 관건이 된다. 특히 발표자가 자신의 주장을 설득력 있게 펼치기 위해 사용하는 논거들이 로고스에 속한다.

〈로고스를 사용한 발표문의 예〉

어떤 이들은 동성의 결합이 헌법에서 보장하는 기본 권리가 아니라며 반박합니다. 그러나 법은 기본적으로 정의 구현을 목적으로 한다는 의미에서 인간을 위한 것입니다. 법에 규정된 내용이, 인간의 자연성을 거스른다면 인간이 아니라 법이 고쳐져야 하는 것입니다. 그렇다면 문제는 동성을 사랑하는 일이 과연 인간의 자연성에 위배되는 짓인가 하는 점일 것입니다.

위의 예에서 발표자는 동성 결혼 합법화를 주장하면서 연역 논증을 사용하여 청중을 설득하고 있다. 연역 논증은 로고스를 사용한 전형적인 설득 기법으로 청중의 논리적 사고에 기반을 두고 자신의 주장을 펼치는 방법이다. 여기서 발표자는 '법은 인간을 위해 만들어졌으며 인간을 위하지 않는 법(인간의 자연성을 거스르는 법)은 고쳐져야 한다'라는 대전제하에, '동성 결혼에 관한 법 규정은 인간의 자연성을 거스르는 법이다'라는 소전제로부터 '동성 결혼에 관한 법은 바뀌어야 한다'의 결론을 끌어내고 있다. 그러므로 발표자는 소전제에서 문제가 될 수 있는 명제, 즉 동성을 사랑하는 일이 인간의 자연성에 위배되는 행위인가 그렇지 않은가를 검증하면서 자신의 주장을 입증하는 논리를 전개한다.

파토스는 청중의 '감성'으로, 발표자가 청자의 감정에 호소하여 설득하는 것이다. 기쁘거나 슬플 때, 사랑할 때와 미울 때의 판단이 같지 않기 때문에 듣는 이가 현재 가지고 있는 감정에 대한 고려도 중요한 설득 수단이 된다. 발표자가 청중에게 신뢰감을 주거나 논리적인 설명을 하더라도 청중의 파토스를 자극하는 일에 실패한다면 그 발표는 본래의 목적을 상실할 수 있다. 청중의 감정적 충동을 일으키기 위해 발표자가 동정심, 증오심 등을 조장하는 경우도 있다. 파토스는 발표자가 청중에게 효과적으로 영향을 미치기 위해 우선 고려해야 하는 감정이며, 따라서 발표자는 항상 청중의 반응을 살피면서 관심을 유도해야 한다.

〈파토스를 사용한 발표문의 예〉

'사랑은 이해할 수 없는 것을 이해할 수 있도록 하는 장점이 있지만, 이해할 수 없는 것들을 하게 만드는 단점도 있다'는 말이 있습니다. 동성애의 감정을 겪지 못한 이성애자들이 그들을 이해하는 것은 어려운 일일 수 있습니다. 사랑하는 사람과 팔짱을 끼고 걷다가 난데없이 폭행을 당하거나, 사회에서 고립되고 소외당하면서도 동성애자로서 살아가는 그들은 사랑 때문에 이해할 수 없는 것들을 하게 되는 사람들입니다. 비주류에 속한 사람도 피해 받지 않는 진정한 평등사회를 꿈꾸신다면 그들의 입장에 서서 동성애를 다시 한 번 재고해 주시기를 간곡히 부탁드립니다.

위의 예에서 발표자는 동성애자들에 대한 청중의 동정적인 관심을 불러일으키기 위해 그들이 당하는 모욕과 부당한 처우를 언급하고 있다. 이러한 표현을 통해 청중은 발표자의 문제 제기에 대해 개인적인 관심을 가지게 되며, 이것을 자신의 문제로 받아들여 진지하게 생각해 보게 된다.

이상에서 살펴본 바와 같이, 성공적인 발표를 위해서는 에토스・로고스・파토스를 함께 고려하는 것이 필요하다. 청중을 설득함에 있어 중요한 것은, 이 세 요소가 적절히 조화를 이루어야 한다는 점이다. 일반적으로 발표의 도입부에서는 에토스를 통해 청중이 발표자를 신뢰하는 마음을 가지고 발표에 집중할 수 있는 분위기를 만드는 것이 필요하며, 본론 부분에서는 로고스를 통해 발표 내용을 논리적으로 전달하는 것이 좋다. 발표를 마무리할 때는 파토스를 적절히 사용하여 청중의 마음에 그 내용이 깊이 각인될 수 있게 해야 한다.

실제 발표에서 위의 세 요소를 어떻게 전달할 수 있는지 구체적인 예를 통해 살펴보자.

2) 에토스 전달 전략

청중이 발표자의 말을 잘 받아들이도록 하는 신뢰감은 발표자의 지식 혹은 능력, 인품, 열정에서 나온다고 할 수 있다. 발표자가 주제에 관해 충분한 자료를 참고하여 준비했는지, 주제를 잘 이해하고 있는지, 주제와 관련된 내용을 논리적으로 구성했는지, 침착한 태도로 발표를 하는지, 정보의 출처를 정확히 밝히는지, 내용에 대해 확신을 갖고 있는지, 힘 있고 열정적으로 발표하는지 등과 관련된 사항이 그의 에토스를 전달해 준다. 에토스를 전달하기 위해 구체적으로 유의할 점은 다음과 같다.

- 발표가 화자와 청자의 인격적 만남임을 인식하라.
- 자신의 인격과 능력이 자연스럽게 드러나도록 하라.
- 공감대를 형성함으로써 청중에 대한 배려를 표현하라.
- 충실한 증거를 제시함으로써 성실함이 드러나도록 하라.

- 청중을 존중하는 언어를 사용하라. (도입부에서 청중에게 감사하는 표현, 유머 사용 등)
- 적절한 복장을 갖추라.
- 청중과 직접 시선을 맞추라.
- 유창하고 자신감 있게 말하라.
- 발표의 목적이 모든 사람들의 이익을 추구하는 데 있음을 보여라.

〈공감대 형성을 통한 에토스 전달의 예〉

오늘 ○○ 유치원에 와서 학부모님들을 뵈니, 저희 집 아이가 유치원 다니던 시절이 생각납니다. 저도 옛날에 학부모님들처럼 어떻게 하면 아이를 잘 키울 수 있을까 고민하던 시절이 있었습니다. 오늘 저는 국회의원의 자격이 아니라 아이를 먼저 키운 선배의 자격으로 이 자리에 섰습니다. ……

위의 예에서 발표자는 자신이 학부모 앞에서 국회의원이라는 딱딱한 인상을 주지 않기 위해 학부모라는 공감대를 조성하여 자신의 에토스를 전달한다. 즉 같은 학부모라는 공감대를 통해 발표자의 에토스는 보다 부드러워지고 인간적인 면모를 풍기게 된다. 또한 정치인이라는 위화감에서 벗어나 청중과 동일한 신분임을 강조함으로써 청중을 배려하는 마음도 느낄 수 있게 한다.

3) 로고스 전달 전략

청중을 설득하는 가장 확실한 방법은 정확한 증거들을 갖추어 자신의 주장을 펴는 것이다. 과학적 증명에 사용되는 증거와 유사한 효력을 갖는 것이 바로 발표에서 자신의 주장을 뒷받침하는 논거들이다. 청중을 설득하기 위해서는 이러한 논거들이 정확해야 하며, 논거를 통해 결론을 도출하는 과정에 오류가 없어야 한다. 자신의 주장을 뒷받침하는 논거들을 제시하는 과정을 논증이라 부르며, 이 과정이 로고스를 통한 설득의 핵심을 이룬다.

- 귀납 논증(예증법) : 개별적인 사실이나 원리로부터 일반적인 사실이나

원리로 결론을 이끌어 내는 방법이며, 여러 가지 사실을 관찰, 비교, 종합하여 공통점을 찾아내 결론을 도출하는 방법이다. 가령, '동성혼 합법화'에 관한 발표에서 동성혼을 법적으로 인정하고 있는 선진국의 몇몇 나라를 언급하면서 그 타당성을 주장하는 경우가 이에 속한다. 선진 몇 개국의 사례를 들어 타당성을 일반화하려는 논증 방법이다. 또한 유비 논증이나 통계 자료 인용도 귀납 논증에 속한다.

다음 예의 경우 영어 공용화를 반대하는 설득 발표에서 자신의 주장을 입증하기 위해 비공용화 국가에서 뛰어난 영어 화자를 배출한 사례를 들고 있다.

〈귀납 논증의 예〉

> 영어 공용화를 시행한다고 해서 '영어 실력'이 반드시 상승하는 것은 아닙니다. 사람들이 영어 공용화의 효용성에 대해서 말하면서 가장 많이 언급하는 것이 영어 능력의 향상입니다. 그러나 '영어 공용화'를 한다고 해서 그것이 바로 영어 실력의 향상으로 이어지지는 않습니다. 영어 공용화의 효과는 2세대 가량이 지나야 그 효과가 드러나며 그 이전까지는 부단한 노력이 필요합니다. 그리고 그에 걸맞은 영어 교육 제도 역시 필요할 것입니다. 비공용화 국가인 '노르웨이, 핀란드, 네덜란드' 등에서 볼 수 있듯이 그들의 국가는 체계적인 교육을 통해서 뛰어난 외국어 화자들을 만들어 내고 있습니다.

▪ 연역 논증 : 귀납법과 반대되는 추론 방법으로 일반적으로 모든 사람에 의해 받아들여지고 동의된 어떤 사실로부터 개별적인 사실에 대한 동의를 주장하는 경우이며, 이미 틀이 형성된 현실로부터 자신의 주장을 끌어 오는 방법이다. 즉 이미 인정되고 동의가 얻어진 것에서 동의를 얻고자 하는 것으로 끌어가는 방법으로, 여기서는 논리적 연결을 구성하는 것이 중요하다. 삼단논법이 그 대표적인 예이다. 가령, '안락사를 해서는 안 된다'라는 주장은 '모든 생명은 소중하다'라는 일반적인 사실로부터 '안락사는 생명을 해치는 행위'라는 추론 과정을 거쳐 도출되는 결론인 것이다. 연역법의 대표적인 추론인 삼단논법에서 대전제와 소전제에 의해 결론은 필연적인 것이 된다. (예: A=B, C=A, 그러므로 C=B)

〈연역 논증의 예〉

헌법적 측면에서 볼 때, 교사의 학생 체벌은 국민의 기본적 인권을 침해할 소지가 있습니다. 우리 헌법은 인간의 존엄성 보장을 최고의 원칙으로 삼고 있으며, 헌법 제12조 제1항에서 신체의 자유를 기본권으로 보장하고 있습니다. 강압적이고 권위주의적인 체벌이 아니라 하더라도 체벌은 인간의 신체에 물리적 자극이나 고통을 가하는 것이므로 인권을 소중히 여기는 민주주의 사회에서 인권침해라는 비판을 면하기 어렵습니다. 교사가 아무리 교육적 입장에서 체벌을 가한다고 해도 체벌 과정에서 교사나 학생이 부정적인 감정에서 자유롭지 못한 것은 사실이기 때문입니다.

이 예에 나타난 연역 논증 구조는 다음과 같다. '신체의 자유는 헌법에 기본권으로 보장되어 있다'(대전제), '교사의 체벌은 인간의 신체에 물리적 자극이나 고통을 가하므로 신체의 자유를 해치는 것이다'(소전제), '그러므로 교사의 체벌은 헌법에 명시한 인간의 기본권을 해치는 것이다'(결론).

▪ 대칭 원칙과 상호성 원칙에 근거한 논증 : 논리학에서 중요하게 다루어지는 '대칭 원칙'('같은 범주에 속한 존재는 같은 방식으로 대해져야 한다')은 논증에서 '상호성 원칙'에 대응하며, 현실에 존재하는 '일관성'의 원칙으로부터 같은 현상을 동일하게 취급할 필요가 있다는 당위성을 끌어 온다. 이는 두 가지 본질이나 상황을 하나의 연관 관계 속에 있는 것으로 설정하고 이들이 같은 방식으로 다루어질 수 있음을 보여 준다.

〈상호성 원칙에 근거한 논증의 예〉

폭행을 불법으로 규정하고 있는 법률은 반드시 지켜져야 하며 또 지켜질 수 있는 법률이라 생각합니다. 그럼에도 불구하고 사람들은 현 정권에 대해 지니고 있는 각자의 정치적 견해에 따라 이 법을 불평등하게 적용받고 있습니다. 시위에 참여한 학생들이 경찰과 대치하는 과정에서 일어난 행위에 대해서는 폭행과 관련된 법을 적용하면서, 학생들을 상습적으로 폭행하고 고문해 온 사람들이 이 법률에 위배되었다는 사실로 형사소추 당했다는 이야기는 전혀 들은 적이 없습니다. 예를 들어 광주항쟁 희생자 추모 집회에 참석하였다가 귀가하는 길에 경찰들의 무

> 자비한 발길질에 태아를 사산했던 임산부는 이 법률의 보호를 전혀 받지 못했습니다. 고소장을 접수하고서도, 검찰은 수사조차 개시하지 않았기 때문입니다.

이 예에서 발표자는, "폭행에 관한 법을 왜 누구(시위에 참여한 학생)에게는 적용하고 누구(경찰과 형사)에게는 예외가 되는 식으로 일방적으로 적용하는가?"의 상호성 논거를 통해 자신의 입장을 증명한다.

▪ 권위를 사용하는 논증 : 인물과 그 인물의 명성과의 관계에 근거한 권위를 사용하는 논증 기법이다. 저명한 사람의 행동이나 말을 빌려 자신의 주장에 결합시키는, 정당화의 한 방법이다. 다음 예에서 발표자는 영어 공용화를 주장하면서 이 분야의 전문가인 교수의 논문을 권위적 논거로 사용하고 있다.

〈권위를 사용하는 논증의 예〉

> 박영준 교수는 그의 논문 「무역과 언어의 관계」에서 "무역을 위한 언어가 바로 영어라고 지적되며 영어의 사용은 해외의 자본, 무역, 산업투자를 유치하는 데 지대한 영향을 미친다"라고 싱가포르의 영어 공용화 상황에 대해서 설명하고 있습니다. 우리나라와 싱가포르의 경제적 규모가 다르지만 두 국가는 무역을 통해서 경제가 제대로 돌아가는 무역의존국가라는 점을 고려할 때 우리나라 경제의 대외적 경쟁력 제고를 위해서 영어 공용화는 필수적이라고 말할 수 있습니다.

▪ 유비 논증 : 상이한 두 영역을 관련짓는 추론방법으로, 사전 동의를 얻은 사실을 동의를 얻고자 하는 사실과 관련짓는 데 활용한다. 연역 논증에서는 논리적 일관성이 중요하다면, 여기서는 두 영역 간의 관련성을 창조하는 것이 중요하다. 유비 논증은 연역 논증만큼 확실한 관계는 아니지만 확신을 주는 데는 강력한 힘을 행사한다. 현실에서 분리된 두 영역에 상응관계를 설정해, 한 쪽의 인정된 특징을 다른 쪽으로 전이시켜 준다. 주로 발표의 마무리 부분에서 청중들의 마음에 오래 남을 수 있는 감동적인 여운을 남기기 위해 많이 사용하는 방법이다.

〈유비 논증의 예〉

곪은 상처는 빨리 터뜨려야 상처가 쉽게 아무는 법입니다. 곪은 상처를 터뜨리고 고름을 짜내는 것을 아프고 더럽다고 여겨 그 위에 그냥 소독을 하고 약만 바른다고 해서 결코 상처는 낫지 않습니다. 죽은 살이 벗겨지고 그 위에 딱지가 앉아야 비로소 새살이 돋는 법임을 우리는 직시해야 합니다. 친일 행적을 보여 주는 친일 문학 작품 또한 학생들에게 교육시켜 객관적인 판단 근거를 제공해야 합니다. 첫 발걸음이 가장 두렵고 망설여지지만 그 한 걸음이 가장 큰 법입니다. 지금이야말로 우리가 용기를 내어 우리의 곪은 상처를 짜내야 할 때입니다.

▪ 개념 분리 논증 : 단일 개념을 둘로 분리하는 것으로 현실을 재구성하는 방법 중의 하나다. 보통 단일 세계에 속한 것으로 보는 개념을 깨어서 두 개의 분리되는 세계를 만드는 분리의 논증은 교조적 획일성을 거부하며, 어떤 현실을 바라보는 데 있어서 더욱 융통성 있는 시각을 허용해 준다. 발표에서는 주제의 정의를 내릴 때나 혹은 발표의 범위를 정할 때 자주 사용된다.

가령 안락사를 여섯 가지 종류로 나누고 그중 '소극적이고 자발적인 안락사'로 발표의 범위를 정하는 경우도 분리의 기법을 이용한 것이다. 여기서 소극적 안락사란 인위적인 의료 조치를 취하지 않는 경우 죽음에 이르는 것이 확실한 데도 그냥 방치하는 경우이며, 자발적 안락사란 생명 주체의 자발적 의사에 따르는 안락사를 의미한다. 이와 같이 안락사의 종류를 분리하여 범위를 한정하게 되면 자신의 주장을 훨씬 유리하게 전개할 수 있다.

〈개념 분리 논증의 예 1〉

체벌은 폭력이 아닙니다. 폭력은 감정적 요인에 의하여 비정형적인 방법으로, 규정된 시스템을 일탈하여 가학적으로 이루어지는 것임에 반해, 체벌은 교육적 목표를 가지고 정해진 시스템 안에서 사회 일반의 통념상 인정되는 방법으로 이루어지는 것입니다. 교사의 감정적 요인에 의한 체벌은 올바른 체벌이 될 수 없으므로 이러한 사건을 체벌에 의한 사회적 이슈로 나타내는 것은 잘못된 것이라고 생각합니다.

체벌과 폭력은 엄연히 다른 것이므로 체벌을 폭력으로 바라보는 것은 잘못된 시각이라고 생각합니다. 체벌이란 교육적 수단의 한 방법이고 학생들의 올바른 사회화 과정에 필요한 부분이라고 생각합니다.

〈개념 분리 논증의 예 2〉

> 먼저 분명히 말씀드릴 수 있는 건, '과소비'와 '고액소비'는 엄연히 다르다는 점입니다. 전자의 경우, 자신의 수입보다 과도한 소비를 하는 경우를 말하는 것이고, 후자의 경우는 다분히 높은 금액의 소비를 말하는 것입니다. 그러므로 고액의 물건을 구매하는 사람에게 무조건 '과소비한다'고 말하는 것은 맞지 않습니다.

위의 예에서도 발표자는 부정적인 의미를 갖는 용어들을 자신이 주장하려는 긍정적인 용어와 구분(학교 폭력/학교 체벌, 고액소비/과소비)하는 분리의 논거를 사용함으로써 앞으로 전개되는 설명이 유리하게 진행되도록 한다.

▪ 공통 전제를 사용하는 논증 : 논증 공동체가 지닌 공통의 전제를 사용하면 공동체 의식을 제고하는 효과를 얻을 수 있다. 사회 공동체가 지닌 공통의 견해나 공통의 가치를 이용한 논증 기법이다. 속담이나 격언, 혹은 사회적 관습 등의 전통적 풍습을 언급하는 것이 이에 속한다. 가령, '혼전 동거'에 관한 발표에서 외국과는 다른 우리나라만의 유교적 정절 의식 등을 논거로 사용하는 경우이다.

〈공통 전제를 사용한 논증의 예〉

> 정말 서구적 사고만이 가장 지선의 것이며 이 시대를 살아가는 올바른 방법일 수 있을까요? 동도서기(東道西器)라는 말도 있듯이 서구의 물질적 장점은 배워 오되 우리가 이제까지 지켜 온 가치관을 재검토하여 좋은 부분은 그대로 이어가는 것이야말로 우리의 정체성과 미풍양속을 확립할 수 있는 길이라고 생각합니다. 그중에서도 가장 우리가 중점을 두어야 할 윤리적 문제는 바로 혼전 동거의 문제일 것입니다. 혼전 동거에 대한 서구인들의 사고를 무조건적으로 받아들이기보다는 결혼을 신성시하고 혼전 순결을 강조하는 우리의 전통을 아름답게 이어가는 것 또한 우리 젊은이들이 지켜야 할 올바른 행동 강령이라고 생각합니다.

4) 파토스 전달 전략

청중의 감정을 자극하고 욕구를 충족시켜 발표에 집중하게 만드는 일은 성공적인 발표를 위해 꼭 필요하다. 감정에는 크게 긍정적인 감정과 부정적인 감정이 있다. 사랑 · 평화 · 자부심 · 존중 · 희망 · 관용 · 용기 · 충성심 등은 긍정적인 감정에 속하며, 불쾌감 · 죄의식 · 모욕감 · 증오심 · 분노심 · 두려움 · 불안감 · 죄의식 등은 부정적인 감정에 속한다. 청중의 어떠한 감정에 호소하든, 발표자는 그의 발표 주제와 목적 · 상황이 청중에 적절한지를 판단하여 발표를 효과적이고 윤리적으로 수행해야 한다.

또한 감정에 대한 호소는, 확실하게 논거들을 갖춘 후 그것을 강화하는 역할을 해야 한다. 감정에 호소하는 일이 논증을 대신할 수는 없다. 파토스를 전달하기 위해 구체적으로 유의할 점은 다음과 같다.

- 발표 내용에 구체적인 스토리와 발표자가 직접 목격한 일을 삽입하여, 청중이 발표 주제를 개인적으로 느낄 수 있게 하고 극적인 감동을 체험하게 하라.
- 사실이되 깜짝 놀랄 만한 통계 수치를 사용하라.
- 발표자의 개인적 경험이나 주변에서 일어난 일, 직접 목격한 일 등을 말하라.
- 감정을 유발할 수 있는 어감이 강한 단어들을 전략적으로 사용하라.
- 청중의 감정에 호소하는 부분에서는 어조를 강하게 하여 청중이 인식하게 하라.
- 목소리의 변화를 통해 청중이 느끼기를 원하는 감정을 전달하라.
- 주먹을 불끈 쥐는 등의 몸짓과 얼굴 표현을 통해 주제의 위기감을 표현하라.
- 발표자 자신이 그러한 감정을 느끼고 있음을 청중에게 확신시켜라.

〈감정을 유발하는 강한 단어들을 통한 파토스 전달의 예〉

> 가장 최악의 질병은 소리 없는 질병입니다. 대부분의 희생자들이 유아인, 이 '흔들린 아이 증후군'도 '소리 없는 질병'으로 분류될 수 있습니다. 아기를 흔들게 되면, 아기의 뇌는 말 그대로 두개골 내부에 총탄을 맞아, 뇌에 상처가 나며, 목에서 올라오는 혈관이 파열되어 산소 공급이 중단되고, 눈이 부풀어 오르게 됩니다.

〈깜짝 놀랄 만한 통계 수치를 통한 파토스 전달의 예〉

해마다 100만 명 이상의 유아 혹은 어린이가 '흔들린 아이 증후군'을 앓고 있으며, 그중 수천 명이 목숨을 잃고 있습니다. 더욱 놀라운 것은 이들 어린이들의 질병 대부분이 의사의 오진에 의한 것이라는 겁니다. …… 희생자들 중 1/3~1/4이 몇 시간 혹은 며칠 이내에 죽게 됩니다. 15퍼센트만이 손상 없이 살아남게 됩니다. 나머지 어린이들은 실명, 학습 장애, 귀먹음, 발작, 뇌성 소아마비 등을 앓게 됩니다.

〈연습문제〉

1. TV 뉴스 중 하나를 골라 그것을 주의 깊게 듣고, 리포터가 에토스·로고스·파토스 전달 전략 중 어느 것에 더 초점을 맞추고 있는지를 분석해 보시오. 또한 그 전략이 우리에게 어떤 영향을 주고 있는지 말해 보시오.

2. 올해 초 TV의 모든 채널에서 방영된 노무현 대통령의 '신년 연설'을 보고, 대통령이 그의 연설에서 에토스·로고스·파토스 전달 전략을 어떻게 세우고 있는지 분석해 보시오.

3. 에토스·로고스·파토스 전달 전략을 활용하여 발표문을 작성해 보시오.

5. 발표문 작성하기

발표의 주제와 핵심 메시지가 정해지면, 구체적인 발표문을 쓰기 시작한다. 발표문의 작성에서 유의할 점은 서론에 앞서 본론을 먼저 작성하는 것이 효과적이라는 것이다. 본론의 내용을 먼저 정한 후 서론과 결론은 본론과 관련해서 나중에 구성하는 것이 좋다. 또한 발표문은 대본을 상세히 작성하기보다 개요서를 작성하는 것이 좋다. 상세한 대본의 경우, 주요 내용을 한 눈에 보기 어렵고 주요 내용과 보조 내용의 관계도 파악하기 어려우며, 발표 실전에서 대본에 의존하여 그냥 읽어 내려 갈 우려가 있기 때문이다.

1) 발표 내용 구성

(1) 본론 구성

본론은 주요 내용과 세부 내용으로 구성된다. 주요 내용은 본론의 뼈대를 이루는 내용으로 발표자가 말하고자 하는 내용의 요점에 해당한다. 설득 발표의 경우에는 주장하는 핵심 메시지를 뒷받침하는 주요 논거들이 본론을 이룬다. 세부 내용은 주요 내용을 뒷받침하는 자료들이며, 주요 내용의 의미를 명확하게 하고, 부연 설명하고, 강화하는 역할을 한다. 세부 내용에는 사례, 통계 자료 인용 등이 있다. 본론의 주요 내용은 다음과 같은 방법으로 구성될 수 있다.

가. 본론의 주요 내용 구성

▪ 시간적 구성법 : 주요 내용을 시간의 흐름에 따라 구성하는 방법.

주제 : 스크린쿼터제와 한국 영화의 발전
Ⅰ. 60~70년대
Ⅱ. 80년대
Ⅲ. 90년대
Ⅳ. 현재

▪ 공간적 구성법 : 주요 내용을 장소의 이동에 따라 구성하는 방법.

주제 : 세계 각국의 스크린쿼터제 시행 현황

Ⅰ. 멕시코, 에콰도르, 콜롬비아, 페루, 칠레

Ⅱ. 독일, 프랑스

Ⅲ. 대만

Ⅳ. 뉴질랜드

▪ 인과적 구성법 : 주요 내용들 간의 인과관계를 원인과 결과 혹은 결과와 원인에 따라 구성하는 방법.

주제 : 고교 평준화로 인한 부작용

Ⅰ. 1974년 서울과 부산을 시작으로 현재까지 전국 23개 지역에서 고교 평준화 제도를 실시하고 있다.

Ⅱ. 고교 평준화 제도는 몇 가지 부정적인 사회현상을 초래한다.

1. 학생의 학교 선택권 제한
2. 상위권 학생들의 하향 평준화
3. 우수 학생 해외 유출
4. 교육 수준이 높은 지역의 인구 집중과 부동산 가격 상승
5. 교육의 경쟁력, 국가경쟁력의 약화

▪ 문제 해결식 구성법 : 문제의 심각성을 지적하고 그 해결 방안을 제시하는 방법.

주제 : 청소년 대상 성범죄자의 명단 공개

Ⅰ. 문제점

1. 이중 처벌 금지 원칙에 위배된다.
2. 성범죄자의 인격을 훼손한다.
3. 살인 등 다른 범죄에 대한 처벌과 형평성에 어긋난다.

Ⅱ. 해결책: 영국의 사라법

1. 영국의 사라법 제정은 공공의 안전과 범죄인의 인권 조정의 성공 사례이다.
2. 영국의 사라법은 지역별 성범죄자의 수만 공개한다.
3. 성범죄자의 사회적 박해를 줄이는 효과와 위험을 알리는 효과가 있다.

▪ 소재별 구성법 : 발표 주제와 관련된 소재들을 주요 내용으로 나누어 배열하는 방법.

주제 : 안락사
Ⅰ. 안락사의 유형
1. 적극적 안락사/소극적 안락사
2. 자발적 안락사/비자발적 안락사
3. 직접적 안락사/간접적 안락사
Ⅱ. 안락사의 사례들
1. 외국의 사례
2. 국내의 사례
Ⅲ. 안락사 합법화의 부작용
1. 인간 생명 경시 풍조 만연
2. 장기 매매에 악용
3. 대량 학살의 위험

나. 본론의 세부 내용 구성

본론의 세부 내용은 주요 내용을 지지해 주고 명확하게 입증하여 신뢰감을 갖도록 한다. 세부 내용을 기술하는 방식에는 예시 · 정의 · 서술 · 비교 · 대조 · 통계 · 인용 등이 있다.

▪ 예시 : 모범적인 샘플을 구체적으로 보여 주면서 내용을 쉽게 이해하도록 하는 방법이다. 청중에게 친밀한 예를 보여 주는 것이 좋다.

또 어떤 이들은 동성 커플 결혼의 부작용을 우려하고 있습니다. 혹자는 동성 커플의 자녀들이 심리적으로 얼마나 큰 심리적 압박을 받을 것이며, 그 아이들은 부모에게 어떤 호칭을 써야 하냐며 차후 문제를 염려합니다. 실제로 게이 부부의 딸인 10살 수잔(susan)은 자신을 길러 준 두 명의 아버지를 '파파 도널드', '대디 데이비드'라고 부르며, 11살인 마이클은 자신의 생부를 아버지, 같이 길러 준 아버지의 애인을 '마마 처크'라고 부릅니다. 처크는 193cm, 113kg의 거구이며 특별히 여성의 역할을 담당하고 있지도 않습니다. 그러나 그 아이에게는 아빠, 엄마에 맞는 고정적인 성 역할에 대한 편견이 없기 때문에 호칭은 중요한 문제가 아닙니다. 또한 어렸을 때부터 부모의 다정한 모습과 자신에 대한 극진한 애정을 확인한 자녀들은 동성 부모에 대한 어떠한 반감도 갖지 않게 된다고 합니다.

▪ 정의 : 어떤 단어나 구절의 의미를 설명하는 방법으로 특히 청중이 발표의 주제와 그 어휘에 익숙하지 않을 때는 먼저 그에 대한 정의를 내려 주어야 한다. 정의를 내리는 방법에는 동의어를 사용하는 방법, 어원을 사용하는 방법, 예시를 사용하는 방법, 사용법을 설명하는 방법 등이 있다.

오늘 저는 소비자를 설득하여 판매에 성공하는 세일즈 전략에 대해 말씀드리려고 이 자리에 섰습니다. 본격적인 전략을 말씀드리기 전에 우선 설득의 세 가지 요소인 에토스, 로고스, 파토스에 대해 먼저 살펴보겠습니다. 어원을 살펴볼 때, 에토스는 그리스어 '인물'에 해당하는 말이며, 로고스는 '언어' 혹은 '논리'에 해당합니다. 또한 파토스는 '감정'을 의미하는 그리스어입니다.

▪ 서술 : 이어지는 행위나 상황을 이야기식으로 기술하는 방법으로 예시와 함께 사용되는 경우가 많다.

몇 년 전 신문에 난 기사를 이야기 해 드리겠습니다. 미국 어느 주에서 사형수 한 명이 탈옥을 했습니다. 그는 어느 가정에 들어가 그 집 주부를 죽인다고 위협했습니다. 그때 그 주부는 침착하게 그를 설득했습니다. "옆방에 내 아이가 놀고 있습니다. 이제 겨우 다섯 살입니다. 작년에 애 아빠가 죽었습니다. 이제 나도 죽는다면 저 애는 고아로 자라야 합니다. 저 아이가 고아가 되고 않고는 당신 손에 달려 있습니다." 이 말을 들은 죄수는 자신이 고아로 자라면서 불행했던 어린 시절을 떠 올리고 그 집에서 나와 자수했습니다. 여기서 우리는 설득에서 파토스의 역할이 얼마나 큰지를 알 수 있습니다. 논리로는 상대방의 행동 변화를 끌어내는 설득에까지 이를 수는 없지만, 상대방의 파토스를 자극하게 되면 성공적인 설득에 이를 수가 있습니다.

▪ 비교와 대조 : 비교는 어떤 대상을 설명할 때 더 친숙한 다른 대상과의 유사성을 지적하면서 설명하는 방법이며, 대조는 두 대상의 차이를 보여 주면서 그 대상들을 관련짓는 방법이다.

설득에서 에토스 · 로고스 · 파토스의 관계는 물 위에 떠 있는 빙산을 떠 올리면 쉽게 이해가 됩니다. 빙산은 물 위에 있는 부분이 전체 부분의 1/10정도 밖에 되지 않습니다. 설득에서 로고스를 통한 설득이 물 위의 빙산에 해당한다면, 에토스와 파토스를 통한 감성에 호소하는 부분은 9/10에 해당하는 물속에 잠긴 빙산에 해당한다고 보면 되겠습니다. 우리의 경험, 관습 등의 정서적 성향이 설득에서 작용하는 역할이 크다는 것을 알 수 있습니다.

여기서 에토스는 말하는 사람의 인품이며, 로고스는 화자의 입을 통해 발화되는 메시지이며, 파토스는 청자의 감정에 해당합니다. 의사소통의 전달 과정이 화자·메시지·청자의 순서로 진행된다면 에토스는 화자 부분, 로고스는 메시지 부분, 파토스는 청자 부분으로 구분될 수 있습니다.

▪ 통계 : 예시와 마찬가지로 요점을 명료하게 하고 부연하는 역할을 하지만, 특히 요점을 정확하게 수량화해서 나타내기 때문에 청중에게 신뢰감을 준다. 그렇다고 해서 통계 자료에만 의존해서는 안 되며 다른 세부 내용 기술 방식과 병행해서 사용해야 한다. 또한 통계 자료를 너무 많이 사용하면 청중을 오히려 혼란스럽게 할 우려가 있으며, 복잡한 숫자를 그대로 사용하는 것도 이해에 도움이 되지 않는다. 그러므로 통계 자료의 수치는 큰 자리 숫자로 반올림하여 사용하는 것이 좋으며, 측량 단위는 청중에게 익숙한 단위를 사용한다. 자료를 선택할 때는, 대표성을 지니는 통계 자료를 선택해야 하며, 신뢰할 수 있고 객관적인 정보원에서 나온 자료를 선택해야 한다.

현재 우리나라는 대외 경제 규모가 국내 총생산의 70% 이상을 차지하고 있기 때문에, 경제 발전을 위해서는 교역 확대가 필수적이며 이를 위해서는 거대 해외 시장의 안정적 확보가 중요합니다. 이러한 맥락에서 한국의 주요 수출 시장인 미국과의 FTA는 매우 중요합니다. 한국무역협회의 무역통계에 따르면, 2005년을 기준으로 한국의 대미 수출은 413억 달러, 대미 수입은 306억 달러로 총 107억 달러의 무역 흑자를 기록했으며, 미국은 우리나라에 세 번째 교역국으로 커다란 비중을 차지하고 있습니다. 또한 한국의 대미 수출은 1998년부터 수입을 추월했고 그 이후 한국은 미국에 대해 투자 기조를 유지하고 있으며 그 규모가 점차 증가하는 추세입니다. 이렇게 미국은 우리나라와의 무역에 막대한 영향을 끼치고 있는 나라입니다.

▪ 인용 : 전문가나 권위자의 견해 혹은 연구 결과를 인용하여 자신의 정보에 신뢰감을 줌으로써 자신이 주장하는 바의 정확성을 강화할 수 있다. 일반 대중의 생각이나 여론을 인용하는 것도 주요 내용을 뒷받침하는 자료가 될 수 있다.

박영준 교수는 그의 논문 「무역과 언어의 관계」에서 "무역을 위한 언어가 바로 영어라고 지적되며 영어의 사용은 해외의 자본, 무역, 산업투자를 유치하는 데 지대한 영향을 미친다"라고 싱가포르의 영어 공용화 상황에 대해서 설명하고 있습니다. 우리나라와 싱가포르의 경제적 규모가 다르지만 두 국가는 무역을 통해서 경제가 제대로 돌아가는 무역 의존 국가라는 점을 고려할 때 우리나라 경제의 대외적 경쟁력 제고를 위해서 영어 공용화는 필수적이라고 말할 수 있습니다.

※ 본론 구성 시 주요 내용들 사이에 혹은 세부 내용들 사이에 논의전환사(transition) 혹은 내용이정표(signpost)를 넣으면 연결이 부드럽게 될 수 있다. 서론에서 본론으로 넘어갈 때 혹은 본론에서 결론으로 넘어갈 때도 논의전환사를 사용하면 발표의 전체적인 흐름을 청중에게 알려 줄 수 있다. 논의전환사나 내용이정표와 같은 연결사는 짧은 멘트이지만 발표의 전개를 원활하게 해 주며 청중에게 명확한 발표 진행 과정을 알려 주어 효과적이다.

☞ 논의전환사와 내용이정표 사용법

1) 논의전환사 : 논의전환사는 어떤 내용에서 다른 내용으로 넘어가는 것을 알리는 역할을 한다. 즉 서론, 본론, 결론 사이를 엮어 주는 역할뿐 아니라 본론 내에서 각 주요 개념들을 연결해 주는 역할을 한다. 가령, "지금까지는 안락사의 종류에 관해 이야기했고, 이제부터는 안락사 합법화의 부작용에 대해 말씀드리겠습니다"와 같이 각 세부 주제 사이의 연결을 효율적으로 하기 위해 사용된다.

2) 내용이정표 : 내용이정표는 발표자가 현재 전체 발표의 어느 정도 위치에 와 있는지를 알려 주거나 혹은 발표가 앞으로 나아가는 것을 도와주는 단어 혹은 짧은 구를 말하며, 네 종류로 나누어 볼 수 있다.
   - 순서를 알리는 내용이정표 : "첫째 ……, 둘째 ……, 셋째 ……"와 같이 숫자로 순서를 표시하며 지금 논의되는 내용이 전체 여정의 어디에 해당하는지를 알려 주는 가장 많이 사용되는 안내사이다.
   - 주요 개념에 집중하도록 알리는 내용이정표 : "가장 우선적으로……", "가장 중요한 것은 ……", "무엇보다도 ……" 등과 같이 청중이 주요 개념에 집중하도록 알리는 안내사이다.

- 설명을 부연해 주는 내용이정표 : "부연 설명하자면 ……", "즉 ……", "예를 들면 ……", "명확히 말하자면 ……"
- 요약을 알리는 내용이정표 : "짧게 정리해 보면 ……", "지금까지의 말씀을 요약하자면 ……", "결론적으로 ……"

〈본론 구성 요약〉

서론

↑

주요 내용 1
▶ 내용이정표
세부 내용(예시 · 정의 · 서술 · 비교 · 대조 · 통계 · 인용 등)
내용 요약

↓ 논의전환사

주요 내용 2
▶ 내용이정표
세부 내용(예시 · 정의 · 서술 · 비교 · 대조 · 통계 · 인용 등)
내용 요약

↓ 논의전환사

주요 내용 3
▶ 내용이정표
세부 내용(예시 · 정의 · 서술 · 비교 · 대조 · 통계 · 인용 등)
내용 요약

↓

결론

(2) 서론 구성

발표 도입 단계는 발표의 첫인상과 같은 것으로서, 청중의 시선을 성공적으로 집중시킬 수 있는가의 여부를 결정하므로 매우 중요하다. 발표자는 도입부에서 자신의 에토스를 통하여 청중에게 신뢰감을 얻어야 한다. 그러므로 연단에 올라가서 처음 청중 앞에 섰을 때의 태도, 얼굴 표정에서 나타나는 자신감, 안정적인 목소리, 세련된 제스처 등을 통해 청중에게 진지하게 다가가야 한다.

발표의 내용을 소개하기 전에 자신이 청중을 배려하고 있다는 점을 보여 주는 것도 자신의 인품을 드러내는 한 방법이 된다. 가령, 청중을 칭찬하는 말로 서두를 시작한다든지, 청중과의 공감대 형성을 위해 노력하는 경우가 이에 해당한다. 발표 내용을 준비하는 과정에서 자신이 기울인 노력을 언급하는 것도 진지함과 성실성을 보여 주는 방법이 될 수 있다. 또한 발표 주제를 명확히 소개하고 주요 내용을 간추려 예고하는 것도 청중의 이해를 도와 발표에 집중하게 하는 좋은 방법이라 할 수 있다.

그러나 서론에서 주의할 점은, 자신의 노력을 지나치게 강조하여 자칫 청중의 반감을 사는 일이 없도록 해야 하는 것이다. 또한 서두에서 사과의 말을 하는 것은 절대적인 금기 사항이다. 보통 발표자들이 자신의 겸손을 나타내기 위해 발표 준비의 미숙성 혹은 자신의 긴장감 등을 말로 표현하는 경우가 있다. 그러나 이 말을 듣는 청중은 발표에 대한 신뢰감을 상실하게 되고 발표를 경청할 자세를 철회하게 된다.

대개의 경우 발표자들은 간단한 인사와 함께 바로 메시지 전달로 들어가는데 이것은 좋은 방법이 아니다. 서론은 너무 길어지지 않게 해야 하지만, 또한 너무 짧으면 미처 연설을 받아들일 준비가 되지 않은 상태에서 청중을 본론으로 끌고 가는 것이 되므로, 글을 쓸 때보다는 좀 더 길게 잡아야 하는데 전체 발표의 10%~20% 정도가 좋다.

발표 시작 시에는 가능한 많은 사람과 시선을 마주하면서 천천히 자신감 있게 말하는 것이 중요하다. 특히 청중의 관심을 모으는 다음과 같은 기법을 익히는 것도 필요하다.

a. 청중 끌어들이기 기법 : 발표 시 청중에 대해 언급함으로써 발표에 관심을 갖게 만드는 방법이다. 청중을 칭찬하는 말로 발표를 시작하는 경우가 이에 속한다. 특히 발표 주제가 청중의 관심이나 경험과 거리가 먼 경우 이러한 기법을 사용하여 집중하게 한다.

이 자리에 앉아 계신 여러분들은 모두 지적 수준도 높으신 분들이고, 정말 선택받으신 분들입니다. 여러분들은 현명한 판단력을 지니신 분들이기 때문에 지금부터 제가 말씀드리려는 사안에 대해서도 올바른 평가를 해 주리라 믿습니다.

b. 질문 기법 : 청중에게 던지는 질문은 청중으로 하여금 그 주제에 대해 직접 혹은 간접으로 여러 가지 생각을 하게 하여 청중을 발표에 끌어들이는 효과가 있다. 질문에는 직접적인 대답을 요구하는 질문도 있지만 단지 청중으로 하여금 그 주제에 관해 호기심을 갖고 생각하게 하는 수사적 질문도 있다.

안녕하십니까? 체벌에 대해 발표할 ○○○입니다. 여러분, 발표에 앞서 질문을 하나 하고자 합니다. "지금까지 한 번도 부모님이나 선생님으로부터 맞은 적이 없는 분"이 있다면 손을 들어 주십시오. (반응을 살핀 뒤 적절히 답한다.)

아마 어떤 이유에서든 체벌을 경험한 적이 있으실 겁니다. 이렇듯 체벌은 우리와 매우 가까이 있는 문제이고 앞으로도 마주쳐야 할 문제입니다. 그래서인지 어떤 이는 체벌은 필요악이라고 말합니다.

c. 인용 기법 : 존경할 만한 인물의 명언이나 학자들의 연구서 혹은 대중에게 잘 알려진 연예인 등의 말을 인용하면 발표에 대한 공신력을 높일 수 있고 발표자의 주장에 의미를 부여할 수 있다.

안녕하세요. 자연과학부 ○○○입니다. 저는 우리나라의 동성 결혼에 대한 법적 제도에 관해서 얘기해 보도록 하겠습니다. 먼저 우리는 동성애라는 말을 듣게 되면 가장 먼저 '홍석천'이라는 커밍아웃을 한 배우를 떠올릴 수 있을 것입니다. 이 배우가 한 인터뷰에서 동성 결혼에 대해 언급했습니다. 그 내용은, '성전환자의 호적상 성별 정정을 허가한 대법원의 결정이 22일 사법사상 처음으로 나온 것에 대해, 동성애자의 법적 결혼도 가능해져 한 사회의 구성원으로 인정받을 수 있었으면 한다'는 것으로 성적 소수자의 한 명으로서 자신의 희망을 말한 것입니다.

그렇다면 우리는 현재 우리나라의 동성 결혼에 대한 법적인 제도에 대해서 어떻게 생각하고 있을까요?

d. 이야기 기법 : 개인적인 경험이나 과거 일어난 일들, 혹은 상상 속에서 펼쳐지는 일들을 이야기식으로 진술하면 청중의 감정을 자극해 발표에 흥미를 갖게 할 수 있다.

저는 고등학교 때 친구들과 학교 담을 넘어가 간식을 사 먹고 온 적이 있습니다. 처음에는 선생님께 들키지 않았는데 두 번째는 들켜서 혼이 났답니다. 그때 우리는 선생님께 잡혀 가 손바닥을 맞았는데 너무 아파 눈물이 저절로 흘렀습니다. 그 이후에는 학교 담을 넘는 행위를 두 번 다시 하지 않았습니다. 그때 선생님께서 체벌을 하지 않고 그냥 말로만 타이르셨다면 또 그런 행위를 반복했을 겁니다.

e. 공감대 조성 기법 : 청중을 이야기의 주체로 내세우거나 청중이나 발표장과의 인연, 청중과의 공통점, 잘 알려진 시사적 뉴스를 언급함으로써 청중과의 유대감이나 일체감, 동질감을 확보하여 청중을 능동적으로 발표에 참여시킬 수 있다.

안녕하세요. 지금부터 설득에서 청중 분석이 얼마나 중요한지에 대해 발표할 ○○○입니다. (간단한 목례를 한다.)

여러분! 얼마 전에 우리나라의 젊은이 23명이 탈레반에게 인질로 납치된 사건이 있었죠. 그때 여러분은 시시각각 전해지는 뉴스에 귀 기울이며 그들이 무사히 살아 돌아오기만을 기도했을 겁니다. 아마 자신의 가족 중 한 사람이 당한 일이라 생각하고 진심으로 그들의 무사귀환을 빌었겠죠. 우리나라 정부에서도 최선의 노력을 다해 인질 석방에 힘썼습니다. 탈레반과 협상하기 위해 그들이 어떤 생각을 하고 있는지 촉각을 곤두세우고 모든 정보를 수집했습니다. 이렇게 한 이유는 협상에 앞서 상대방을 잘 알기 위해서입니다.

f. 유머 기법 : 유머는 청중의 흥미를 끄는 동시에 발표자의 긴장을 해소해 주며 청중과의 친밀감을 형성해 줄 수 있는 좋은 방법이다. 단지 주의할 점은 그 유머가 주제와 관련이 있어야 한다는 것이다.

여러분 오늘 저는 혼전 동거를 반대하는 입장에서 발표를 하기 위해 이 자리에 섰습니다. 먼저 제 친구에 관한 이야기를 하면서 발표를 시작하겠습니다. 제 친구 하나는 아무런 연고 없는 지방에서 대학에 다니게 되었습니다. 외로움에 지쳐 있던 이 친구는 여자 친구를 사귀게 되었고 자연스럽게 동거를 하게 되었습니다. 그리고 급기야는 동거 예찬론자가 되었지요. 그런데 이게 웬 일입니까? 그 친구가 요즘 결혼할 여자를 우리에게 인사시켜 주었는데 결혼할 여자가 처녀라고 하면서 입이 귀에 걸리는 게 아니겠습니까?

g. 시청각 자료 활용 기법 : 발표의 서두에 청중의 관심을 끌고 발표자의 긴장감을 완화시키는 효과적인 방법이다. 시청각 자료 사용 시의 유의 사항을 잘 지켜서 사용해야 한다.

다음은 영화 『몽상가들』의 한 장면입니다. 반권위주의를 지향했던 프랑스 68혁명의 시기에 프랑스 청년들이 어떤 사랑과 세상을 꿈꾸었는지를 보여 주었던 영화이지요. 사진에서 보다시피 주인공 이자벨은 둘의 사랑이 아닌 셋의 사랑을 꿈꿉니다. 아니 이자벨은 꿈만 꾸는 것을 넘어서 새로운 사랑을 실험하고 실천하고자 합니다. (잠시 간격을 둔다)

오늘 이 자리에서 저는 "사랑(Eros)"이 무엇인지에 대해 발표를 하고자 합니다. 사랑은 우리가 흔히 생각하는 것처럼 두 사람 간의 독점적 친밀관계를 그 본질로 하는 것일까요? 아니면 시대와 공간에 따라 새로운 형태로 전개될 수 있는 것일까요?

h. 충격 기법 : 청중의 주의가 산만하다든지 발표 주제에 무관심한 반응을 보이는 경우, 전혀 예상치 못했던 이야기를 꺼내 청중의 정신을 번쩍 들게 해서 집중하게 할 수 있다. 그러나 이 경우 충격이 너무 지나치면 뒤에 나올 주요 내용을 무색하게 할 우려가 있다. 그러므로 충격을 주는 내용은

반드시 주제와 연결되는 것이어야 한다.

> 여러분 최근에 인천 연쇄 성폭행 용의자가 검거된 뉴스를 보신 적이 있으실 것입니다. 9월 20일 즈음이었을 것입니다. 저도 보았는데요, 이 용의자는 여학생 7명을 성폭행해 수배 중이었다가 잡혔습니다. 그러나 검거되어 조사한 결과 추가로 3건이 더 발견되었다고 합니다. 그러나 더 놀라운 사실이 있습니다. 이 용의자는 전과 19범으로, 지난 2000년에도 어린이를 성폭행한 혐의로 징역 5년 6개월 형을 선고받았던 사람이었던 것입니다. 그리고 첫 범죄를 저지른 것이 출소 후 16일 만이었다고 합니다. 여러분 이 사건에 대해서 어떻게 생각하십니까? 저는 다시는 일어나서는 안 되는 일이라고 생각합니다. 저는 그래서 이 시간 여러분에게 청소년 대상 성범죄자의 재범 방지 대책에 대한 저의 의견을 말씀드리고자 합니다.

(3) 결론 구성

대개의 경우, 발표의 첫 부분은 거창하게 시작되나 뒤에 가서 시간이 모자라거나 발표자가 지쳐서 용두사미식으로 되기가 쉽다. 그러나 마지막 문장까지 청중과 함께 긴장의 끈을 늦추어서는 안 된다. 연설의 절정은 마무리 부분이라 할 수 있다. 청중은 결론으로 그 발표를 기억하며, 청중을 행동으로 유도하는 것도 결론이기 때문이다. 청중들의 관심을 끝까지 발표 내용에 집중시키기 위해서는, 발표의 종료를 알리는 내용이정표를 사용하는 것도 좋은 방법이다.

결론은 되도록 간결하고 인상적이어야 한다. 결론에서는 발표를 요약정리하고, 청중에게 강한 인상을 남겨 발표가 끝난 후에도 여운이 남을 수 있는 감동적인 멘트를 준비하는 것이 좋다. 비유나 은유 등의 표현법을 사용하는 것도 청중의 파토스를 자극하는 데 도움이 된다. 발표 요약 시에는 세세한 내용까지 말하지 않는 것이 좋으며, 본론에서 언급되지 않은 새로운 내용은 말하지 않는다. 또한 결론이 너무 길어지면 청중은 지루해 하므로 전체 발표의 5～10%로 제한한다.

▪ 결론의 기법 : 발표의 마지막 부분에서는 청중의 집중력이 떨어지고 지루함을 느끼기 쉽다. 발표의 성공 여부는 결론 부분에서 판가름 난다고 할 수 있으므로 청중을 끝까지 발표 내용에 몰입시키기 위한 적절한 방법을 모색해

야 한다. 결론에서 사용하는 기법은 서론에서 사용한 기법들과 대동소이하다.

a. 서론 반영 기법 : 서론에서 사용했던 기법과 동일한 기법을 사용하면 멋진 마무리를 했다는 느낌을 줄 수 있다. 즉 서론에서 이야기 기법을 사용했다면, 결론에서도 의미를 강화하는 또 다른 이야기를 제시하면서 발표를 마무리하는 것이 좋다.

> 여러분, 어제 친한 친구가 수업을 빼 먹고 영화를 보자고 했습니다. 처음에는 제 마음이 움직였으나, 지난날 학교 담을 넘어 갔다 혼이 났던 기억이 새롭게 떠올라 포기하고 말았습니다. 고등학교 시절 겪었던 한 번의 체벌로 인해 학교 규정을 어기는 어떠한 행위도 제 스스로가 용납할 수 없는 습관이 들었던 것입니다. 학교 체벌 허용해야 합니다. 가장 효과적으로 학생들의 나쁜 습관을 고쳐 줄 수 있기 때문입니다.

b. 인용 기법 : 감동적인 인용문을 던져 청중이 발표 내용을 오래 기억할 수 있게 한다.

> 프로이드는 "모든 인간은 본질적으로 양성애자이며, 부모 혹은 다른 사람과의 경험의 결과로 이성애자나 동성애자로 발전하는 것이다"라는 말을 했습니다. 즉, 그들은 정신적, 도덕적, 성적 이상이 있는 사람이 아니라 우리와 같이 지극히 정상적인 사람들 중의 일부입니다. 그렇기 때문에 그들의 결혼 즉, 그들의 사랑 또한 이성 간의 사랑과 마찬가지로 존중해 주어야 하고, 또 그들의 권리 역시 법적으로 존중해 주어야 하는 것이 마땅하다고 생각합니다.

c. 비유적 표현 기법 : 은유와 같은 비유적 표현을 적절히 사용하면, 주제에 함축된 드러나지 않는 진실을 보여 주게 되어 쉽게 청중의 감정을 자극할 수 있다.

> 곪은 상처는 빨리 터뜨려야 상처가 쉽게 아무는 법입니다. 곪은 상처를 터뜨리고 고름을 짜내는 것을 아프고 더럽다고 여겨 그 위에 그냥 소독을 하고 약만 바른다고 해서 결코 상처는 낫지 않습니다. 죽은 살이 벗겨지고 그 위에 딱지가 앉아야 비로소 새살이 돋는 법임을 우리는 직시해야 합니다. 친일 행적을 보여 주는 친일 문학 작품 또한 학생들에게 교육시켜 객관적인 판단 근거를 제공해야 합니

다. 첫 발걸음이 가장 두렵고 망설여지지만 그 한 걸음이 가장 큰 법입니다. 지금 이야말로 우리가 용기를 내어 우리의 곪은 상처를 짜내야 할 때입니다.

d. 질문 기법 : 서론에서 던진 질문이 관심과 호기심을 유발하기 위한 것이었다면, 결론에서 던지는 질문은 청중들로 하여금 지금까지 청취했던 발표에 대해 곰곰이 생각해 보게 만든다. 특히 설득 발표의 경우에는 결론 부분에서 제기되는 질문이 수사적 질문이라 해도 실제로는 청중에게 어떤 대답을 요구하는 경우가 많다. 그 대답은 청중의 행동에 대한 요구라고 볼 수 있다.

여러분, 계약 기간 만료로 인해 자살을 시도하는 노동자들을 그냥 보고만 있어야 하나요? 여러분의 가족, 친지의 일이 아니라고 눈 감고 있어도 되는 것인가요? 이 물음에 대한 답변을 여러분 스스로에게 남기면서 제 발표를 마치겠습니다.

e. 전망 제시 기법 : 발표의 주제를 미래 상황과 결부시켜 긍정적인 전망을 제시하며 마무리한다.

개방화의 대세를 따른다면 단기적으로는 어느 분야에 손해를 볼 수 있겠지만, 장기적으로 보면 국가 번영과 무역 규모의 성장을 이룰 수 있을 것입니다. 우리나라 국내 총생산의 70%가 외국과의 무역에서 나온 것이기 때문에 국제 관계를 무시할 수 없습니다. 한국은 FTA를 새로운 성장 동력으로 이용하여 글로벌 시대에 확고한 선진국 대열에 들어갈 수 있을 것입니다.

f. 행동 유도 기법 : 청중의 행동을 변화시키기를 원하는 설득 발표의 경우, 마무리에서 행동할 것을 직접 촉구하는 것이 좋다.

2년의 고용을 보장하는 비정규직법은 무기계약법으로 바뀌어야 합니다. 결정적인 하자가 없는 한은 무제한적으로 계약이 될 수 있도록 법적인 장치가 마련된다면 노사 모두가 만족하는 기업을 만들 수 있을 것이며, 생산의 효율성 또한 높아질 것입니다. 사회의 불안이 개인의 고용 불안에서 기인된다고 한다면, 우리 사회 또한 안정을 찾아갈 것입니다.

정부와 국회는 더 이상의 비정규직 노동자가 희생되지 않도록 빠른 시간 안에 법안 수정을 검토할 것을 촉구합니다.

2) 발표 준비 개요서

발표 내용이 구성되면 본격적으로 발표 준비 개요서를 작성한다. 준비 개요서는 실행 개요서와 구분된다. 준비 개요서는 발표 내용 전체를 간결하게 적어 보는 것으로, 발표의 모든 내용이 언급되어야 한다. 반면 실행 개요서는 최소한의 낱말이나 어구를 눈에 띄기 쉽게 적어 놓은 것으로, 발표 실전에 사용되는 제스처나 주의사항에 대한 코멘트도 삽입된다.

준비 개요서에는 발표의 내용이 비교적 상세히 기술되나 발표 대본이 되어서는 안 된다. 발표 대본처럼 작성하게 되면 내용을 기억하기도 힘들고 대본에 너무 의존해 오히려 발표를 그르칠 수 있다. 준비 개요서는 몇 번 읽어보고도 쉽게 머릿속에 기억될 수 있도록 다음의 사항에 유의해서 작성하는 것이 좋다.

- 발표 전체의 흐름을 한 눈에 볼 수 있게 논점의 주종 관계를 분명하게 적는다.
- 주제, 개괄적 목적, 구체적 목적, 핵심 메시지를 개요서 첫 머리에 적는다.
- 모든 내용은 완전한 문장으로 적되 간결하게 한다.
- 통일된 일정한 부호 체계를 사용한다.
- 발표 내용의 출처가 되는 참고 문헌을 명기한다.

〈발표 준비 개요서의 예〉

발표 준비 개요서

- 주제 : 학생들에게 친일 문학사에 대한 바른 인식을 심어 줄 수 있는 교육이 필요함.
- 개괄적 목적 : 문학 교육을 통해 학생들에게 친일 문학사를 바르게 알고 인식할 기회를 제공하고, 나아가 친일 문학에 대한 사회적 논의와 바른 인식을 유도할 수 있음을 주장하는 설득 발표.
- 구체적 목적

- 문학 교육을 받았음에도 불구하고 친일 문학에 대해 모르는 학생이 많음을 인식시킴.

- 문학 교육이 학생들에게 객관적 사실을 전달하고 논의를 끌어내야 함을 인식시킴.
- 학생들의 올바른 인식이 사회 전체의 인식을 바꿔 갈 수 있음을 인식시킴.

● 핵심 메시지 : 학생들에게 친일 문학사를 객관적으로 전달하고 그에 대한 논의를 이끌어 낼 수 있는 기회를 교육이 제공함으로써, 사회 전체의 논의를 불러일으켜 친일 문학에 대한 올바른 인식을 조성할 수 있다.

서론

Ⅰ. 자료를 보면서 발표를 들으시겠습니다.

〈PPT : 친일파의 문학 일부와 간단한 영상〉

1. 일제 강점기는 우리 문학사에서 큰 의의를 가진 작품들이 많이 등장한 시기입니다.
2. 그러나 또한 많은 작가들이 친일 문학으로 변절한 시기입니다.
3. 친일 문학 작품들은 현재까지도 학계 내에서 지속적인 논란('작가의 변절을 식민지하의 현실에서 이해하고 친일 작가의 문학적 성취를 인정할 것인가, 작가의 변절을 지탄하고 친일 작가가 가지는 문학적 성취를 부정할 것인가'의 논란)의 대상이 되고 있습니다.

Ⅱ. 학계를 제외하면 친일 문학사에 대해 제대로 인식하고 있는 사람이 매우 적습니다.

1. 중·고등학교 학생들의 문학 교과서와 문학 수업 시간에는 친일 문학에 대한 언급이 거의 없습니다.
2. 교육은 학생에게 그릇된 것을 인식하고 바르게 판단하는 법을 가르칩니다. 그리고 그런 학생들이 나아가 바른 사회를 형성합니다.
3. 학교 교육은 친일 문학사를 축소나 과장 없이 교과서에 싣고 수업 시간을 통해 학생들에게 이에 대한 논의 기회를 제공해야 합니다.

(논의전환사: 본론에서는 친일 문학을 다룸에 있어 현 교육이 가지는 문제점과 그에 대한 수정 방향을 이야기하고자 합니다.)

본론

Ⅰ. 축소되어 등재된 교과서상의 친일 문학

1. 일제 강점기는 많은 문학 작품이 등장한 시기입니다.
   1) 실제로 교과서에 등재된 작품에서 근·현대 문학의 60% 이상이 일제 강점기의 문학입니다.
   2) 우리가 잘 알고 있는 작품의 반 정도는 일제 강점기의 작품일 것이며 작가들의 이름을 꼽아 봐도 그 시대의 작가들이 대부분일 것입니다.
2. 현재 사용하고 있는 교과서는 친일 작가의 작품을 오직 그들의 문학사적 업적만을 위주로 서술하고 있으며, 작가의 친일 행위에 대해서는 지나치게 축소시켜 서술하고 있습니다.

1) 두산동아 문학 교과서와 블랙박스 문학 참고서의 경우, 책에 수록된 친일 작가는 적어도 10여 명(서정주, 이광수, 최남선, 채만식, 김억, 주요한, 김동인, 김동환, 노천명, 유치진 등) 이상이고 실린 작품도 30편 이상입니다.
〈PPT : 친일 작가들의 사진과 작품〉

2) 이것은 전체 작가의 약 30%, 전체 작품의 20%에 달하는 양입니다. 그러나 그들의 친일 행적에 대한 설명은 찾아보기가 힘듭니다.

3) 특히 교과서의 경우, 작가 소개 부분에만 "일제 강점기 친일 문학계에 몸담은 적이 있음" 정도로 기록한 경우가 대부분이었습니다.
(논의전환사)

Ⅱ. 교육과정 자체에 친일 문학에 대한 논의의 기회 부재

1. 교육과정은 수업을 통해 학생들에게 실현되며 이것을 바른 방향으로 이끌어 가는 사람이 곧 교사입니다.

1) 일부 깨어 있는 교사들에 의해서 수업 시간 중에 교과 외 과정으로 친일 문학에 대한 논의가 다뤄지는 일이 물론 있기는 합니다.

2) 하지만 입시 위주로 정해진 진도에 따라야 하는 현 교육과정에서 그런 시간은 교사와 학생 모두에게 부담이 되는 것이 사실입니다.

3) 이러한 현실적 기피 이유 때문에 학생들은 더더욱 친일 문학에 대해 생각해 볼 기회를 박탈당하고 있습니다.

2. 실제로 지금의 학생들이 친일 문학사에 대해서 얼마나 알고 있는가를 알아보기 위해 설문 조사를 실시해 보았습니다.

1) 시간상 적은 수의 학생들을 대상으로 할 수밖에 없었기 때문에 가장 평균화된 자료를 얻기 위해서 '평준화 지역 인문계 남녀공학 고등학교'의 학생 30명을 택하여 설문을 실시했습니다.
〈PPT : 설문지와 설문 결과 분석 그래프〉

2) 설문 결과를 통해 알 수 있듯이 30명 중의 10명(약 33.3%)이 친일 문학에 대해 수업 시간에 접한 바가 전혀 없다고 밝혔으며 나머지 20명 중에서도 친일 문학이 어떤 것인지에 대해서 어느 정도 알고 있다는 학생은 8명(약 26.6%), 친일 문학가를 5명 이상 알고 있다는 학생은 4명(13.3%), 친일 문학 작품을 읽어본 적이 있다는 학생은 3명(10%)뿐이었습니다.
(논의전환사)

Ⅲ. 학생들이 친일 문학을 바로 알기 위한 제언
(▶ 내용이정표)

1. 교과서는 친일 작가의 작품을 실을 경우 학생들이 객관적으로 사실을 알고 판단할 수 있도록 작가의 친일 문학 작품도 함께 실어야 합니다.

1) 작가의 친일 행위에 대해 자발성, 의도, 활동 내용, 친일 행위의 대가, 대국민 사과 여부 등을 교과서에 기록해야 합니다.

2) 다만 작가의 친일 행위만이 부각되어 문학성 높은 작품까지 폄하되는 것은 막아야 하므로 작가에 가해진 강제성 여부를 포함하고 전문가의 적절한 해석을 곁들여야 할 것입니다.

(▶ 내용이정표)

2. 교과서에 친일 문학에 대한 내용을 싣는 것만으로는 학생들에게 친일 문학에 대한 바른 인식을 심어 주기에 역부족입니다.

1) 수업 중에 학생들이 친일 문학에 대해서 생각해 볼 수 있는 기회를 가질 수 있도록 교육과정에 정식으로 포함시켜야 합니다.

2) 교사들 또한 이에 대한 정식 교육을 받아 학생들의 논의가 극단으로 치닫거나 지나치게 감정적이 되지 않도록 조절해야 합니다.

3) 또한 학생들이 이러한 논의가 무엇을 위한 것인지를 인식하고 앞으로 나아가야 할 좋은 방향성에 대해서도 함께 고찰할 수 있도록 교사는 적극적으로 도와야 합니다.

(논의전환사)

결론

(▶ 내용이정표)

Ⅰ. 일제 강점 시대가 부끄럽다고 해서 한국사에서 지울 수 없듯이 친일 문학사가 부끄럽다고 해서 한국 문학사에서 마냥 덮어둘 수만은 없습니다.

1. 친일 문학사와 친일 문학가의 행위에 대한 자료와 논의는 중·고등학교 교과서와 수업으로 대표할 수 있는 한국 교육과정에서 그 부분이 의도적으로 축소되어 왔습니다.

2. 그 때문에 현재 문학 과정을 정식 교과로 공부하는 학생들마저 친일 문학에 대해 제대로 알지 못하고 있습니다.

(▶ 내용이정표)

Ⅱ. 학생들은 다음 사회를 이끌어 갈 소중한 존재이며 우리의 미래입니다. 그들이 부끄러운 친일 문학사를 객관적으로 알 수 있도록 교과서는 배움의 기회를 제공하고 교과과정은 정당한 논의의 기회를 제공해야 합니다.

(▶ 내용이정표)

Ⅲ. 이러한 노력을 통해 친일 문학사가 좀 더 많은 사람들에게 알려지고 또 더욱 바람직한 방향성을 가지기를 바랍니다.

• 참고 문헌

〔저서〕

- 임종국, 『친일문학론 — 일제 암흑기의 작가와 작품』, 평화출판사, 1979.
- 김병걸, 『친일문학작품선집 1, 2』, 실천문학사, 1986.
- 김재용, 『협력과 저항 : 일제 말 사회와 문학』, 소명출판사, 2004.

- 정운현, 『학도여 성전에 나서라 : 학병권유 친일문장선집』, 없어지지 않는 이야기, 1997.
- 정한용, 『민족문학 주체 논쟁』, 청하, 1990.
- 정한모, 『문학개설』, 박영사, 1974.

〔논문〕
- 신희교, 「현대문학 : 친일문학 규정 고찰 — 친일소설과 관련하여」, 『한국언어문학』 제45집, 한국언어문학회, 2000.
- 권유, 「민촌 이기영의 친일작품 연구」, 『한민족문화연구』 제4집, 한민족문화학회, 1999.
- 곽은희, 「만몽문화의 친일적 해석과 제국국민의 창출 : 최남선의 만몽문화와 만주건국의 역사적 유래를 중심으로」, 『한민족어문학』 제47집, 한민족어문학회, 2005.
- 최원식, 「1910년대 친일문학과 근대성」, 『민족문학사연구』 제14집, 민족문학사학회, 1999.
- 이경훈, 「다시 읽는 역사문학 : 해설논문 ; "근대의 초극"론 — 친일문학의 한 시각」, 『현대문학의 연구』 제5집, 한국문학연구학회, 1995.
- 구중서, 「40년대 문단과 친일문학」, 『새국어교육』 제46집, 한국국어교육학회, 1990.
- 김성경, 「특집 : 한국 근현대문학 담론에 나타난 민족이념과 국가주의 : 인종적 타자의식의 그늘 : 친일문학론과 국가주의」, 『민족문학사연구』 제24집, 민족문학사학회, 2004.
- 김철, 「친일문학론 ; 근대적 주체의 형성과 관련하여 ; 이광수와 백철의 경우」, 『민족문학사연구』 제8집, 민족문학사학회, 1995.
- 홍성식, 「국문학 : 1970년대 민족문학론의 성격과 변모과정」, 『새국어교육』 제69집, 한국국어교육학회, 2005.
- 이상갑, 「탈식민론과 민족문학 : 전향과 친일, 그리고 저항」, 『민족문학사연구』 제23집, 민족문학사학회, 2003.
- 임규찬, 「문학교육의 민족성과 세계성」, 『문학교육학』 제6집, 한국문학교육학회, 2000.
- 이재선, 「문학 주제학의 시각 : 세계화 시대의 민족문학 연구의 방향 모색」, 『한민족어문학』 제35집, 한민족어문학회, 1999.
- 유철상, 「영향개념의 문학교육적 함의와 그 적용 가능성」, 『문학교육학』 제19집, 한국문학교육학회, 2006.
- 손진은, 「국어교육 : 문학교육과 문화의 수용문제」, 『새국어교육』 제69집, 한국국어교육학회, 2005.

3) 발표 실행 개요서

발표 실행 개요서는 준비 개요서를 바탕으로 해서, 발표자가 그것만 보아도 얼른 발표 내용을 떠올릴 수 있는 중요한 단어나 문구를 중심으로 간단하게 작성된 개요서이다. 발표 실전 시 발표자가 긴장하여 기억한 내용이 생각나지 않을 수도 있기 때문에 실전에 필요한 멘트들을 자세히 적는 것이 도움이 된다. 실행 개요서는 다음과 같은 사항을 유의해서 적는 것이 좋다.

- A4 용지 반 장 정도의 손에 쥐기에 적당한 인덱스카드를 여러 장 활용하여 작성한다.
- 읽기 쉽고 눈에 잘 띄도록 작성한다.
- 최소한의 핵심 낱말이나 어구만을 적어 놓는 것이 좋다.
- 실행에 도움이 되는 코멘트를 적는다.
- 발표가 어느 정도의 위치에까지 와 있는지를 알리는 논의전환사를 적절히 적어 발표의 흐름을 짚어 준다.

〈발표 실행 개요서의 예〉

〈카드 1〉

- 청중을 둘러본다 -
- 천천히 시작한다 -
- 인사하기 : 이름, 주제 -

서론

Ⅰ. 자료 제시
 - PPT 자료를 화면에 띄운다 -
 1. 일제강점기와 우리 문학사의 많은 작품
 2. 많은 작가들이 친일 문학으로 변절
 3. 친일 문학 작품들은 현재까지도 학계 내에서 지속적인 논란의 대상이 됨

Ⅱ. 친일 문학사에 대해 인식하고 있는 사람이 매우 적음
 1. 중・고등학교 학생들의 문학 교과서와 문학 수업 시간의 친일 문학 언급
 2. 학생에게 그릇된 것을 인식하고 바르게 판단하는 법을 가르쳐야 함

3. 학교 교육은 친일 문학사에 대한 논의 기회를 제공해야 함.

Ⅲ. 친일 문학을 다룸에 있어 현 교육이 가지는 문제점과 그에 대한 수정 방향

〈카드 2〉

- 잠시 짬을 둔다 -

(본론으로 들어가서 먼저 교과서에 실린 친일 문학 작품이 얼마나 되는지, 다음으로 교육과정에 친일 문학에 대한 논의가 어느 정도 이루어지고 있는지를 알아본 후, 학생들이 친일 문학을 바로 알기 위해 어떻게 해야 하는지를 말씀드리겠습니다. 우선……)

본론

Ⅰ. 교과서상의 친일 문학의 축소

1. 일제 강점기의 문학 작품

1) 교과서 근·현대 문학의 60% 이상이 일제 강점기의 문학

2) 우리가 잘 알고 있는 작품의 반 정도는 일제 강점기의 작품

2. 현재의 교과서는 문학사적 업적만을 서술

1) 두산동아 문학 교과서와 블랙박스 문학 참고서의 경우

- PPT 자료를 화면에 띄운다 -

〈PPT : 친일 작가들의 사진과 작품〉

2) 작가들의 친일 행적에 대한 설명은 찾아보기 어려움

3) 교과서의 경우, 작가 소개 부분에만 간단히 기록

〈카드 3〉

- 잠시 짬을 둔다 -

(지금까지는 교과서에 실린 친일 문학 작품에 대해 알아보았고 이제는……)

Ⅱ. 교육과정에서 친일 문학에 대한 논의

1. 교사의 경우

1) 일부 깨어 있는 교사들에 의해서 약간의 논의가 이루어짐

2) 현 교육과정에서 시간상 논의가 어려움

3) 현실적 이유로 학생들은 더더욱 친일 문학을 접할 기회가 없음

2. 학생들에 대한 설문 조사 실시

1) '평준화 지역 인문계 남녀공학 고등학교'의 학생 30명

- PPT 자료를 화면에 띄운다 -

〈PPT : 설문지와 설문 결과 분석 그래프〉

2) 설문 결과

〈카드 4〉

- 잠시 짬을 둔다 -

(지금부터는……)

Ⅲ. 친일 문학을 바로 알기 위해서

1. 교과서에 친일 문학 작품도 함께 실어야

1) 자발성, 의도, 활동 내용, 친일 행위의 대가, 대국민 사과 여부 등

2) 작가에 가해진 강제성 여부와 전문가의 적절한 해석

2. 교과서만으로 역부족

1) 교육과정에 정식으로 포함

2) 교사들 정식 교육을 받아 감정적이 되지 않도록 조절

3) 앞으로 나아가야 할 좋은 방향성 고찰

〈카드 5〉

- 말하는 속도를 한 박자 늦춘다 -

- 청중을 쳐다본다 -

(지금까지의 발표를 요약해 본다면……)

결론

Ⅰ. 친일 문학사가 부끄럽다고 해서 한국 문학사에서 마냥 덮어둘 수만은 없음

1. 교육과정에서의 의도적인 축소

2. 공부하는 학생들마저 친일 문학에 대해 제대로 알지 못함

Ⅱ. 미래를 이끌어 갈 학생들에게 친일 문학사를 객관적으로 알 수 있는 기회를 제공해야 함

Ⅲ. 더욱 바람직한 방향으로 나아가기를

(감사의 인사)

〈연습문제〉

1. 다음의 발표문 대본을 발표 준비 개요서 형식과 발표 실행 개요서 형식으로 다시 써 보시오.

안녕하세요. 저는 외국어문학부 06학번 ○○○입니다. 여러분, 드라마시티 자주 보시나요? 오래전 주진모가 출연한 한 드라마에서 그는 직장 상사인 김갑수를 사랑하게 됩니다. 그는 김갑수에게 사랑을 고백하면서 이런 말을 합니다. "난 남자를 사랑한 게 아닙니다. 내가 사랑하는 당신이 남자인 것일 뿐입니다." 그렇습니다. 동성애는 선택이 아닌 본능입니다. 그들이 동성에게 사랑의 감정을 느끼는 것은 그들이 잘못을 해서도 아니고 그 자체도 잘못이 아닙니다. 그러므로 우리는 이들이 당연히 사랑의 결실로서 누려야 할 결혼의 권리를 인정해 주어야 합니다.

통계에 따르면 한 해에 미국에서 21명의 동성애자가 살해되고 있다고 합니다. 이처럼 사회에는 동성애에 대한 부정적인 견해가 지배적입니다. 특히, 독실한 기독교인들이 동성애자를 상대로 폭행을 일삼는 경우가 많은데요. 그 원인은 무엇일까요?

기독교인들은 성서를 근거하여 동성애는 비자연적인 불결한 행동이라고 보고 동성애자를 기피하며, 동성 결혼을 반대하고 있습니다. '신은 아담과 이브를 창조했지, 아담과 스티브를 창조하지 않았다'라는 말을 예로 들 수 있습니다. 그러나 종교적 믿음 때문에 동성 결혼을 반대하는 이들은 우리나라가 성경에 의해 통치되는 기독교 국가가 아닌, 교회와 정부가 분리된 법치 민주 국가라는 사실을 간과하고 있습니다.

성서에서 동성애를 언급할 때 쓰이는 'para physin'이라는 헬라어는 일반적으로 인정되는 '자연에 어긋난'의 뜻이 아니라 '평범한 것에서 벗어난'이란 뜻으로 해석하는 것이 더욱 적합합니다. 'arsenokoitai'라는 용어도 동성애 자체가 아니라 성교와 관련된 악습, 즉 착취와 성적 학대를 단죄하는 의미입니다. 동성애자들이 자의와 상관없이 본능적으로 동성애를 느끼는 것은 오히려 그것이 자연적인 현상임을 뜻하는 것이겠죠. 우리는 시대의 흐름을 막으려는 자신들의 시도를 하나님의 이름으로 행해서는 안 됩니다.

이처럼 자연스러운 동성애에 편견을 갖고 동성 결혼을 반대하는 움직임에 맞서, 최근에는 동성 결혼을 지지하는 견해도 늘어나고 있습니다. 스웨덴, 덴마크

등의 국가와 샌프란시스코, 뉴욕에서는 동성 커플도 이성애자 부부에게 주어지는 법적인 보호를 받을 수 있습니다.

호주 출신의 그룹 새비지 가든의 보컬 대런 헤이즈는 2년간 사귀던 영국인 동성애 파트너 리처드 쿨런과 영국에서 결혼했습니다. 그는 '6월에 내 남자친구와 결혼했으며, 그날은 내 생애 가장 행복한 날이었다'고 밝혔습니다. 커밍아웃한 배우 홍석천은 '동성애자의 법적 결혼도 가능해져 한 사회의 구성원으로 인정받을 수 있었으면 한다'며 "이성 간 결혼을 해야 한다는 것 때문에 어쩔 수 없이 사랑하지 않는 사람과 결혼을 해서 따로 동성과 연애를 하는 기혼자도 많다. 이들에게 행복하지 않은 삶을 강요함으로써 또 다른 문제를 파생시키는 것"이라며 안타까워했습니다. 최근 브래드 피트는 안젤리나 졸리와의 결혼에 대해 '동성 결혼이 합법화되지 않는 이상 우리도 결혼할 수 없다'고 밝혔습니다. 팝 가수 크리스티나 아길레라는 자신의 트레이너가 레즈비언 결혼식을 올리는 것을 보고 감동했다며 '동성애자 커플에 대해 선입견을 갖는 것은 굉장히 무감각하고 구시대적인 발상'이라고 말했습니다. 이처럼 주변에서 동성애자들의 상황을 접한 이들은 동성 결혼에 대해 긍정적인 의견을 보이고 있습니다.

그러나 정작 반대하는 세력은 동성애자를 접해 본 경험이 없고, 동성 결혼의 구체적인 의의와 필요성을 잘 인지하지 못하는 사람이 많습니다. 동성애자들이 자신의 권리와 타당한 근거를 앞세워 동성 결혼을 주장하는 것에 반해, 동성 결혼을 반대하는 경우는 동성애에 대한 선입견과 편견 때문에 무작정 기피하는 경우가 대부분입니다. 동성애자에 대한 개인적인 반감은 오늘날 '호모포비아(homophobia)'라는 용어로 표현됩니다. 이것은 비합리적인 공포와 적개심, 심지어 혐오감이 뒤섞인 감정입니다. 이러한 태도는 대다수 동성애자들이 자신의 상태에 책임이 없음을 간과하고 있습니다. 그들은 고의적인 성도착자들이 아니기 때문에 이해와 관심을 받아야 하며, 그들의 결혼을 반대하는 것은 타당하지 않습니다.

어떤 이들은 동성의 결합이 헌법에서 보장하는 기본 권리가 아니라며 반박합니다. 그러나 법은 정의 구현을 목적으로 한 인간을 위한 것입니다. 법에 규정된 내용이 인간의 자연성을 거스른다면 인간이 아니라 법이 고쳐져야 하는 것입니다. 성적 소수자들을 무시하는 이러한 목적 전치 상태가 계속된다면 인간을 위해 만들어진 법이 유린되는 것과 마찬가지인 것입니다.

또 어떤 이들은 동성 커플 결혼의 부작용을 우려하고 있습니다. 혹자는 동성 커플의 자녀들이 심리적으로 얼마나 큰 심리적 압박을 받을 것이며, 그 아이들은 부모에게 어떤 호칭을 써야 하냐며 차후 문제를 염려합니다. 실제로 게이 부부의 딸인 10살 수잔(susan)은 자신을 길러 준 두 명의 아버지를 '파파 도널드', '대디 데이비드'라고 부르며, 11살인 마이클은 자신의 생부를 아버지, 같이 길러 준 아버지의 애인을 '마마 처크'라고 부릅니다. 처크는 193cm, 113kg의 거구이며 특별히 여성의 역할을 담당하고 있지도 않습니다. 그러나 그 아이에게는 아빠, 엄마에 맞는 고정적인 성 역할에 대한 편견이 없기 때문에 호칭은 중요한 문제가 아닙니다. 또한 어렸을 때부터 부모의 다정한 모습과 자신에 대한 극진한 애정을 확인한 자녀들은 동성 부모에 대한 어떠한 반감도 갖지 않게 된다고 합니다. 동성 결혼을 합법화하는 것은 입양을 장려하는 데 긍정적 영향을 미치게 됩니다. 부모가 없는 아이들이 종종 해외로 수출되는 시점에, 이러한 변화는 사회 구성원들이 안정적인 가정을 형성하는 데 큰 역할을 할 수 있을 것입니다.

이러한 동성결혼 문제를 해결하기 위해 샌프란시스코에서는 동성 커플 신고제를 실시해 결혼하지 않은 자들이 '가정 파트너'로 등록하여 이들의 권리를 일부 인정하고 있습니다. 이것은 동성 커플에게 상징적인 의미를 부여하며, 이성애자들이 결혼하면서 갖게 되는 정신적인 이점을 얻을 수 있게 합니다. 그러나 이성애자 부부에게 주어지는 법적 권리가 보장되지는 않습니다. 더 나아간 형태로는 프랑스에서 동성 커플 간의 결합을 공인하는 시민연대협약(PACS)을 예로 들 수 있습니다. PACS는 이성 또는 동성이 동거 계약서를 법원에 제출하고 3년 이상 지속적인 결합을 유지한 사실을 인정받으면 사회보장, 납세, 유산상속, 재산증여 등에서 보통 부부와 똑같은 권리를 누릴 수 있습니다.

'사랑은 이해할 수 없는 것을 이해시키지만, 이해할 수 없는 것들을 하게 만드는 단점도 있다'는 말이 있습니다. 동성애의 감정을 겪지 못한 이성애자들이 그들을 이해하는 것은 어려운 일일 수 있습니다. 사랑하는 사람과 팔짱을 끼고 걷다가 난데없이 폭행을 당하거나, 사회에서 고립되고 소외당하면서도 동성애자로서 살아가는 그들은 사랑 때문에 이해할 수 없는 것들을 하게 되는 사람들입니다. 비주류에 속한다고 해서 피해 받지 않는 진정한 평등사회를 이룩하기 위해서 동성 결혼의 허용은 반드시 합법화되어야 합니다.

2. 다음 발표문 대본의 서론과 결론을, 그 기법을 고려하여 다시 고쳐 써 보시오.

여러분은 학창시절에 매를 맞아 본 경험이 있으십니까? 저는 겉보기와는 달리 다양한 경험을 가지고 있습니다. 안 믿으시겠지만 말입니다. 초등학교 때는 숙제를 안 해서 맞았고, 중학교 때는 너무 떠들어서 맞았고, 고등학교 때는 학교 규정을 어겨서 맞았습니다. 그 경험을 한 가지 말씀드리겠습니다. 어느 학교에서나 긴 머리는 묶어야 하며, 교복은 단정하게 입고 교표나 이름표는 교내에서 꼭 착용해야 합니다. 그런데 왜 그게 그렇게 하기가 싫었는지 모르겠습니다. 교복 셔츠는 치마 밖으로 꺼내고, 조끼 단추는 풀고, 명찰의 이름은 스티커를 붙여서 보이지 않게 했습니다. 이름이 보이는 것은 부끄럽고, 자꾸만 늘어가는 배 둘레는 조끼의 단추를 풀지 않고는 못 버티게 만들었습니다. 그러나 그러한 모습은 학교 규정을 어기는 행동이었습니다. 특히 저희 학교에 계신, 조선시대에서 살다오신 분처럼 예의범절을 매우 중요하게 여기시는 '이조 선생님'께는 이런 행동은 절대 용납될 수 없는 일이었습니다. 그런 분 앞에서 이러한 모습을 보이는 것은 부도덕한 행위로서 처벌을 받아 마땅했습니다. 그 처벌은 그러한 학생들을 모아서 만든 '이조 패밀리'라는 모임에 들어가서 2주간 예절 교육을 받아야 하는 것이었습니다. 그 기간 동안에 다시 똑같은 잘못을 저지르면 회초리를 맞아야 했습니다. 그러나 어느 누구도 그분의 행동에 대해서 반발을 하지 않았습니다. 왜냐하면 우리가 잘못해서 그에 따른 벌을 받는 것이라는 사실을 누구나 알았기 때문입니다. 이처럼 학생이 잘못을 저질렀을 때, 선생님이 그 잘못에 대한 대가로 체벌을 가할 경우, 그 체벌은 정당화될 수 있는 것입니다.

여기서 체벌에 대해 얘기해 보겠습니다. 여러분은 체벌이라는 말을 들으면 어떠한 이미지가 떠오르십니까? 저는 이와 같은 이미지가 떠오릅니다.(사진 첨부) 많은 사람들이 저와 같을 것이라 생각됩니다. 그러나 이러한 생각은 체벌의 일부분일 뿐입니다. 또한 체벌을 위법이라고 생각하시는 분도 계실 것입니다. 그러나 체벌은 위법 사항이 아님을 분명히 말씀드릴 수 있습니다.

초·중등 교육법 시행령 제 31조 7항에 '학교의 장은 법 제18조 제1항 본문의 규정에 의한 지도를 하는 때에는 교육상 불가피할 경우를 제외하고는 학생에게 신체적 고통을 가하지 아니하는 훈육·훈계 등의 방법으로 행하여야 한다'고 규정되어 있습니다. 즉, 교육상 불가피할 경우에는 학생에게 신체적 고통을 가할 수 있다는 것입니다. 여기서 신체적인 고통은 때림으로써 아픔을 느끼게 하는 것 외에도, 팔 들고 있기, 무릎 꿇고 앉기, 운동장 뛰기 등도 포함됩니다. 그러나 많은 사람들은, 때리는 체벌의 경우만 생각하여 체벌이 비교육적인 처사라고 여깁니다. 물론, 누가 봐도 그 잘못에 대한 대가가 너무 과할 경우에는 체벌이 아닌 폭행이라 생각할 것이고, 그러한 행동을 한 교사는 비난받아 마땅할 것입니다. 하지만 학생이 잘못했다고 여겨질 경우, 그에 대한 체벌을 가하는 교사의 행동은 정당한 것입니다.

말로 하면 될 것이지, 학생을 굳이 때리는 것이 과연 교육적인가에 대해서 의문을 가지는 분들도 계실 것입니다. 이 문제에 대해서도 저의 경험을 말씀드리고 싶습니다. 고등학교 때 급식이 맛이 없어서 도저히 참을 수 없었던 저와 제 친구들은 일을 저지르게 됩니다. 외출증을 끊어서 나가는 정당한 방법이 있었지만, 저희들은 다른 친구들이 하는 것처럼, 월담이라는 방법을 선택하였습니다. 월담이 교칙 위반이라는 것을 알기는 했지만, 저희들은 그렇게 했습니다. 그런데, 월담을 한 지 10여 분이 채 지나지 않아서 선생님께 발각이 되고 말았습니다. 결국, 선생님께 끌려가서 주걱이라는 체벌의 도구로 손바닥을 맞았습니다. 그것도 그 선생님이 담임을 맡고 있는 반에서 고 3 선배들이 지켜보는 가운데 말입니다. 처음에는 너무 아프고, 밥도 못 먹고, 억울한 마음에, '월담 한 번에 대한 대가가 너무 심한 것 아니냐'며 선생님을 원망하였습니다. 그러나 그 뒤에 월담이 얼마나 큰 규칙 위반인지를 깨닫게 되었습니다. 만약에 그때, 선생님이 못 본 체하거나 말로만 주의를 주고 말았다면, 당시에만 잘못을 뉘우치고 반성하지, 저희는 또 똑같은 일을 하였을 것입니다. '그냥 꾸중 한 번 더 듣고 말지' 하는 생각에서 말입니다. 하지만, 선생님의 한 번의 매질이 저희들의 마음 깊이 그 행동이 얼마나 위험한 것이고, 해서는 안 되는 것인지를 깨닫게 해 주신 것입니다. 이처럼 수 십 번의 말보다는 한 번의 체벌이 아직 판단력이 미흡한 어린 학생들에게는 더 효과적일 수 있다는 것입니다.

정리하겠습니다. 체벌에 대한 부정적인 시각이 부모와 교사의 신뢰를 무너뜨리고, 교권의 추락을 가져오면서, '초등학생이 수업 중 여교사 폭행', '무릎 꿇은 여교사', '체벌했다고 학부모가 교사 폭행' 등과 같은 언론 보도를 증가하게 하고 있습니다. 체벌은 위법이 아니라 교사들의 정당한 행위입니다. 또한 체벌은 교사의 폭력적인 행동이 아니라 학생에 대한 애정이고 관심입니다.

여러분은 선생님이 회초리를 때리는 이유가 뭔지 아십니까? 여러분의 부모님이 여러분을 회초리로 때리는 것과 같다는 것을 마지막으로 말씀드리며, 저의 발표를 마치겠습니다.

3. 발표 실전을 앞두고 자신의 발표에 대한 준비 개요서와 실행 개요서를 작성해 보시오.

6. 시각 자료 활용하기

발표를 실행할 때 시각 자료를 사용하면 여러 면에서 도움이 된다. 시각 자료는 그 자체가 청중의 눈길을 끌기 때문에 청중의 시선이 발표자 자신에게 집중되는 것을 막을 수 있어 심리적 긴장감을 완화시킬 수 있다. 특히 현대와 같은 영상시대에는 과거에 비해 훨씬 더 많은 양의 정보를 시각을 통해 받아들이기 때문에 발표에서도 시각 자료를 충분히 활용하는 것이 좋다.

1) 시각 자료 사용의 이점

- 발표 내용을 더욱 분명히 구체적으로 전달할 수 있다. 백 번 듣는 것보다 한 번 보는 것이 더 낫다는 말이 있듯이, 어떤 대상을 말로 상세히 설명하는 것보다 한 번 보여 주는 것이 훨씬 구체적으로 인식할 수 있게 해 준다.
- 발표에 변화를 줄 수 있다. 청중은 인내심이 부족하므로 조금만 지루해도 관심을 다른 곳으로 돌려 버린다. 시각 자료는 발표에 변화를 주어 청중의 관심을 끝까지 지속시킬 수 있게 해 준다.
- 발표 불안증을 감소시킬 수 있다. 대중 발표에서 가장 걸림돌이 되는 것이 발표 불안증이다. 이럴 때 시각 자료를 사용하면 청중의 눈길을 피할 수 있어 보다 안정감 있게 발표를 실행할 수 있다.
- 청중의 기억력을 높일 수 있다. 청중은 귀로 들은 정보에 비해 눈으로 본 정보를 약 10% 더 많이 기억한다. 시각을 통해 머릿속에 들어온 영상은 사진으로 찍혀 인상이 오래 지속되기 때문이다.
- 설득력을 제고시킬 수 있다. 시각 자료를 활용하면 발표자가 전달하고자 하는 말의 의미를 청중이 보다 명확히 이해할 수 있으므로 설득력도 높일 수 있다.

2) 시각 자료의 종류

(1) 실물 : 발표의 주제나 소재가 되는 실물을 직접 보여 주어 청중의 이해를 돕는다.

(2) 모형 : 실물을 보여 주기에 부적절한 경우 모형을 사용할 수 있다.

(3) 사진 : 요즈음은 파워포인트로 선명한 사진을 보여 줄 수 있다.

(4) 그림 : 발표자가 전달하고자 하는 내용에 초점을 맞추어 적절한 그림을 그려 보여 줄 수 있다.

(5) 지도 : 서로 연관된 길이나 장소 등을 보여 주기 위해 사용할 수 있다.

(6) 그래프 : 통계 자료를 단순화시켜 보여 주는 방법으로, 선 그래프, 막대 그래프, 파이 그래프가 있다. 선 그래프는 시간의 흐름에 따른 사태의 추이를 보여 주는 데 매우 효과적이며, 막대 그래프는 두 개 이상의 대상을 비교할 때 효과적이다. 파이 그래프는 원을 여러 조각으로 나누어서 각종 분포도를 한눈에 볼 수 있게 해 준다.

〈선 그래프의 예〉 전국 가구의 가구당 월평균 소비 지출 및 전년 동기비 추이

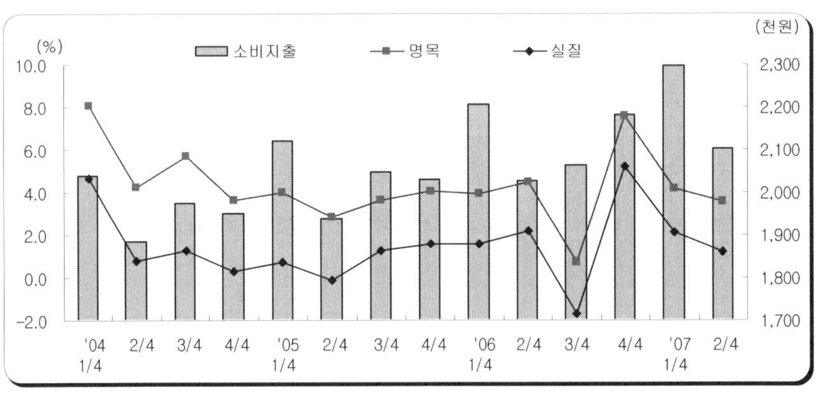

〈통계청 자료 : 2007년 2/4분기 가계수지 동향〉

〈파이 그래프의 예〉 기혼 여성의 출생아수별 구성비 추이

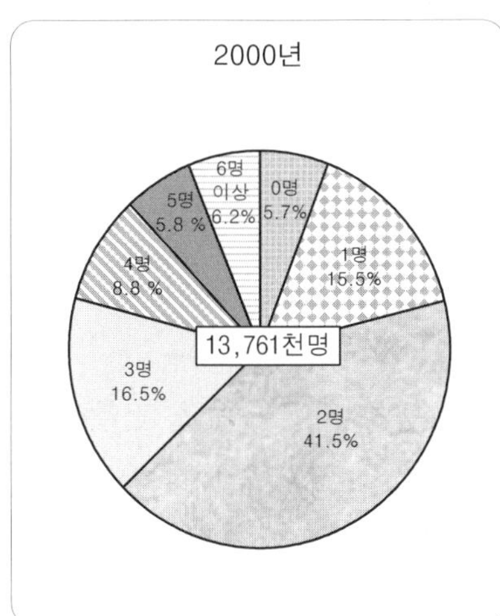

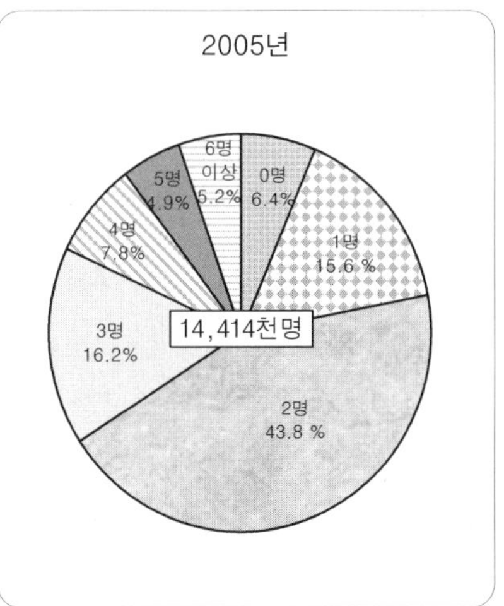

〈통계청 자료 : 2005 인구주택 총조사 표본 집계 결과
〔여성·아동·고령자·활동 제약자·혼인 연령·1인 가구 부문〕 보도 자료〉

〈막대 그래프의 예〉 싸이월드에서 도토리 구입에 사용한 액수

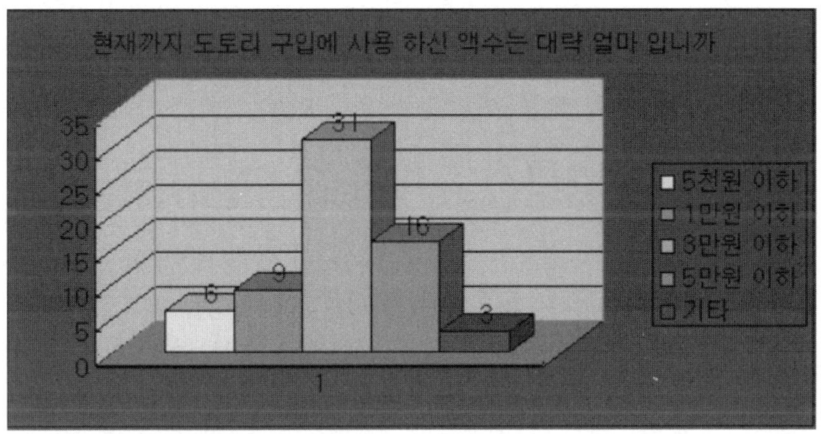

(7) 차트 : 많은 정보를 일목요연하게 요약해서 보여 준다. 위계질서나 과정의 단계를 한눈에 보여 주는 플로차트와 서로 전후 관계가 없는 여러 항목을 보여 주는 표가 있다.

(8) 영화와 비디오 : 발표와 관련된 부분을 편집해서 동영상으로 보여 줄 수 있다.

(9) 칠판과 분필 : 전자 매체에 비해 청중의 직접적인 관심을 유도할 수 있다.

(10) 핸드아웃 : 발표 후에도 청중이 발표 내용을 기억하기를 원할 때, 발표 끝 부분에 가서 핸드아웃을 나누어 줄 수 있다.

3) 시각 자료 사용 시 유의 사항

앞에서 언급한 바와 같이 시각 자료를 사용하게 되면 내용을 전달하는 데 있어 많은 이점을 가질 수 있으나, 잘못 사용하면 오히려 발표를 방해하는 일이 발생하기도 한다. 시각 자료를 준비하고 보여 주는 데 시간이 걸려 청중의 집중력을 흩어 놓을 수도 있고 발표자가 시각 자료에 신경을 쓰느라 청중과의 접촉에 소홀할 수도 있으며, 청중이 시각 영상에 정신이 빼앗겨 발표의 흐름을 놓칠 수도 있다. 그러므로 다음의 유의 사항을 지켜 사용해야 한다.

- 모든 사람이 볼 수 있도록 크게 만든다. 시각 자료를 사용하는 목적은 발표자가 말하는 내용을 구체적으로 이해시키는 것에 있기 때문에 청중에게 보이지 않으면 아무 소용이 없다. 그러므로 모든 시각 자료는 단순하게 만들어 청중들이 한눈에 이해할 수 있도록 해야 효과적이다.
- 간결하게 만든다. 시각 자료가 복잡해서 알아볼 수가 없으면 청중은 혼란에 빠지고 관심이 흩어져 오히려 역효과를 불러올 수 있다. 그러므로 시각 자료를 만들 때는 많은 내용을 넣겠다는 욕심을 버리고 간단하고 인상적으로 만들어야 한다.
- 적절한 시각 자료를 선택한다. 시각 자료를 선택할 때는 발표장의 설비, 청중의 수 등의 상황 요인을 염두에 두어야 한다. 또한 발표자가 잘 다룰 수 있는 시각 자료를 선택해야 한다.
- 발표자는 시각 자료를 바라보고 말을 해서는 안 되며 청중을 보고 설명해야 한다. 시각 자료 사용 시 가장 유의할 점은 발표자가 시각 자료 쪽으로 몸을 돌려서는 안 된다는 것이다. 많은 경우 발표자가 발표에 대한 긴장감과 대중에 대한 두려움으로 인해 청중에게 등을 보이면서 시각 자

료만을 보고 발표하는 경우가 있다. 이런 경우에는 시각 자료가 오히려 발표를 그르치게 할 수 있다. 발표자는 청중과의 교감이 없는 발표는 실패할 수밖에 없다는 점을 명심하고 특히 이 점에 유의해야 한다.

- 발표 도중 시각 자료를 청중들 사이로 돌리지 않는다. 시각 자료를 돌리게 되면 청중들은 그 자료를 보느라 발표자에게 더 이상 집중하지 않게 된다.
- 꼭 필요한 경우에만 보여 준다. 시각 자료를 미리 꺼내 두지 말고 필요할 때만 보여 주고 끝난 후에는 치워 두거나 숨겨 둔다. 시각 자료를 미리 꺼내 두거나 설명이 끝난 후에도 그냥 두게 되면 시각 자료로 인해 청중의 주의가 산만해질 수 있다.
- 파워포인트를 보여 줄 경우 슬라이드 1장에 너무 많은 글자를 넣어서는 안 된다. 파워포인트 사용의 목적 자체가 내용을 보다 간결하게 하여 청중의 머리에 각인시키려는 것이다. 그런데 화면에 들어간 글자가 일반 인쇄물 정도로 많아지면 청중이 화면을 읽을 수도 없을 뿐 아니라 그것을 사용하는 의미도 없어진다.
- 발표 시간을 고려하여 사용해야 한다. 시각 자료는 장비를 설치해서 청중에게 보여 주기까지 많은 시간을 필요로 한다. 자칫 준비가 소홀하면 정해진 발표 시간을 넘기게 되면서 여러 가지 부작용을 초래할 수 있다. 그러므로 치밀한 설치 준비와 아울러 시각 자료 전달 준비를 해야 한다.

※ 파워포인트

시각 자료를 보여 주기 위한 매체로 현대인이 가장 많이 사용하는 수단이 파워포인트이다. 파워포인트는 컴퓨터만 있으면 가장 쉽고 효과적으로 청중의 관심을 끌 수 있는 매체여서 발표자들이 애용하는 수단이다. 앞에서 언급한 시각 자료 사용 시의 유의 사항 외에 파워포인트 사용 시 유의 사항을 첨부하였다. 함께 고려하여 사용하면 도움이 될 것이다.

- 슬라이드 화면을 단순하게 만들고 꼭 필요한 메시지로 글자 수를 제한하는 것이 좋다. 가능하면 슬라이드 1장에 8줄, 1줄에 8단어 이내로 구성하도록 한다.

- 바탕 화면의 색깔과 글자의 색깔을 처음부터 끝까지 일관성 있게 해야 한다.
- 슬라이드 화면의 글자가 눈에 띄게 하기 위해서는 너무 강렬하고 복잡한 무늬가 들어간 바탕 화면을 피해야 한다.
- 될 수 있으면 붉은색으로 글자를 쓰지 않도록 해야 한다. 붉은색은 바탕 색깔에 물들어 버리기 때문에 선명하게 눈에 들어오지 않는다.
- 영어의 경우 대문자와 소문자를 섞어서 쓰는 것이 좋다. 대문자만 쓰면 읽기가 더 어렵기 때문이다.
- 발표장의 맨 뒤에 앉아 있는 사람도 볼 수 있게 글자 크기를 크게 해야 한다.
- 바탕 화면 색깔에 비해 글자가 두드러질 수 있게 색상 대비를 잘 맞추어야 한다. 즉 바탕색이 어두우면 글자를 밝은 색으로, 바탕색이 밝으면 글자를 어두운 색으로 해야 한다.

〈연습문제〉

1. 최근 들어 우리나라에서도 암 사망자가 증가하고 있다. 최근에 집계된 암 사망자의 유형별 사망률을 조사해 파이 그래프로 도출해 보시오.

2. 우리나라에서도 사형 제도의 논란이 끊이지 않고 있다. 우리나라에서 사형 제도가 도입된 후 사형을 당한 사형자 수를 연도별 또는 정권별로 조사해 선 그래프로 나타내 보시오.

7. 리허설

발표 준비가 되면 실전에 앞서 리허설을 하는 것이 필요하다. 연습을 하고 실전에 임하는 경우와 그렇지 않은 경우와는 발표의 성패가 달라진다. 리허설은 친구 앞에서 혹은 혼자 거울을 보고 실제 발표와 똑같이 하는 경우가 대부분이지만, 사정이 여의치 못한 경우에는 머릿속으로 실제 발표 모습을 상상하면서 리허설을 대신하기도 한다. 리허설의 가장 기본적인 목적은 발표 내용을 기억하기 위해서이다.

1) 발표 내용 기억하기

발표문 작성이 끝나면 발표 실전을 위해 발표문을 암기해야 한다. 암기의 과정은 발표문 자체를 통째로 외우기보다는 발표문의 내용을 완전히 이해하고 숙지한 후 말하고자 하는 요점을 간추려 기억하는 방법이 좋다. 여러 사람들의 발표 경험을 참고할 때, 발표문을 그대로 외우게 되면 발표 시 기억이 제대로 되살려지지 않아 실패하는 사례가 많았다. 기억법에 관해서는 고대 그리스・로마의 웅변가들이 사용했던 방법인 '장소에 말감을 걸어 두기' (예: 말하고자 하는 소주제와 관련된 사례 암기) 등 개인적인 연구가 필요할 것이다.

2) 발표 실전 상상하기

성공적인 발표를 상상해 보는 것도 리허설의 한 방법이다. 발표의 모든 상황을 구체적으로 상상해 보면 실제 상황에서 훨씬 잘할 수 있게 된다. 야구 선수를 대상으로 실제 실험을 한 결과 상상만 한 그룹이 연습한 그룹과 거의 같은 기량을 갖는 것으로 나타났다.

3) 팀별 리허설

팀별로 청중의 역할과 발표자의 역할을 번갈아 하면서 실제 발표와 똑같이 연습해 보는 것이 좋다. 한 번이라도 연습을 하게 되면 자신감이 생기고, 어색한 부분이나 잘못된 부분을 미리 수정하게 되어 실제 발표를 완벽하게 수행할 수 있다.

8. 발표 불안증 극복하기

발표 현장에서 학생들이 느끼는 어려움은 발표 불안증이다. 대부분의 학생들은 다른 사람 앞에 서기만 해도 가슴이 울렁거려 할 말을 제대로 하지 못하게 마련이다. 그러나 그러한 불안증이 모든 사람이 겪는 보편적인 증상임을 알고, 그것을 오히려 긍정적 의미로 받아들이면 훨씬 수월하게 이를 극복해 낼 수 있다. 즉 발표를 위해 청중 앞에 서게 될 때 느끼는 긴장감은 오히려 발표자의 내부에 에너지를 생성하고 창의력을 고취시키는 긍정적 효과가 있다. 사람들이 긴장할 때 분비되는 아드레날린은 위급한 상황에서 민첩하게 사고하고 능동적으로 대처할 수 있도록 돕는 기능을 한다. 실제로 배우들은 무대 공포증이 클 경우에 더욱 나은 연기를 할 수 있었다는 체험을 들려주고 있다.

1) 발표 불안증 진단

자신의 발표 불안증이 어느 정도인지 진단해 보는 것은 스스로를 이해하는데 많은 도움이 된다. 다음의 문항은 발표자가 느끼는 불안증을 진단할 수 있는 객관적 자료이다. 각 문항에 제시된 불안증의 증상과 자신의 느낌을 비교해 본 후 일치 정도에 따라, 매우 그렇다 (1점), 그렇다 (2점), 모르겠다 (3점), 그렇지 않다 (4점), 전혀 그렇지 않다 (5점)로 점수를 표시해 보자.

____ 1. 발표에 대한 불안감이 없다.
____ 2. 발표 준비를 즐긴다.
____ 3. 발표하는 것이 기다려진다.
____ 4. 발표 직전에는 불안하지만 일단 시작하고 나면 안정되고 편안해진다.
____ 5. 나는 발표 시 긴장감과 스트레스를 통제할 줄 안다.

___ 6. 발표 직후 즐거운 경험을 했다고 느낀다.
___ 7. 발표를 해야 한다는 것을 아는 순간부터 벌써 불안해지기 시작한다.
___ 8. 발표 전날 밤 잠들기가 어렵다.
___ 9. 발표하는 당일 아침에 매우 긴장된다.
___ 10. 발표 직전 순서를 기다릴 때 매우 불안하다.
___ 11. 발표를 막 시작할 때 가슴이 빨리 뛴다.
___ 12. 발표할 때 손발이 떨린다.
___ 13. 발표 주제에 관해 내가 잘 모르는 질문을 할까 봐 걱정한다.
___ 14. 발표 시 시간이 얼마 남지 않았음을 알면 매우 긴장되고 불안해진다.
___ 15. 발표 도중 실수를 하면 나머지 발표에 집중하기가 어렵다.
___ 16. 발표를 하는 동안 너무 긴장해서 내가 실제 알고 있는 내용들을 잊는다.
___ 17. 발표가 끝난 후에도 여전히 걱정이 된다.

<u>대중 발표에 대한 불안증 계산법</u>

- 1단계 : 7~17의 점수를 더한다.
- 2단계 : 1~6의 점수를 더한다.
- 3단계 : 66점 - 1단계의 총점 + 2단계의 총점 = 대중 발표 불안증 개인 점수

점수를 더한 결과에 따라 다음과 같은 평가가 가능하다.

- 60~85점 : 발표 불안증이 심하다.
- 56~59점 : 발표 불안증이 조금 심하다.
- 47~55점 : 발표 불안증이 보통이다.
- 43~46점 : 발표 불안증이 조금 있다.
- 17~42점 : 발표 불안증이 거의 없다.

발표 불안증은 크게 두 가지로 나타나는데, 하나는 심리적인 불안증이고 또 하나는 신체적으로 나타나는 불안증이다. 후자의 경우 위에 경련이 일어나고, 손바닥에 땀이 나고, 입이 마르는 등의 증상이 나타날 수 있다. 그러나 이러한 증상은 모두가 가지고 있는 것으로 사람에 따라 정도의 차이가 있

게 마련이다. 대개 발표 불안증은 발표를 시작하기 직전과 서론 단계에서 최고조에 달하다가 발표가 진행될수록 그 강도는 점점 낮아져서 끝날 무렵에는 거의 벗어나는 상태가 된다.

2) 발표 불안증을 극복하는 방법

(1) 발표 불안증은 발표 시작을 전후로 고조되므로 서론에서 말할 내용을 충분히 숙지하는 것이 좋다. 또한 발표 내용을 외우기보다는 내용을 간략히 적은 메모를 손에 들고 말하면 큰 도움이 된다.

(2) 발표 불안증을 극복하기 위해서는 발표에 대한 철저한 준비가 선행되어야 하며 리허설도 필수적이다. 사전에 녹음, 녹화하여 자신의 발표 모습을 검토하는 것은 최고의 방법이다. 이러한 준비 과정을 통해 발표자는 자신감을 갖게 되며, 자신감을 키우는 일이야말로 발표 불안증을 완화시키는 지름길이다.

(3) 청중이 두려움의 대상이 아님을 인식해야 한다. 청중이 발표자에게 충분히 호의적이라는 것과 발표에 대해 큰 기대를 가지고 있음을 인식하는 것도 중요하다. 사투리를 사용하는 사람의 경우 그로 인해 주눅 들기 쉬우나 청중은 사투리에 금방 길들여지게 된다. 무엇보다 중요한 것은 발표 내용임을 잊어서는 안 된다.

(4) 발표 중 청중과의 접촉을 시도하는 것도 발표 불안증 극복의 한 방법이라 할 수 있다. 가령 수사적 질문을 던져 청중으로 하여금 답변을 생각해 보게 함으로써 혹은 농담을 통해 청중을 웃게 만듦으로써 발표자는 여유를 가질 수 있다. 또한 연설의 처음 단계에 일상적인 재미있는 일화를 소개하거나 최근 주요 이슈 등에서 출발하여 공감대를 형성하는 것도 좋은 방법이다.

(5) 말하는 속도를 되도록 느리게 하여 마음의 여유와 안정감을 얻을 수 있어야 한다. 시청각 도구를 사용하는 것도 여유를 얻는 데 도움이 된다. 처

음에 발표자에게 쏠리는 시선을 시각 자료로 돌림으로써 발표자 자신의 긴장감을 어느 정도 완화시킬 수 있기 때문이다.

(6) 연단에 섰을 때 당황하지 않고 발표 내용을 다 말하기 위해서는, 원고를 일목요연하게 작성해 한 눈에 요점이 들어오게 해야 한다.

(7) 자신이 성공적으로 발표하는 광경을 머릿속에 그려 본다. 발표의 모든 상황을 구체적으로 상상해 보면 실제 상황에서 훨씬 잘할 수 있게 된다. 야구 선수를 대상으로 실제 실험을 한 결과 상상만 한 그룹이 연습한 그룹과 거의 같은 기량을 갖는 것으로 나타났다.

3장 발표 실전에 임하기

발표는 실전 방법에 따라 낭독 발표, 암기 발표, 즉흥 발표, 개요서 중심 발표 등으로 나눌 수 있다. 이 중 가장 이상적인 방법은 개요서 중심 발표이다. 이 방법은 청중과 활발한 교감이 이루어지면서 자연스럽게 이루어질 수 있기 때문이다. 발표 실전에서 가장 신경 써야 할 점은 발표가 일방적인 커뮤니케이션이 아니라 양방향의 커뮤니케이션임을 기억하는 일이다. 청중과의 교감을 이루기 위해 청중과의 눈 맞춤, 호감을 주는 표정, 변화 있는 목소리, 시간 준수, 자연스러운 말투, 적절한 제스처 등은 필수적이다. 아래의 구체적인 사항들을 숙지하고, 발표 대회의 영상 자료를 참고하면 많은 도움을 받을 수 있을 것이다.

1. 음성 전달

1) 목소리의 속도와 휴지

일반적으로 사람들은 1분에 100 단어 정도를 말한다. 그러나 긴장하게 되면 대개의 경우 말하는 속도가 빨라진다. 발표에서는 특히 속도가 빨라지지 않게 주의해야 하며, 속도를 조절하여 중요한 부분을 강조하고 발표에 변화를 줄 수 있다. 특히 말과 말 사이의 휴지를 적절히 사용하여 발표 효과를 높이고 청중의 집중을 높일 수 있다.

2) 목소리의 크기

발표 장소, 청중의 숫자, 잡음의 정도, 마이크 사용 여부 등을 고려하여 목소리의 크기를 정해야 한다. 주의할 점은, 청중이 듣는 발표자의 목소리는 발표자 자신이 듣는 소리보다 작다는 점이다. 목소리의 크기도 변화를 주어 단조로운 발표가 되지 않도록 하는 것이 좋다.

3) 억양

억양은 감정 표현의 중요한 요소가 된다. 음성의 높낮이를 통해 발표자는 자신의 감정을 생생하게 전달할 수 있다.

4) 어조 변화

강한 어조와 부드러운 어조의 조율을 통해 청중과의 대화를 생동감 있게 만들 수 있다.

5) 발음

대중 발표에서는 일상적인 대화에서보다 발음을 더욱 분명히 할 필요가 있다. 발표자와 청중과의 거리나 여러 종류의 잡음으로 인해 정보를 놓치기 쉽기 때문이다. 그러므로 모든 소리를 의도적으로 명확하게 발음하는 것이 중요하다.

2. 몸짓에 의한 전달

의사소통의 전체 의미 중 65~93%는 비언어적 요소를 통해 파악된다. 사람의 진짜 기분은 언어보다 태도에 더 잘 나타난다. 발표도 양방향의 의사소통이므로 발표자는 청중의 반응을 항상 주시하면서 경우에 따라서는 발표 계획을 수정하는 일도 감수해야 한다. 청중이 예상 외로 지루해하는 것이 느껴지면 짧은 여담 시간을 갖는 것도 좋다. 또한 제스처를 사용하여 지루함을 덜어 주는 것도 발표에 변화를 주는 한 방법이다. 발표에서 고려해야 할 몸짓 언어는 다음과 같다.

- 표정 : 발표자가 얼굴에 미소를 띠면 자신감과 여유가 있어 보이고 청중에게 호감을 준다. 또한 발표 내용을 열정적이고 확신에 찬 태도로 전달할 때 설득력이 높아진다.

- 시선 : 청중에게 시선을 주어야 청중과의 유대감이 형성되고 청중의 반응에 적절히 대응할 수 있다. 앞좌석에서 2/3 정도 지점에 시선을 두는 것이 자연스러우나 전체 청중에게 골고루 시선을 맞추는 것이 좋다.

- 제스처 : 적절한 제스처는 메시지의 의미를 명확하게 하고 강조해 줄 뿐 아니라 청중의 집중력을 높여 준다. 그러나 제스처가 너무 빈번하게 사용되면 발표가 산만해지고 역효과를 일으킬 수 있다. 제스처는 역동적이고 자연스러워야 한다.

- 용모 : 용모는 첫인상을 결정하는 중요한 요소이므로 깨끗하면서 단정해야 한다. 또한 청중과 상황을 고려하여 적절한 복장을 선택하는 것도 중요하다. 지나치게 극단적인 발표자의 복장은 전달을 방해할 수 있다.

4장 발표 평가하기

발표는 발표자나 청중들의 발표에 대한 평가로서 마무리된다. 발표를 평가함에 있어서는 다음과 같은 사항을 기준으로 삼을 수 있다.

1. 발표 내용

- 주제의 독창성 : 발표 주제가 참신하고 독창적인 것인가?
- 내용의 충실성 : 필요하고, 적절한 정보가 충실하게 제시되었는가?
- 구성의 논리성 : 내용이 체계적으로 구성되어 있으며, 논리적으로 전개되는가?
- 개념의 정확성 : 사용하고 있는 용어, 개념이 정확한가?

2. 발표 수행

- 발표자의 성실성 : 발표 시간을 준수하며 몸짓, 자세가 바람직한가? 팀 발표인 경우, 모두가 적극적으로 참여하였는가?
- 전달의 명료성 : 발음이 명료하고, 목소리의 크기, 속도 등이 적절한가?
- 청중의 호응도 : 청중들의 관심과 흥미를 고려하며, 청중들과 교감하며 말하였는가?

발표 평가서 (양식)

일시: 분반: 평가자:

<각 항목 10점, 총점 70점>

발표자 이름	발표 내용				발표 수행			총점
	주제의 독창성	내용의 충실성	구성의 논리성	개념의 정확성	발표자의 성실성	전달의 명료성	청중의 호응도	
1								
2								
3								
4								
5								
6								
7								
8								
9								
10								

〈더 읽어 볼 책〉

1. Sellnow,D.D., Public Speaking, Thomson, 2003.
2. Grice,G.L. & Skinner,J.F., Mastering Public Speaking, Pearson, 2004.
3. Osborn,M. & Osborn,S., Public Speaking, Houghton Miffling Company, 2003.
4. Breton, Philippe, *L'argumentation dans la communication* (의사소통에서의 논증), éd. La Découverte, 1996.
5. Perelman, Chaïm, *L'empire rhétorique* (수사제국), Librairie Philosophique J. Vrin, 1997.
6. Sloan, Th., *Encyclopedia of rhetoric*, Oxford University Press, 2001.
7. 이상철 외, 『스피치와 토론』, 성균관대학교출판부, 2006.
8. 임태섭, 『스피치 커뮤니케이션』, 커뮤니케이션북스, 2003.
9. 박재현, 「설득 담화의 내용 조직 연구」, 서울대학교 박사학위논문, 2006.
10. 백미숙, 『스피치특강』, 커뮤니케이션북스, 2006.
11. 숙명여자대학교의사소통능력개발센터, 『발표와 토론』, 숙명여자대학교출판국, 2006.
12. 하병학, 『토론과 설득을 위한 우리들의 논리』, 철학과 현실사, 2001.
13. 양태종, 『수사학이야기』, 동아대학교출판부, 2002.

제2부

토론

1장 토론이란 무엇인가?

1. 합리적 문제 해결 과정으로서의 토론

우리는 살면서 다양한 문제에 부딪히게 된다. 우리가 부딪히게 되는 문제들은 지극히 개인적인 문제들도 있고, 개인과 개인 사이, 집단과 집단 사이, 더 나아가서는 국가와 국가, 민족과 민족 사이에 존재하는 문제도 있다. 이러한 문제들은 대개 복잡한 이해관계에서 비롯되는 경우가 많으며 이는 심각한 갈등과 대립으로 번지곤 한다. 이렇게 문제에 부딪힌 개인 혹은 집단이 문제를 해결할 수 있는 방법이 무엇일까? 개인이 어떤 문제에 부딪히게 되었을 경우, 보통은 문제 해결 방법을 찾기 위해 고심하고 자신이 가장 현명한 해결안이라고 생각하는 것을 선택하게 된다. 그러나 집단과 관련된 문제인 경우 문제 해결은 매우 복잡해진다. 왜냐하면 문제를 바라보는 시각이 저마다 다르고, 문제 해결 방법에 대한 생각 또한 모두 제각각이어서 어떠한 판단을 하거나 결정을 내리는 것이 쉽지 않기 때문이다. 게다가 문제의 대부분은 중요한 이해관계를 포함하고 있어서 많은 경우 첨예한 의견 대립을 낳게 된다. 따라서 어떤 집단에서 불거진 문제를 원만하게 해결하기 위해서는 서로가 열린 마음으로 터놓고 이야기하는 소통의 장이 마련되어야 하는데 토론은 바로 이러한 소통의 장이 된다. 토론을 통해 우리는 내 주장을 좀 더 설득력 있게 전달하고, 상대편의 의견을 귀담아 들으면서 받아들일 건 받아들이고, 비판할 것은 비판하며 이견을 좁혀 더 나은 판단이나 합리적인 결정을 내리게 된다.

결국 토론은 갈등과 이견이 존재하는 사회집단의 크고 작은 문제를 해결하기 위한 가장 합리적이고 민주적인 의사 결정 과정이라고 말할 수 있다.

2. 토론의 필요성

토론이 필요한 이유는 무엇일까? 우리 사회에 토론이 필요한 이유는 올바른 판단, 합리적인 의사소통을 위해서이다. "혼자 수천 권의 책을 읽은 지식인보다 한 권의 책을 읽고 여러 사람과 토론한 지식인이 더 낫다"는 말이 있다. 이는 혼자 생각하는 것보다는 다른 사람과 더불어 생각해 보는 것이 올바른 판단과 합리적인 문제 해결에 훨씬 유익함을 의미하는 말이다. 인간은 불완전한 존재이기 때문에 누구의 주장도 완전무결하거나 온전할 수 없다. 그러기에 열린 마음으로 다른 사람과 의견을 나누면서 건전한 판단과 합리적인 문제 해결을 이루려는 노력이 필요한 것이다.

한 공동체에 속한 개인이 공동체의 공적 문제를 해결하는 과정을 생각해 보자. 문제를 해결하기 위해서는 우선 문제의 핵심을 파악하고, 다른 사람들의 판단을 공유하며, 어떤 판단이 궁극적으로 공적인 정당성을 지니고 있는지를 비교하여 가장 적절한 판단을 내리고, 이를 다른 사람들에게 설득력 있게 전달하는 능력이 요구된다. 그래서 책임 있는 사회인에게는 토론 능력이 요구되는 것이다.

토론은 또한 성숙한 민주 시민으로 성장할 수 있는 훈련이기도 하다. 토론은 공적인 문제가 던져진 상황에서 문제의 핵심을 파악하고, 공적인 판단을 내릴 때 편향된 개인적 성향을 벗어날 수 있는 계기를 마련해 준다. 즉 토론은 혼자만의 시각에서 나온 판단에 대해 다른 사람의 비판을 듣고 새롭고 깊이 있는 판단의 길을 열며, 토론 속에서 제시된 여러 판단들 중 궁극적으로 어느 판단이 더 공적 정당성을 지니고 있는지 비교하는 능력을 기르는 데 일조한다. 이와 같은 과정을 통해 토론에 참여한 사람은 궁극적으로 자신의 삶에 대한 성찰을, 자신과의 대화를 가질 기회를 갖는다. 다른 사람들과의 대화는 '나와 다른 생각을 하는 그들은 누구이며 궁극적으로 나는 누구인가' 하는 물음에 도달하게 되어 결국 자신을 변화시키는 계기가 된다.

3. 토론 수업의 의의

토론 수업을 통해 토론을 학습함으로써 얻을 수 있는 능력들은 어떤 것이 있을까?

1) 인식적 측면

토론이란 기본적으로 자신의 주장을 합당한 이유를 들어 제시하는 논증 활동이며, 비판적 사고의 과정이다. 그렇기 때문에 토론 수업은 인식적 측면에서 다양한 사고능력을 기르는 데 기여를 한다.

- 분석력 함양
- 판단력 함양
- 문제 해결 능력 함양
- 창의적 사고 능력 함양

2) 사회 · 관계적 측면(정서적, 윤리적 측면)

토론은 혼자서는 할 수 없는 활동이다. 나와 다른 생각을 지닌 상대에게 주장을 펼치고 상대로 하여금 마음으로부터 동의하고 공감하도록 설득하는 것이 토론이다. 그렇기 때문에 토론은 인식적인 능력뿐 아니라 사회적인 능력을 배양하는 데에도 기여를 한다.

- 민주적 의사 결정
- 상호 존중과 다원주의
- 자기 정체성의 확립
- 열린 마음과 개방적 태도
- 합리적, 이성적 태도에 대한 신뢰

토론 교육의 효과는 다음과 같이 정리해 볼 수 있다.

- 분석력
- 논증 능력
- 비판적 사고 능력
- 판단력
- 의사소통 능력
- 문제 해결 능력

4. 토론의 종류

토론의 종류는 여러 가지가 있는데 크게 일상생활에서 이루어지는 응용 토론과 교육 현장에서 이루어지는 교육 토론으로 나누어 볼 수 있다.

- **응용 토론**

  일상생활에서 이루어지는 토론 — TV 토론, 법정 토론, 정책 토론 등

- **교육 토론**

  교육적 목적에서 비판적 사고 훈련 및 합리적 의사소통 능력 배양을 위한 토론. 교육 토론에서 주로 사용되는 토론의 모형은 링컨-더글러스형 토론, 상호 질문형 토론(Cross Examination Debate Association)과 칼 포퍼(K. R. Popper)형 토론 등이 있다. 각각의 토론 모형의 특징과 규칙을 간단하게 살펴보자.

* 링컨-더글라스형 토론

이 토론 형식은 1858년 일리노이주 상원의원 선거 캠페인 중 에이브러햄 링컨과 스테판 더글러스 사이에 있었던 노예 제도에 관한 토론에 기원을 둔 것이다. 1980년대 미국 전국 토론 대회에서 발표 시간을 한정시킨 유형이 채택되면서 유행하기 시작하였다. 이 토론의 특징은 토론이 1:1로 진행이 되며, 주로 가치 논제가 많이 채택된다는 점이다.

〈진행 순서〉

찬성 측 입론	6분
반대 측 질문	3분
반대 측 입론	7분
찬성 측 질문	3분
찬성 측 반박	4분
반대 측 반박	6분
찬성 측 반박	3분
준비 시간	3분
총 소요 시간	35분

* 상호 질문형 토론

상호 질문형 토론은 토론을 할 때 각기 자기주장만을 말하고 상대 팀의 주장을 제대로 듣지 않는 경향을 보완하기 위해 만들어진 토론 방식으로 상대방의 주장에 대한 질문 시간을 둔 토론이다. 상호 질문형 토론은 두 사람이 한 팀이 되어 각각 세 번의 발언을 하는데 입론, 반박, 상호 질문을 하게 된다.

〈진행 순서〉

찬성 측 첫 번째 토론자의 입론	8분
반대 측 두 번째 토론자의 질문	3분
반대 측 첫 번째 토론자의 입론	8분
찬성 측 첫 번째 토론자의 질문	3분
찬성 측 두 번째 토론자의 입론	8분
반대 측 첫 번째 토론자의 질문	3분
반대 측 두 번째 토론자의 입론	8분
찬성 측 두 번째 토론자의 질문	3분
반박 준비 시간	10분
반대 측 첫 번째 토론자의 반박	4분
찬성 측 첫 번째 토론자의 반박	4분

반대 측 두 번째 토론자의 반박 4분
찬성 측 두 번째 토론자의 반박 4분
총 소요 시간 70분

＊칼 포퍼형 토론

칼 포퍼형 토론은 세 사람이 한 팀이 되어 각 팀별로 한 번의 입론과 두 번의 반론, 두 번의 질문의 기회를 갖게 되는 형식의 토론이다. 이 토론 방식은 입론의 기회가 한 번밖에 주어지지 않고, 반론과 질문의 기회가 두 번씩 주어지기 때문에 입론 내용을 어떻게 구성하고, 반론과 질문을 어떻게 할 것인지에 대한 치밀한 전략이 필요하며, 팀 구성원들 사이의 협력과 역할 분담이 무엇보다 필요한 방식이다.

〈진행 순서〉
찬성 측 첫 번째 토론자의 입론 6분
반대 측 세 번째 토론자의 질문 3분
반대 측 첫 번째 토론자의 입론 6분
찬성 측 세 번째 토론자의 질문 3분
찬성 측 두 번째 토론자의 반론 5분
반대 측 첫 번째 토론자의 질문 3분
반대 측 두 번째 토론자의 반론 5분
찬성 측 첫 번째 토론자의 질문 3분
찬성 측 세 번째 토론자의 반론 5분
반대 측 세 번째 토론자의 반론 5분
준비 시간 8분
총 소요 시간 52분

2장 토론 준비하기

토론을 하려면 먼저 토론거리가 있어야 하는데 토론거리를 다른 말로 논제라 한다. 즉 논제는 토론의 대상을 말한다. 토론의 대상인 논제를 설정하는 일은 토론의 첫 단추를 끼우는 일이며 그런 만큼 매우 중요한 의미를 갖는다. 논제를 어떻게 설정하느냐에 따라 앞으로 진행될 토론의 방향과 성패가 결정되기도 한다.

1. 논제 설정하기

어떤 논제를 설정하는 것이 좋은가? 어떤 논제를 설정하는 것이 좋은가에 대한 답은 쉽게 내리기 어렵다. 토론의 목적이 합리적인 문제 해결에 있는 만큼 합리적인 문제 해결이 필요하다고 생각되는 문제를 잡으면 될 것이다. 그러나 아무리 합리적인 문제 해결이 요구되는 논제라 하더라도 나 자신의 흥미와 관심을 반영하지 못하는 논제는 좋지 않다. 본인의 관심과 흥미를 유발하는 논제이면서 문제 해결을 요하는 문제들에 눈을 돌려 보자. 토론 교육에서 일반적으로 좋은 논제라는 것은 다음과 같은 요건을 충족시키는 논제이다. 참고해 보자.

〈적절한 논제〉

- 나의 흥미와 관심을 끄는 논제
- 찬성과 반대가 분명히 나뉠 수 있는 논제
- 다양한 문제 의식, 관점, 추론을 불러일으키는 논제
- 창의적 문제 해결의 가능성이 큰 논제
- 통합 교과적, 학제적인 논제
- 진리 탐구 및 지식 습득에 도움이 되는 논제
- 주제의 범위가 너무 넓거나 좁지 않은 논제

〈적절하지 않은 논제〉

- 개인의 사생활과 관련된 논제
- 특정 집단의 관심이나 신념과 관련된 논제
- 개인의 취향이나 기호와 관련된 논제
- 결론이 뻔한 논제
- 전문 지식이 많이 요구되는 논제

〈연습문제〉

1. 신문, 잡지, TV 등을 통해 최근 우리 사회에서 이슈가 되고 있는 문제가 무엇인지 알아보고, 토론 논제를 찾아보시오.

2. 최근 내가 읽은 책, 영화 가운데 작품의 주제 혹은 주인공의 행동, 가치관 등과 관련하여 토론하고 싶은 문제가 있다면 그것을 뽑아 토론 논제로 구성해 보시오.

3. 토론하기에 적절하지 않다고 생각되는 논제들을 그렇게 생각한 이유와 함께 제시해 보시오.

2. 논제의 종류 알아보기

논제를 설정하기에 앞서 논제에는 어떤 종류가 있는지 알아보자. 논제는 그 내용과 성격에 따라 사실 논제, 가치 논제, 정책 논제의 세 가지 유형으로 구분된다.

1) 사실 논제

- 사실 논제 — 어떠한 일이 일어났다는 것을 기술하고 묘사하는 논제
  참이나 거짓으로 평가할 수 있는 논제
  "X가 그러하다/아니하다"
  (예) 라면은 건강에 해롭다.
  서울대는 학벌 문제의 핵심이다.
  김대중은 한국 최초의 진보주의적 대통령이었다.
  안두희로 하여금 김구를 암살하도록 교사한 배후 세력이 있다.

2) 가치 논제

- 가치 논제 — 어떤 대상 혹은 사건, 사람 등에 대한 평가적 주장으로 이루어진 논제

"X가 좋다/나쁘다, 바람직하다/바람직하지 않다"

— 하나의 가치를 주장하는 논제

(예) 천성산은 보호되어야 한다.
혼전 순결은 지켜야 한다.

— 어떤 가치가 다른 가치에 비해 우선된다고 주장하는 논제

(예) 자유가 평등보다 더 소중하다.
우리나라의 경제 정책은 성장보다는 분배에 초점을 맞추어야 한다.
교양 교육에서는 지식 교육보다 능력 교육이 우선시되어야 한다.

— 어떤 가치를 부정하는 논제

(예) 동성애는 비윤리적인 행위이므로 비판받아 마땅하다.
안락사는 도덕적으로 문제가 있다.

3) 정책 논제

- 정책 논제 — 어떤 실천 방안에 대한 진술의 정당성 그리고 그것의 실현 가능성을 평가하는 논제
"X가 정책으로서 행해져야 한다/필요하다/필요 없다"
(예) 호주제는 폐지되어야 한다.
아파트 분양 원가는 공개되어야 한다.
기업 출자 총액제는 도입될 필요가 있다.
지방대생 취업 쿼터제를 입법화해야 한다.

교육 토론에서는 사실 논제, 가치 논제, 정책 논제 중에 사실 논제는 잘 선택되지 않고 주로 가치 논제나 정책 논제가 선택된다. 아래에 교육 토론에서 선택되기 쉬운 몇 가지 예를 제시해 보았다.

〔논제 풀〕

사형 제도

스크린쿼터제

양심적 병역 거부

인터넷 실명제

고교 평준화 제도

성범죄자 신상 공개

성매매 특별법

한미 FTA 협상

학교 체벌

저출산

안락사

전시작전통제권 환수

기여 입학제

교원평가제

동성 간 결혼

배아복제

문명의 충돌, 공존

예술과 표현의 자유

박정희와 개발 독재의 필요성

세계화와 민족주의

개인과 공동체

〈연습문제〉

1. 다음 논제들이 사실, 가치, 정책 논제 중 어느 것에 해당하는지 구분해 보시오.

발해는 고구려의 문화를 계승하였다.

치료용 인간 배아복제 허용해야 한다.

고교 평준화 제도는 학업 능력의 하향 평준화를 가져왔다.

기여 입학 제도는 시행되어야 한다.

혼전 동거는 부도덕하다.

2. 논제의 유형을 참고하여 사실 논제, 가치 논제, 정책 논제의 예를 각각 두 개씩 찾아 제시해 보시오.

3. 다음의 사실 논제를 가치 논제와 정책 논제로 바꾸어 보시오.

사실 논제 — 평준화 교육은 좋은 교육을 받을 권리를 박탈하고 있다.

가치 논제 —

정책 논제 —

3. 논제 서술하기

논제를 잡았으면 다음 단계로 논제를 서술해 보자. 토론이 잘 이루어지기 위해서는 논제를 명확하게 서술하는 것이 매우 중요하다. 그래야 양측이 서로 논점에 대한 분명한 이해를 바탕으로 대립각을 세우며 토론을 효율적으로 진행할 수 있게 된다. 논제를 명확하게 서술하기 위해서는 몇 가지 주의사항이 있는데 다음을 참고하도록 하자.

※ 논제를 서술할 때 주의해야 할 사항들[1)]

▪ 논제는 하나의 중심적인 논쟁점만을 표현해야 한다.

---

1) 논제 설정 시 유의 사항에 대해서는 Freely, *Argumentation and debate*(1996), pp.38~41; 한상철, 『토론』(커뮤니케이션북스, 2006), 10~16 참조.

- 논제를 잡을 때 흔히 저지르기 쉬운 잘못 가운데 하나는 논제의 쟁점이 여러 가지가 되도록 잡는 경우이다. 예를 들어 '범죄 예방을 위한 성범죄자 신상 공개는 정당한가'와 같은 논제를 보자. 이 논제의 경우 논쟁점은 두 가지이다. 하나는 '성범죄자의 신상 공개가 범죄 예방에 효과가 있는가'라는 문제이고 또 다른 하나는 '그것이 정당한가'라는 문제이다. 이렇게 쟁점이 두 가지인 경우 토론을 하다보면 한 쪽에서는 성범죄자 신상 공개가 범죄 예방에 효과가 없음에 초점을 맞추어 토론을 진행할 것이고, 다른 한 쪽에서는 성범죄자 신상 공개가 정당하다는 데 초점을 맞춰 토론을 진행할 것이다. 이렇게 되면 양측의 논쟁점이 서로 달라 토론이 원활하게 이루어지지 못하게 된다. 따라서 위와 같은 논제는 하나의 중심적인 논쟁점이 표현되도록, 즉 '성범죄자 신상 공개는 범죄 예방에 효과가 있는가'이거나 '성범죄자 신상 공개는 정당한가'로 수정해야 한다.

▪ 논제는 의미가 명료하게 드러나게 표현되어야 한다.

- 논제를 서술할 때에는 누구라도 그 의미를 분명하게 알 수 있도록 분명하고 명료하게 서술하여야 한다. '스크린쿼터제 축소되어야 한다'는 논제의 경우 축소의 정도와 범위가 분명하지 않아 스크린쿼터제의 축소에 찬성하는 사람이라 할지라도 각자가 생각하는 정도와 범위는 다를 수 있다. 이런 불분명함을 없애기 위해서는 '스크린쿼터제는 현재 시행 일수의 절반으로 줄여야 한다'와 같은 형태로 의미에 혼선이 없게 명료하게 제시되어야 한다.

'인간 배아복제는 허용되어야 한다'와 같은 논제도 마찬가지이다. 이는 너무 범위가 넓어 문제가 되는 경우이다. 인간 배아복제를 찬성한다고 해서 어떠한 목적에도 사용될 수 있는 배아복제에 동의한다는 것은 결코 아닐 것이다. 따라서 논제는 구체적으로 '(난치병, 불치병 등) 치료 목적에 사용되는 인간 배아복제는 허용되어야 한다'와 같은 형태로 의미가 분명하게 드러날 수 있도록 표현되어야 한다.

▪ 논제는 가치중립적으로 표현되어야 한다.

- 논제를 서술할 때에는 찬성 측이나 반대 측 어느 일방에 유리하지 않게

가치중립적인 언어를 사용하여야 한다. '반인권적 제도인 사형 제도는 철폐되어야 한다'와 같은 논제는 가치중립적이지 못한 표현을 사용하고 있기 때문에 논제로는 적합하지 않다. 논제 안에 이미 사형 제도가 반인권적이라는 의미가 내포되어 있어서 찬성 측에 유리하게 작용하기 때문이다. 논제는 감정적이거나 평가적인 언어를 배제한, 양측 모두에게 공평하고 중립적인 언어로 표현되어야 한다.

▪ 논제는 찬·반의 쟁점이 뚜렷이 부각되는 것이 좋다.

- 논제를 서술할 때에는 찬·반의 쟁점이 뚜렷하게 부각되도록 하는 것이 좋다. 예를 들어 '과거사 어떻게 청산되어야 하는가'나 '고교평준화 정책 무엇이 문제인가'와 같은 의문문의 논제는 우리가 흔히 TV 토론 등에서 접하게 되는 논제들인데 이들은 단순히 '예', '아니오'가 아닌 다양한 해결책과 원인의 제시를 가능하게 한다. 제안된 문제에 대한 생각이 저마다 다르고 또 가능하다고 생각하는 문제 해결의 방법이 또 각양각색이기 때문에 논제를 이런 식으로 열어 놓게 되면 정해진 시간 안에 논의를 다해야 하는 수업 토론에서는 진행과 평가에 어려움을 겪게 된다. 한정된 시간에 하는 토론인 만큼 지나치게 다양한 논의를 유발할 수 있는 논제보다는 뚜렷이 부각된 쟁점에 대해 의견을 나눌 수 있는 찬·반 선택형으로 논제를 서술하는 것이 좋다.

▪ 논제는 찬성 측이 입증의 부담을 지는 형태로 기술되어야 한다.

- 토론에서는 입증의 부담을 누가 지는가가 매우 중요하다. 왜냐하면 입증의 부담을 진 쪽이 그렇지 않은 쪽에 비해 불리하기 때문이다. 그런데 통상 입증의 부담은 사람들이 별 이의 없이 받아들이는 일이나 현재 시행되고 있는 제도에 찬성하는 측에 있지 않다. 대부분의 사람들이 무리 없이 받아들이는 일이나 수긍하는 문제, 현재 시행되고 있는 제도 등에 관해서라면 굳이 입증을 해야 할 필요가 없기 때문이다. 다시 말하면 입증의 부담은 새로운 문제를 제기하는 측이나 현 제도의 문제점을 제기하고 새로운 제도의 도입을 주장하는 쪽이 지게 된다. 예를 들면 모든 사람들이 '지구가 둥글다'고 믿는 상황에서는 새삼스레 '지구가 둥글다'는 주장을 입증할 필요가 없는 것과

같다. 그런데 토론에서는 입증의 책임이 있는 사람이 먼저 발언을 하는 것이 일반적이다. 그렇기 때문에 새로운 문제를 제기하는 사람이 먼저 발언을 해야 하는데 토론의 규칙상 발언권은 대개 찬성 측에 먼저 주어지므로 토론에서는 새로운 문제 제기를 하는 측이 찬성 측에 서서 토론을 해야 한다. 따라서 논제는 찬성 측이 입증의 부담을 지는 형태로 기술되어야 한다. 예를 들어 '사형 제도'를 가지고 토론을 한다고 할 경우, 논제는 다음과 같은 두 가지 '사형 제도는 유지되어야 한다'와 '사형 제도는 폐지되어야 한다'가 가능할 것이다. 그런데 이 둘 중 전자는 현재의 상태를 유지시키는 쪽이기 때문에 찬성 측이 별다른 입증의 부담을 지지 않는다. 반면 후자는 찬성 측이 입증의 부담을 지게 된다. 따라서 논제는 찬성 측이 입증의 부담을 지는 형태로 즉 '사형 제도는 폐지되어야 한다'의 형태로 기술되어야 한다.

〈연습문제〉

1. 다음의 논제들을 토론하기 가장 적합한 형태로 다시 기술하여 보시오.

된장녀 논란 무엇이 문제인가?

→

과거사 청산 어떻게 할 것인가?

→

안락사 허용해야 하는가?

→

2. 다음 논제들을 검토해 보고, 이들이 토론 논제로 사용되었을 때 어떤 문제가 야기될 수 있을지 지적해 보시오.

- 야만적인 개고기 식용 문화는 바로잡아야 한다.
- 성범죄의 예방을 위해서는 성범죄자 신상 공개의 수위를 더 높여야 한다.
- 출산율 하락, 여성에게도 책임이 있다.

3. 다음의 사설을 읽고 필자가 주장하는 바를 토론하기 적합한 논제의 형식으로 서술해 보시오.

서울 고교 선택권 확대, 평준화 재고 계기 돼야

서울시 교육청이 7일 '후기 일반계 고교 학교 선택권 확대 방안 탐색을 위한 공청회'에서 발표한 '선(先)지원 후(後)추첨'식 3단계 고교 배정 방안은 그 자체로는 긍정적으로 평가할 만하다.

2010년 고교 진학 학생부터 서울 시내의 모든 중학생이 1단계로 자신의 거주지 학군과 상관없이 희망하는 고교 2개를 지원할 수 있게 하고, 고교마다 정원의 30%를 그중에서 추첨으로 선발하게 하는 등 학생의 고교 선택권을 부분적으로나마 확대하기 때문이다.

내년 2월 확정돼 그대로 시행되면 많은 학생이 지원하는 우수한 학교와 지원을 꺼리는 기피 학교 등이 대별될 것이다. 전교조 등은 학교 서열화를 초래한다며 반대하고 있으나, 학생 간에도 고교 간에도 경쟁하지 않으면 안 된다는 것은 당연하며 그 결과에 따른 차이 역시 수긍하지 않으면 안 된다. 학생의 학교 선택권 확대는 고교 간 경쟁을 촉진함으로써 고교 평준화의 폐해를 일부나마 줄일 수 있을 것으로 기대된다.

서울 이외의 12개 광역자치단체도 거의 비슷한 방식으로 '선지원 후추첨'식 고교 배정 방식을 시행하고 있다. 그러나 이 방식만으론 공교육 정상화와 경쟁력 확보를 기대할 수 없다. 지자체별로 원하는 학교에 진학할 수 있는 추첨 기회만 주는 식은 경쟁 결과에 따른 학생의 학교 선택권과 학교의 학생 선발권 보장과는 여전히 거리가 멀기 때문이다.

정부가 전국 차원의 대책 마련을 서둘러야 한다. 교육부가 규제하고 있는 자립형 사립고의 확대 설립, 외국어고 지원 자격의 해당 시·도 거주자 제한 제도 철회 등의 대안이 주목할 만하지만 근원적 해법은 1974년 시행 이래 32년 적폐가 두드러지는 고교 평준화 정책의 폐지라는 게 우리의 일관된 지적이다. 서울의 고교 선택권 확대가 평준화 정책을 재고하는 계기여야 한다.

—〈문화일보〉(2006.12.08)

---

4. 논제 분석하기

논제가 확실하게 정해졌다면 다음 단계로는 논제 분석에 들어가야 한다. 논제 분석은 논제의 성격과 쟁점을 파악하는 활동이라 할 수 있다. 실제 토론을 준비하는 과정에서 흔히 논제 분석을 거치지 않은 상태에서 무턱대고 자료 수집에 들어가게 되는데 그렇게 되면 어떤 자료를 어떻게 수집해야 할지 몰라 우왕좌왕하면서 시간을 허비하게 되고, 기껏 준비한 자료가 실제 토론에서는 거의 쓰이지 않게 되기도 한다. 따라서 효율적인 자료 수집을 위해서는 적어도 논제에서 쟁점이 되는 문제가 무엇이며, 무엇을 중점적으로 조사해야 하는지를 파악하는 논제 분석 과정을 거쳐야 한다. 논제 분석 방법은 논제의 성격과 내용에 따라 다르지만 논제가 사실 논제인가, 가치 논제인가 정책 논제인가에 따라 다음과 같은 분석 방법을 적용하는 것이 좋은데 간략하게 논제 분석 방법을 정리한 다음을 참고하여 논제 분석을 해보자.[2)]

1) 사실 논제의 경우

사실 논제는 어떠한 일이 일어났다는 것을 기술하고 묘사하는 논제로 사물이 존재하거나 행동이 일어나는 것과 관계된 논제와 사물 간의 관계에 초점을 맞춘 논제로 나누어 볼 수 있다. 예를 들어 '일본은 세계대전 당시 종군위안부를 조직했다'와 같은 논제는 사실 논제 가운데 사건의 존재 여부와 관계되는 논제이고, '교통 위반 단속 카메라는 오히려 교통사고를 야기시킨다'와 같은 논제는 교통 위반 단속 카메라와 교통사고 사이의 인과적 관계와 관련되는 논제이다.

▪ 개념을 어떻게 정의할 것인가?

사실 논제에 대한 토론이 기대하는 결과에 도달하기 위해서는 그것이 사

2) 논제 분석과 관련한 더 자세한 설명은 논제의 성격에 따라 대립적 정체 모형과 기본 논점거리 모형을 제시한 박승억 · 신상규 · 신희선 · 이광모, 『토론과 논증』(형설출판사, 2005), 74~88쪽과 논제별로 공통 쟁점을 제시한 한상철, 앞의 책, 36~52쪽을 참조할 것.

실인지 아닌지 판명하는 데 중요한 개념들을 정의해야 한다. 예를 들면 "한국의 진보 세력은 우리 사회의 민주화에 결정적인 역할을 했다"와 같은 논제에서 "진보 세력"은 누구를 말하며, "우리 사회의 민주화"는 어떤 분야들에 대해 어떤 의미의 민주화를 말하며, "결정적인 역할"은 어느 정도를 말하는지 정의하지 않으면 무엇이 사실이고 무엇이 사실이 아닌지 판정하기 힘들게 된다. 따라서 사실 논제를 다룰 경우 중요한 개념들에 대해서는 먼저 분명하게 정리를 해 두는 것이 좋다.

▪ 실제로 그런 사실이 있었는가?

사실 논제 가운데 존재에 관한 논제의 분석에서는 실제로 그런 사실이 있었는가를 밝히는 일이 가장 중요한 쟁점이 된다. 위에서 예로 든 '일본은 세계대전 당시 종군 위안부를 조직했다'는 논제의 경우, 찬성 측에서는 실제로 세계대전 당시에 일본이 종군 위안부를 조직한 사실이 있다는 것을 밝히고, 그 증거들을 실제 사료든 관련자들의 증언이든을 통해 제시하면 된다.

사실 논제 가운데 관계에 관한 논제에서는 관계 사이의 인과관계를 밝히는 것이 가장 중요한 쟁점이 된다. 위에서 예로 든 '교통 위반 단속 카메라는 오히려 교통사고를 야기시킨다'는 논제의 경우, 찬성 측에서는 실제로 교통 위반 단속 카메라와 교통사고의 관계를 증명할 수 있는 구체적인 자료를 제시하고, 둘 사이의 관계를 설득력 있게 해명할 수 있어야 한다. 따라서 이런 경우에는 자료 수집과 둘 사이의 인과관계를 증명할 수 있는 자료와 방법을 찾는 데 주력해야 할 것이다.

2) 가치 논제의 경우

가치 논제는 어떤 대상 혹은 사건이나 사람에 대한 평가적 주장으로 이루어진 논제인데, 비교나 대조를 통하여 무엇이 더 가치가 있는지를 판단하는 형태나 비교나 대조를 통하지 않고 그것의 가치를 평가하는 형태로 제시된다. 예를 들어 "'상대평가'는 '절대평가'보다 더 공정한 평가 방식이다"는 상대평가와 절대평가라는 평가 방식의 비교를 통해 가치를 부여하는 논제이다. '학생 체벌은 이루어져서는 안 된다'는 논제는 직접적인 비교나 대조를 통하지 않은 평가적 주장이다.

▪ 개념을 어떻게 정의할 것인가?

우리가 가치 논제를 분석할 때 가장 먼저 해야 하는 작업은 개념 정의이다. 가치 논제의 경우는 특히 가치 개념이 추상적일 수 있기 때문에 개념을 명확하게 해 주는 것이 무엇보다 선행되어야 한다. 예를 들어 '교사의 학생 체벌은 이루어져서는 안 된다'를 논제로 정했다면 제일 먼저 체벌의 개념을 어떻게 정의할 것인지를 정해야 한다. 일반적으로 체벌은 '신체에 고통을 가하는 벌' 정도로 정의할 수 있는데 이러한 사전적인 정의만으로 토론을 하기엔 어려움이 있다. 체벌의 범위가 너무 넓어서 토론 상대방과 서로 다른 정도와 다른 범위의 체벌을 염두에 두고 토론하게 될 수 있기 때문이다. 학교에서 이루어지는 체벌이라고 하면 운동장 돌기, 손들고 서 있기와 같은 기합이나 매(구타) 정도를 생각하지만 학교 체벌을 규정한 여러 사례들을 보면 직접적으로 신체에 가해지는 고통 외에 식사 시간에 식사를 거르게 하는 것, 교실 밖에 학생을 세워 두는 것 등도 체벌로 규정되어 있다. 따라서 학교 체벌과 관련하여 토론을 할 경우 먼저 체벌의 개념과 범위를 서로 간에 명확하게 규정해 놓지 않으면 안 된다.

▪ 어떤 가치가 우선인가? 그것은 왜인가?

가치 논제에서는 흔히 두 가지의 가치가 충돌한다. 새만금 간척사업이나 천성산 터널 공사를 둘러싼 논쟁에서는 '환경 보호가 우선이냐 개발이 우선이냐'는 가치가 충돌하며, 배아복제를 둘러싼 논쟁에서는 '의료적 이익과 윤리성'이라는 두 가치가 충돌한다. 이럴 경우 우리는 먼저 어떤 것을 우선순위로 둘 것인가에 대한 입장 정리를 하지 않으면 안 된다. 그리고 어떤 가치가 우선한다면 그것은 왜인지를 상대방에게 설득할 수 있는 이유를 마련해야 한다.

예를 들어, 치료용 인간 배아복제를 논제로 삼은 경우라면 배아복제를 통한 줄기세포의 획득이 난치병이나 불치병으로 고통 받는 사람들에게 엄청난 의료적 혜택을 줄 것이기 때문에 치료용 인간 배아복제가 이루어져야 한다는 입장에서, 즉 현실적으로 얻을 수 있는 이익을 제시하는 방향에서 논증을 구성해야 할 것이다. 반대로 배아복제는 윤리적인 문제를 일으키며 배아복제만이 유일한 방법이 아니고, 성체 세포를 통한 줄기세포 획득도 가능하기 때문에 배아복제에 반대하는 입장에서는 의료적 혜택보다 윤리성이 우선하는 가치임을 주장하는 방향에서 논증을 구성해야 할 것이다.

3) 정책 논제의 경우

정책 논제는 우리가 원하는 방향이나 모습이 무엇이며, 어떤 실천 방안을 통해 그것을 실천하고, 그것은 실현가능한가를 평가하는 논제이므로 정책 논제를 분석할 때에는 문제의 해결 가능성이나 실천 방안의 정당성, 현실성, 비용 등을 따져 보아야 한다.

▪ 개념을 어떻게 정의할 것인가?

개념 정의를 먼저 명확하게 하는 것은 토론이 불필요한 논쟁으로 발전하는 것을 막아 주는 역할을 한다. 이는 앞서 가치 논제에서 제시한 이유와도 상통한다. 예를 들어 '양심적 병역 거부는 허용되어야 한다'라는 논제를 가지고 토론한다고 하자. 이 경우 먼저 '양심적'이란 말의 정의, '병역 거부'의 정의가 명확하게 이루어져야 한다. 또 '안락사는 법적으로 인정되어야 한다'에 대한 토론이라면 안락사의 여러 정의 즉 '적극적 안락사', '소극적 안락사', '자의적 안락사', '타의적 안락사' 중에서 어떤 안락사를 '안락사'로 정의하고 토론할 것인지를 정해야 한다.

▪ 현재 무엇이 문제인가?

정책 논제에서는 보통 현재 시행 중인 정책을 문제 삼게 되는데 그때에는 먼저 현재 상황에서 문제되는 것이 무엇인지를 정확하게 분석해야 한다. 예를 들어 '성범죄자 신상 공개 제도는 폐지되어야 한다'를 가지고 토론을 한다면 현재 시행되고 있는 성범죄자 신상 공개 제도의 문제가 무엇인지를 정확하게 짚어 내야 한다. 예컨대 성범죄자의 신상을 공개하는 일이 이중 처벌의 성격을 가지며, 당사자의 인권을 심하게 침해하고, 범죄인 당사자뿐 아니라 가족들에게까지도 피해를 입게 하는 등의 문제점을 지니고 있음을 제시해야 한다. 그리고 그것이 현재 간과할 수 없을 정도의 중대한 문제임을 드러낼 수 있어야 한다.

▪ 해결 가능성은 있는가?

정책 논제가 현재 시행되고 있는 제도의 폐지나 수정을 요구하는 경우라면 문제 해결의 가능성을 함께 제시해야 한다. 아무런 문제 해결의 가능성이 없는 문제라면 문제를 제기하는 것 자체가 별로 의미 없기 때문이다. 따라서 현재 문제가 되고 있는 제도의 수정이나 폐지를 요구하는 경우라면 문제 해결의 가능성을 따져 보아야 한다. 예를 들어 '스크린쿼터제도'의 폐지를 요구하는 경우라면 스크린쿼터제 폐지를 통한 우리 영화의 경쟁률 확보, 영화 사업의 발전 가능성을 제시할 수 있어야 한다. 기여 입학 제도의 도입을 주장하는 경우라면 대학에서 특례 입학을 허용하는 사례, 예를 들면, 농어촌 특별전형, 국가유공자 자녀 특별 전형 등의 사례를 들어 대학에 정신적, 물질적 기여를 크게 한 사람의 자녀를 특별 전형으로 입학토록 하는 것이 가능함을 제시할 수 있어야 한다. 그리고 이를 통해 대학 재정의 어려움을 해소하고, 대학 발전을 이룰 수 있음을 설득해야 한다. 혹은 기여 입학 제도를 운용하고 있는 외국의 바람직한 사례들을 제시하는 것도 필요하다.

▪ 현실적으로 가능한 방법인가?

좋은 정책이 제안되었더라도 그것을 현실에 적용하기 힘들다면 그 정책은 채택할 수 없다. 어떤 정책을 주장한다면 그 정책을 실천하는 데 드는 비용, 현실적 장애 요인, 국민들의 정서 등을 충분히 고려하여 그것이 내용적으로 문제가 없음을 증명하는 것이 필요하다. 사형 제도의 폐지를 주장하는 경우라면 사형수들을 관리, 감독하는 데 드는 비용에 대한 고려가 필요하며, FTA 협상과 관련한 쌀 시장의 개방을 주장하는 쪽에서는 개방을 통해 얻을 수 있는 이점을 제시하고, 급작스런 개방으로 야기될 수 있는 문제까지 고려하여 피해와 혼란을 최소화할 수 있는 개방의 방법을 제시하는 것이 좋다.

▪ 새로운 정책이 과연 얼마나 큰 이익을 가져다줄 것인가?

새로운 정책의 도입을 주장하기 위해서는 그것이 어떤 이익을 가져다주는지를 그것으로 인해 생길 수 있는 불이익과 견주어 제시해야 한다. 이익을 가져다주는 쪽과 불이익을 줄 수 있는 쪽을 따져 보고 결과적으로 이익을 주는 측면이 많다고 판단되면 그 쪽으로 정책을 시행하는 것이 좋다고 주장할 수 있다. 사형 제도의 폐지를 주장하는 경우라면 사형 제도를 폐지할 경우 생길 수 있는 인권침해의 방지라는 이점이 자칫 늘어날 수 있는 흉악 범죄의 증가 가능성이나 법 정신의 훼손 등과 비교했을 때 얼마나 더 큰 이익이 되는지를 따져 보고 예상 가능한 부작용보다는 순작용이 더 크다고 판단된다면 사형 제도의 폐지를 주장할 수 있다. 아울러 새로운 정책보다 혹 더 나은 정책이 있는 것은 아닌지도 검토해 보아야 한다.

그럼, '양심적 병역 거부 인정해야 한다'는 논제를 가지고 토론을 한다고 가정하고 논제 분석에 들어가 보자.

〈논제 분석 사례〉

– 논제 : '양심적 병역 거부 인정해야 한다'

▪ 개념을 어떻게 정의할 것인가?

'양심적 병역 거부 인정해야 한다'는 논제에 대한 토론에서는 먼저 양심적 병역 거부가 무엇인지에 대한 정의가 구체적으로 이루어져야 한다. '양심적 병역 거부'란 병역·집총을 자신의 양심에 반하는 절대악이라고 확신하여 거부하는 행위를 말한다. 이들은 단순히 병역을 수행하기 싫어서 혹은 무서워서 병역을 기피하는 기피자와는 다르다. 이들은 자신의 종교적 신념, 정치, 윤리, 철학 등에 근거하여 병역을 거부하는 사람들인데 이들을 양심적 병역 거부자라고 하고 이들의 행위를 '양심적 병역 거부'라고 정의한다.

▪ 현재 무엇이 문제인가?

'양심적 병역 거부 인정해야 한다'를 주장하기 위해서는 양심적 병역 거부를 인정하지 않음으로써 생기는 문제가 무엇인지 찾아보아야 한다. 양심적 병역 거부를 인정하지 않음으로써 생기는 문제는 개인의 양심이나 종교적 신념의 자유를 국가로부터 박탈당한다는 것이다. 모든 사람은 누구나 사상, 양심, 종교의 자유를 지니며 국가는 이러한 개인의 양심의 자유를 보호해야 할 의무와 책임을 지닌다. 그리고 민주주의 인권국가의 시민은 국가로 하여금 이 의무와 책임을 다하도록 요구할 권리와 의무를 갖는다. 따라서 양심적 병역 거부자들은 스스로의 양심에 비추어 바르다고 믿는 대로 행동할 수 있으며, 그들의 권리를 '요구'할 의무를 지닌다. 그리고 국가는 그들의 목소리에 귀 기울이고 그들의 자유를 적극적으로 보장해 줄 필요가 있다. 그런데도 이것이 인정되지 않음으로써 자신의 종교와 양심을 지키고자 하는 사람들이 의무를 이행하지 않은 범죄자로 내몰리고 있다는 사실, 그것이 가장 큰 문제임을 드러낸다.

▪ 해결 가능성은 있는가?

양심적 병역 거부를 인정하게 되면 위에서 제시한 문제들의 해결이 가능하며, 양심적 병역 거부를 인정할 수 있는 근거는 헌법 조항에서 찾을 수 있다. 모든 국민은 양심의 자유를 지닌다는 헌법 제19조와 '국민의 모든 자유와 권리는 국가 안전보장, 질서유지 또는 공공복리를 위하여 필요한 경우에 한하여 법률로써 제한할 수 있으며, 제한하는 경우에도 자유와 권리의 본질적인 내용을 침해할 수 없다'는 헌법 제37조 2항의 규정을 적용하면 양심적 병역 거부를 인정할 수 있는 법적인 근거를 마련할 수 있게 된다.

덧붙여 우리나라와 같은 의무복무제를 시행하는 다른 나라에서도 대부분 양심적 병역 거부를 인정하고 이들에게 대체 복무를 하도록 허용하고 있으며 그로 인한 부작용도 거의 없음을 제시함으로써 문제 해결의 가능성을 제시할 수 있다.

▪ 현실적으로 가능한 방법인가?

양심적 병역 거부를 인정하자는 주장이 설득력을 얻기 위해서는 양심적 병역 거부를 인정했을 때 부담해야 하는 비용이 어느 정도인지, 현실적 장애는 없는지 등을 따져 보아 현실적으로 큰 무리가 없다는 결론이 나와야 한다. 양심적 병역 거부의 인정은 특히 특정 종교에 대한 특혜 시비, 징병행정상의 공정성과 관련한 시비를 일으킬 소지가 많으므로 국민들의 정서 및 대체 복무의 범위와 기간 등을 적절한 선에서 정하여 특혜 시비 논쟁이 일어나지 않아야 할 것이다.

▪ 새로운 정책이 과연 얼마나 큰 이익을 가져다줄 것인가?

양심적 병역 거부를 인정할 때 나타날 수 있는 문제점으로는 양심적 병역 거부를 빙자한 양심적 병역 거부자의 증가, 양심의 판단 기준 마련의 어려움, 징병행정상의 공정성과 통일성의 저해 등이다. 반면, 양심적 병역 거부를 인정함으로써 얻을 수 있는 이점은 개인의 양심 및 신념의 자유를 인정해 주고 그로 인해 범죄자라는 낙인으로부터 자유로울 수 있게 해 주는 것이다. 양심적 병역 거부를 인정하자는 주장이 설득력을 얻기 위해서는 이로 인해 얻을 수 있는 이점이 이를 인정함으로써 감수해야 할 문제점보다 큼을 증명, 강조하는 데 있다. 현실적으로 양심적 병역 거부를 인정했을 때 생길 수 있는 문제점들의 보완책을 제시하고, 급진적이 아닌 단계적이고도 점진적인 시행을 통해 생길 수 있는 문제점을 충분히 보완할 수 있음을 밝혀야 한다.

〈연습문제〉

1. 사실 논제 혹은 가치 논제 중 하나를 골라 논제의 쟁점을 분석해 보시오.

2. 최근 논란이 되고 있는 시사적인 논제(정책 논제)를 찾아, 논제의 쟁점을 분석해 보시오.

3. 다음은 교원평가제와 관련된 사설이다. 다음을 읽고 이 논제와 관련한 쟁점이 무엇인지, 쟁점을 뒷받침하는 논점이 무엇인지 분석해 보고, 혹 아래의 사설에서 빠진 쟁점이 있다면 무엇인지를 지적해 보시오.

요즘 학부모들을 만나면 교원평가만 되면 우리 교육이 확 달라질 것이라는 착각을 하는 것 같다. 교육부가 밝혔듯 교원평가로 '양질의 교육을 받을 수 있을 것'이라거나 '촌지와 학교 노력 봉사 등으로 교사들에게 시달리는 일이 없을 것' 등등의 이유로 쌍수 들어 환영 일색이다. 그러나 학교 사정이나 교육 메커니즘을 모르니까 그럴 것이라는 개연성이 있다는 느낌일 뿐 현장 교사가 보기에는 전혀 달라질 것이 없다.

먼저, 교원평가가 목적한 대로 '교사의 질을 높이는 방법'이 되지 못한다는 점을 지적하고 싶다. 학생과 동료 교사, 교장, 교감 등의 연 1회 평가를 '어떤 잣대로 어떤 방식으로 어떻게 평가할 것이냐' 하는 것에 대한 답이 뚜렷이 보이지 않는다는 것이다. 연 1회의 보여 주기식의 평가가 될 터인데 '전시성 수업'을 위해 온갖 방법을 동원한들 이것이 '어떻게 수업의 질로 전이될 것인가?' 하는 의아심이 든다는 말이다.

지금도 학교 현장에서는 학생들과 시나리오를 짜서 하는 '수업 쇼(show)'를 수시로 연출한다. 승진을 위한 '점수 따기 수업 쇼'로 수업의 질이 높아졌다거나 학교 교육이 개선되었다는 소리를 들어보지 못했다. 또 수업의 질을 향상시킨 교사나 인격적인 교사가 교장이 되었다는 사례를 전혀 들은 적이 없다. '교장이 되기 위한 승진 제도'가 있고 '입시 위주 교육'이 잔존하는 한 — 그 어떤 처방도 '말짱 도루묵'이다.

오히려 교장의 학교 권력을 강화해 교단 갈등을 심화할 우려만 남는다. 우리의 학교 현장은 양분되어 있다. 한쪽에서는 10여 년 이상 승진에 매달려 교장 자격을 얻으려는 부류와 그렇지 않은 부류로 나뉜다. 전자는 교장에 올인 해 교장의 말이라면 무조건 순종적인 교사여야 한다. 하여 교장 일인의 지배하의 학교에서 교장의 충복이 되어야 하며 반대쪽의 교사는 교장의 역할에 대해 부정적인 정서를 가지고 있어 교장에 대해 비판적이다. 이 와중에 교장과 교감이 교원평가한다면 과연 공정한 평가가 될 것인가 하는 의문이 든다.

교장이라면 승진을 위해 교장에게 목을 맨 교사들과 그렇지 않고 묵묵히 아이들만 가르치는 교사 중 누구에게 후한 점수를 줄 것인가? 당연히 '승진 교사가 일 순위일 거고 그 다음이 말 잘 듣는 교사' 순일 것이다. 이 질문지에서 '잘 가르치든 말든 비판적인 교사'는 항상 최하위 순일 것이다.

이 점에서 불공정한 교원평가로 심각한 갈등 양상을 맞을 우려가 있음을 지적하지 않을 수 없다. 팔이 안으로 굽는다는 흔한 속담이 아니더라도 교장이 하라는 대로 고분고분한 교사들과 여타의 교사들 중 누구의 손을 들어 줄 것인가?

이런 불공정한 사례가 생길 개연성이 충분하다면 실력 있는 교사보다는 승진에 목매는 교사가 더 좋은 평가를 받을 가능성이 높다. 때문에 교원평가가 학내 건전한 비판 교사들을 추려내는 도구가 되어 교육 비리나 학교 비리 및 교육 파행을 더욱 양산할 가능성을 키울 것이다. 다시 말해 교장의 독선적 리더십이 부정적인 작용을 하게 된다는 말이다.

이런 식이라면 교장은 더욱 강력한 수직적 리더십을 기반으로 학교 자율화는 더욱 어려워질 것이다. 지금 학교 현장에서 일어나는 여러 가지 학교 부조리들은 교장의 부정적인 리더십에서 생기는 것들이 대부분이어서 이런 지적이 타당하다.

하여 단언하건대 이런 식의 교원평가라면 순기능보다는 역기능이 더 많다. 그렇다면 대안은 없는가? 꼭 해야 한다면 전제돼야 할 것이 있다. 아이들 가르치는 것과는 무관한 점수 따기 승진 제도를 없애고 권력기관화한 교장 제도를 없애고 교사와의 수평적 리더십을 갖는 교장 선출제를 도입해야 한다. 교장이 학교 권력을 장악할 수 없는 학교 환경이 되고 난 연후에 교원평가를 논해야 한다. 때문에 교사회, 학부모회, 학생회의 의결 기구화를 통한 학교 자치를 이루고 난 연후에 교원평가 여부를 논해야 한다.

지금처럼 독선적 리더십을 가진 교장이 있는 한, 그 어떤 제도로도 학교를 바꿀 수 없다. 때문에 교원평가 이전에 교장 선출제 실시와 사립학교법 개정(현 사립학교법은 교주[校主] 자의대로 운영하게끔 하고 있다)이 우선이다. 그래서다. 바람직한 제도적 보완 이후에 교원평가를 논해야 순서가 맞다.

— 황선주, 〈오마이뉴스〉

5. 자료 조사하기

논제가 정해지고 논제 분석을 통해 논제를 둘러싼 쟁점들이 어느 정도 파악이 되었다면 이제 본격적인 토론 준비를 위한 자료 조사에 들어가야 한다. 그럼 지금부터 어떻게 자료 조사를 해야 하는지 같이 살펴보자.

1) 무엇을 조사할 것인가?

자료 조사는 논제와 관련한 다음과 같은 내용들을 포함시켜야 한다.

- 논쟁의 배경과 원인은 무엇인가?
- 논쟁의 참여자는 누구인가?
- 현재의 상황은 어떠한가?
- 양측의 핵심 주장 및 논거는 무엇인가?
- 문제의 해결 방안, 개선책, 대안은 있는가?
- 논거를 뒷받침해 줄 수 있는 각종 자료는? — 다른 나라의 사례, 각종 데이터 등

이때 특히 주의해야 하는 것은 찬성 측과 반대 측의 자료를 함께 찾아야 한다는 것이다. 게임에서는 상대를 알아야 이길 수 있는 법, 내가 심정적으로 찬성 측 입장이든 반대 측 입장이든 논제와 관련된 자료를 찾을 때에는 양측의 입장에 한 번씩 서서 '내가 찬성 측이라면', '내가 반대 측이라면'이라는 가정하에 유리하다고 생각되는 자료를 찾도록 한다. 예를 들어 '사형 제도 폐지되어야 하는가'라는 논제를 가지고 토론을 준비한다고 가정하고 자료 조사 시 포함시킬 내용들을 알아보자.

〈자료 조사 사례〉

- 논제 : '사형 제도는 폐지되어야 하는가?'

▪ 논쟁의 배경과 원인은 무엇인가?

토론 조는 먼저 사형 제도의 폐지 논의가 부상하게 된 원인을 조사해 보아야 한다. 최근 사형 제도 폐지 논의는 인권의 중요성에 대한 인식이 높아지면서 다시 부상하기 시작하였는데 국가인권위원회의 발의라든가 국제 엠네스티와 같은 기구의 활발한 활동이 계기가 되었다. 게다가 우리나라의 경우 김대중 정권 이후에 사형 집행이 한 건도 이루어진 적이 없는 사실상 사형 폐지국에 가깝다는 점에서 사형제 폐지 논의가 달아오르고 있다. 논제를 둘러싼 배경을 폭넓게 조사한다.

▪ 논쟁의 참여자가 누구인가?

사형 제도와 관련한 논쟁의 중심에 있는 사람들은 종교 단체 사람들, 엠네스티에서 활동을 하는 사람들이지만 지금은 많은 국민들의 관심이 집중되고 있다. 소설로 창작되어 많은 호응을 일으킨 공지영의 『우리들의 행복한 시간』이나 이를 동명의 영화로 만든 작품의 흥행도 사형 제도 폐지에 관한 국민들의 관심을 끄는 데 일조하였다.

▪ 현재의 상황은 어떠한가?

현재의 상황을 알아보기 위해서는 근래의 흉악 범죄 발생 건수, 사형 선고 및 사형 집행 건수, 사형제의 폐지에 관한 국민들의 여론조사 결과들을 찾아보아야 한다. 여론조사는 최근 몇 년 동안의 변화 추이가 함께 고려되어야 한다. 그리고 최근의 세계적인 동향도 함께 찾아본다.

▪ 양측의 핵심 주장과 논거는 무엇인가?

사형 제도에 폐지하는 측의 주장과 논거, 사형제 폐지를 반대하는 측의 주장과 논거를 정리하여 본다. 이는 앞서 실행한 논제의 분석 과정의 결과를 중심으로 한다.

1) 사형 폐지론의 근거

(1) 인간의 존엄성

국가는 사람의 생명을 박탈하는 권리를 가질 수 없다. 실정법적으로는 헌법 제10조 인간 존엄에 반한다. 나아가 어떠한 경우에도 인간은 인간의 생명을 침해할 권리를 부여받을 수 없다는 것은 헌법 제12조에서 간접적으로 보장하고 있다. 국가는 질서유지의 책임상 형벌권을 가지고 있지만, 그것은 어디까지나 헌법 규정과 모순되지 않는 한에서만 그 합헌성이 시인될 수 있다.

(2) 잘못된 응보 사상

정당한 응보는 형식적 동등성이 아니라 형벌의 비례성을 의미하는 것이다. 따라서 가령 모살이 절도나 과실치사보다는 무겁게 처벌되어야 한다는 점은 확실하지만 모살자를 사형시키는 것만이 정당한 형벌이라고 할 수 있는 근거는 전혀 없다. 더 나아가 정당한 응보도 합리적으로 측정할 수 있는 대상이 아니라 어느 의미에선 국가와 법의 자의적인 추정을 허용해 주는 수단이 될 수도 있다. 결국 응보 이념에 의해 사형의 필요성을 근거 지울 수 없다. 사형은 피해자의 구제와 무관하며 단순한 응보적 만족감만을 얻게 해 줄 뿐이다.

(3) 약한 위하력

- 살인 행위자 중에는 정신이상자가 많다. 이러한 정신이상자의 행위는 범죄 성립 요건에서 책임의 조각이나 제한으로 인해서 형벌을 가할 수 없는 경우에 해당하므로 사형이란 형벌 자체가 무의미하다.
- 살인은 대개가 순간적인 흥분에 못 이겨서 행하거나 또는 사전에 계획적으로 행하기 때문에 위하력은 부정된다.
- 살인 행위자의 경우에는 형벌이 있기 전에 자살자가 많고 자기의 생명과 같이 다른 자의 생명 역시 존중하지 않는 자가 많다.
- 정치범에 관하여는 혁명을 행한 자는 일신을 사회에 바침으로써 목적을 달성하게 되므로 혁명한 자에게는 사형은 위하가 아니라 오히려 순교자의 영광이다.
- 사형 폐지국과 사형 존치국의 살인 사건 발생률을 비교해 봐도 큰 차이가 없다.

(4) 오판 가능성과 회복의 불가능

재판도 3심제도를 채용하고 있지만 인간이 행하는 것인 이상, 절대적으로 잘못을 저지르지 않는다는 단언은 할 수 없다. 그 경우, 다른 형벌이라면 그래도 괜찮지만 사형은 한 번 집행되면 회복할 수 없다. 돌이킬 수 없는 부정의가 되고, 국가 자신이 죄악을 범하는 것이 된다.

(5) 범죄에 대한 사회적 책임

범죄 원인은 범인의 악한 성격에도 있지만 사회 환경적 요인도 무시할 수 없다. 때문에 범죄 원인을 죄인 개인에게만 돌릴 수 없다.

2) 사형 존치론의 근거

(1) 범죄 예방

사형 제도는 흉악 범죄를 예방할 수 있다. 싱가포르의 경우를 보자. 싱가포르는 태형이나 벌금형과 더불어 사형 제도를 매우 엄격하게 시행하고 있는 나라이다(실제로 사형 집행 건수가 세계 1위이다). 그 결과 2002년 1월부터 6개월간 싱가포르에서 발생한 각종 범죄에 대한 〔싱가포르 경찰 본부〕 공식 통계 자료에 의하면 강도는 (해당 기간 동안) 426건이 발생했으며 강간은 단 79건, 성희롱은 535건이 발생하였다고 한다. 전체 범죄 발생 건수는 15,819건이며 그중 10,793건의 사건에서 수감자가 있었다고 한다. 싱가포르의 현재 인구는 약 420만 명(체류자 포함)이라는 것을 감안한다면 여타 국가들에 비해 인구 대비 범죄 발생 건수가 현저히 낮다는 것을 알 수 있다. 이런 낮은 범죄 발생률이란 결과엔 여러 가지 요인들이 있겠으나 이 엄격한 형벌 제도의 결과라는 것이 대다수 싱가포르인들의 평가이다.

(2) 형벌의 응보적 기능

쉽게 말하면 남을 죽이면 나도 죽는다는 본보기를 남겨 두어야 한다는 것이다. 흉악범은 타인의 생명을 부당하게 빼앗은 자이므로 그에게 개인적인 책임이 있으며 따라서 이에 상응하는 응보적 형벌(retribution)을 받음으로써 정의가 충족되어야 한다는 것이다.

(3) 사회적 비용의 절약

사형 제도를 폐지하면 대체로 무기징역이 대신 행해질 것이다. 하지만 이런 경우 막대한 비용과 인원이 필요한데 이는 모두 국민의 세금에서 충당될 것이다. 사회적 흉악범을 위해 우리의 세금을 사용한다는 것은 비효율적인 일이다. 더구나 교육형론적 입장에서 무기징역형 자체로는 죄인을 아무리 교육시켜 보았자, 개인의 목숨 유지와 교도 행정에는 도움을 줄지 모르지만 이 사회에는 아무런 쓸모가 없지 않느냐는 생각이다.

(4) 사회의 필요악

우리나라에서 사형 제도는 고조선시대부터 행해져 온 오랜 역사를 지닌 형벌이다. 이러한 제도를 없애기 위해서는 그만큼 오랜 시간의 고찰 기간이 필요할 것이다. 하지만 아직 이에 대한 충분한 토론이 이루어지지 않았다. 이에 대한 대안책들이 다양한 분야의 학자들이나 법조인들에게서 나오고 있지만 아직은 이렇다 할 대안이 없는 것이 사실이다. 또한 사형 제도에 대한 사회적 여론도 아직은 존치론 쪽에 기울고 있다.

▪ 문제의 해결 방안은 무엇인가?

사형 제도 폐지를 주장하는 사람들은 사형 제도를 폐지하고 대신 가석방 없는 종신형 제도를 통해 문제를 해결할 것을 주장하고 있다. 그러나 사형 제도 폐지에 반대하는 사람들은 막대한 비용 문제와 사형이라는 형벌이 지닌 상징성, 범죄 억지력의 부족 등을 이유로 들어 가석방 없는 종신형 제도에 반대하고 있다. 양측의 원만한 타협, 합리적인 대안 모색을 위해서 다른 안은 없는지, 사형 제도를 그대로 유지할 경우 어떤 개선책이 필요할지, 폐지 시 다른 대안은 없는지 등에 대해 조사해 본다. 이때 이미 사형 제도를 폐지한 외국의 사례를 참고해 본다.

▪ 사형 제도를 둘러싼 각 나라의 사례

사형 제도 폐지가 당위성을 얻으려면 사형제 폐지 이후 범죄 발생률이 증가하지 않거나 준 나라의 사례를 찾아야 하며, 반대로 사형제 폐지 불가를 주장하는 측에서는 사형제 폐지 이후 나타난 여러 가지 문제점 때문에 사형 제도를 다시 부활한 나라의 사례들을 찾아 제시해야 한다.

사형 폐지국과 존치국 현황

2003년	2005년
1) 사형 폐지국 : 총 112개국 2) 사형 존치국 : 총 83개국	122개국이 법적으로나 실질적으로 사형 제도 폐지

2) 어떻게 찾을 것인가?

자료 조사는 인터넷에만 의지하지 말고, 직접 원자료를 찾는 방법을 취해야 한다. 인터넷에서 검색되는 자료들은 출처가 부정확하거나 글을 올린 사람의 의도에 따라 자의적인 왜곡이 일어난 자료인 경우가 많다. 그러므로 인터넷 검색으로 볼 수 있는 자료를 무작정 신뢰하여 이용하기보다는 직접 관련 논문이나 저서를 검색하여 그것들을 보는 것이 가장 좋다.

대학도서관이나 국회도서관의 자료를 검색해서 찾아보고, 학술데이터베이스를 검색할 수 있는 사이트에 들어가 직접 논문이나 저널들을 찾아본다. (1부 발표 자료 조사 방법 참조)

필요한 경우 직접 인터뷰를 하거나 설문 조사를 할 수 있다.

〈연습문제〉

1. 다음 자료가 사형 제도와 관련된 주장의 논거로 어떻게 사용될 수 있는지 검토해 보시오.

〈표1〉 1심 형사 공판 사건 죄명별 사형 인원수

년도	총수	살인	강도 살인 치사	강도/ 강간	특정 범죄 가중 처벌	향정신성의 약품관리법	방화죄	외환 의죄	국가보안법/ 반공법	기타
1980	32	16	10		1				5	
1981	33	23	4	1	1			3	1	
1982	35	12	12	2	4				5	
1983	19	6	4		5				4	
1984	18	14	1	1					1	1
1985	25	16	7		1				1	
1986	23	16	7							
1987	18	7	9	1	1					
1988	15	10	4		1					
1989	17	10	5			1			1	
1990	36	24	10				1		1	
1991	35	22	7		6					
1992	26	17	3		4					2
1993	21	13	6		2					
1994	35	20	14		1					
1995	19	17	1		1					
1996	23	7	15							1
1997	10	7	2							1
1998	14	6	6	2						
1999	20	12	5		3					
2000	20	11	8				1			
총계	494	286 (57.8)	140 (28.3)	7 (1.4)	31 (6.2)	1 (0.2)	2 (0.4)	3 (0.6)	19 (3.8)	5 (1.0)

자료: 사법연감 2001

2. 다음 기사를 보고 인터넷 실명제를 찬성하는 측의 논거와 반대하는 측의 논거를 각각 만들어 보시오.

연예인 X파일, K씨 사건, 개똥녀, 교사 자살 사건 등 인터넷 포털 사이트의 무차별적인 유포 행위와 댓글 폭력으로 인해 피해를 당했다는 사람들이 집단 소송을 준비 중이어서 마녀사냥 식 인민재판으로 치닫고 있는 우리 인터넷 문화에 적잖은 파장이 예상된다. 포털 피해자를 위한 모임은 7일 오전 11시 프레스센터에서 기자회견을 열고 포털 사이트의 기사 댓글, 카페, 블로그 등에서 일어나는 사이버 폭력으로 인해 인신공격, 모욕, 명예훼손, 협박 등을 당한 것과 관련 네이버, 다음 등 6대 포털 사이트를 상대로 공동 소송을 제기하겠다고 밝혔다. 변희재 포피모 대표는 "사이버상에서 일반인의 피해가 확산되고 있는데도 관리 책임 의무가 있는 포털 사이트들이 상업적 목적으로 오히려 수수방관하고 있다"며 "다음 주 중 우선 민사상의 소장을 접수하겠다"고 밝혔다. 변 대표는 특히 "음해성 댓글과 허위 사실이 급속히 유포될 수 있다는 점을 누구보다 잘 알고 있는 포털 관리자들이 회원 및 사이트 관리 의무를 소홀히 한 점은 명백한 잘못이며 이에 대해 책임을 묻겠다"며 "의도적으로 게시물 삭제 요청을 직접 방문과 우편접수만으로 허락한 것은 고쳐져야 할 문제"라고 지적했다. 이 모임의 법률 고문을 맡고 있는 정재욱 변호사는 "인터넷 사이트 운영자에게 명예훼손에 대해 민사상 책임을 물은 과거 전례가 있다"며 "우선 6대 포털들을 대상으로 민사소송을 제기할 것"이라고 밝혔다.

이에, 포피모는 무차별적인 명예훼손을 당하고 있는 연예인, 여성 아나운서 및 일반 네티즌들에게 포털의 법적 책임을 널리 알려 피해자들을 규합하고 정보통신 윤리위원장 면담, 포털사와의 공개 토론회 제안 등을 요구했다.

—정진호, 〈아이뉴스 24〉(2005.07.07)

3. 각 팀별로 논제와 관련된 자료(논문, 혹은 저서) 목록을 도서관에서 10개 이상씩 찾아 정리해 보시오.

6. 자료 분석, 정리 및 재구성하기

자료 조사가 끝났으면 조사된 자료를 분류 및 정리하는 작업이 필요하다. 일단 가장 요긴하게 사용될 수 있는 자료를 중심으로 자료를 분류하고 정리하는데 분류 및 정리는 크게 입장별, 주장별, 논거별로 하는 것이 좋다. 이때 정리 카드를 만들어 둔다.

1) 정리 카드 작성 및 분류 방법

- 자료를 정확하게 인용한다 — 출처, 논문 또는 기사의 제목, 연도, 쪽수 등까지 정확하게 기입한다. 출처가 정확해야 상대편의 신뢰를 얻을 수 있다.
- 한 장의 카드에는 가능한 하나의 자료를 기입한다. 그래야 찾기 쉽다.
- 하나의 자료가 동시에 여러 쟁점에 사용될 수 있으므로 관련 쟁점을 같이 적어 둔다.
- 인용하는 자료가 너무 긴 경우 필요한 부분만 요약, 발췌하거나 필요한 부분이 눈에 잘 띌 수 있게 색깔 있는 펜으로 밑줄을 그어 놓는다.
- 카드가 만들어졌으면 찬성과 반대의 논거에 따라 체계적으로 분류해 둔다.
- 같은 팀 파트너의 조사 카드와 비교해 보면서 부족한 부분을 상호 보완한다.

〈논거 카드 작성의 예〉

- 사형 제도의 폐지가 범죄 증가에 아무런 영향을 끼치지 않음을 증명하는 논거

최근 사형 폐지국의 범죄 수치를 볼 때 사형의 폐지가 심각한 영향을 미칠 것이라는 가설은 전혀 입증되지 않고 있다. 캐나다의 경우, 살인에 대한 사형을 폐지하기 직전인 1975년을 기점으로 인구 10만 명 당 살인율이 계속해서 감소하고 있다. 1975년 당시 3.09명이던 것이 1980년에는 2.41명 그리고 사형을 폐지한 지 25년이 지난 2001년도에는 1.78명으로 줄어들어, 1975년에 비해 42%나 감소하였다.

- 출처 : 『국제앰네스티 한국지부 소식지』 2003년 5/6월호

이렇게 자료를 찾아 읽고 정리하다 보면 처음 생각했던 것과 문제의 실상

이 조금 다름을 알게 되는 경우가 많고, 이제까지의 본인의 생각이 매우 피상적인 수준의 것이거나 그릇된 정보에 의해 왜곡된 생각임을 확인하게 되는 경우가 많다. 그리고 자료 검색을 통해 논제 자체의 쟁점을 달리 파악하게 되는 경우도 많다. 이런 경우 다시 논제로 돌아가 논점을 분명히 하고 다듬으면서 정확한 문제가 무엇인지를 파악하는 과정을 거쳐야 한다.

2) 자료에 대한 검증

자료에 대한 정리가 끝났다면 다시 한 번 자료에 대한 검증을 꼼꼼하게 해 보자. 토론의 성패는 얼마나 성실하게 자료를 준비했는가에 달려 있다고 해도 과언이 아닐 정도로 자료의 중요성은 크다. 정리한 자료들을 검토하면서 부족한 부분이 있다면 보완해 넣도록 한다. 자료를 검증할 때는 다음과 같은 질문을 던지는 것이 좋다.

- 자료가 논제의 쟁점과 관련되는가?
- 자료는 찬, 반 양측에 활용될 만큼 충분히 수집되었는가?
- 자료의 범위와 대상이 분명한가?
- 자료가 의도적으로 어느 한 쪽에 유리하게 작성된 것은 아닌가?
- 더 최근에 나온 자료는 없는가?
- 자료의 출처는 신뢰할 만한가?

〈연습문제〉

1. 조별로 논제에 대한 자료를 찾아 정리한 후 논거 카드를 작성해 보시오.

2. 내가 찾은 자료의 목록과 우리 조의 다른 조원이 찾은 자료의 목록을 비교해 보시오.

3. 각자 자신이 찾은 자료를 위 검증 항목에 비추어 검증해 보고 문제가 있다면 어떤 부분인지 이야기해 보시오.

7. 입장 선택하기

논제에 대한 자료 조사까지 마쳤다면 이제 본격적으로 논증을 구성하는 활동에 들어가야 하는데 그러기 위해서는 본인이 찬성의 입장에 서서 토론을 할 것인지 반대의 입장에 서서 토론할 것인지를 정해야 한다. 원칙적으로 토론 대회와 같은 전문적인 토론 경연장에서는 입장의 선택권이 주어지지 않는다. 그렇기 때문에 토론자는 찬성 측에 서서 토론할 경우와 반대 측에 서서 토론할 경우를 각각 대비해 준비를 해 오고, 경기 직전 추첨을 통해 찬/반팀을 결정한다. 그러나 수업 중에 이루어지는 토론에서는 본인이 가지고 있는 생각을 반영하여 본인의 의사대로 팀을 미리 구성, 연습하는 것이 일반적이다. 물론 경우에 따라서는 본인의 실제 입장과 관계없이 임의로 팀이 구성되기도 한다. 그러나 어떤 경우든 즉 본인이 찬성 팀에 속하든 반대 팀에 속하든 토론을 준비할 때는 쟁점을 중심으로 상대측의 입장과 주장, 그리고 논거들까지 모두 조사하여, 치밀한 전략으로 미리 대비를 철저히 해 두지 않으면 안 된다.

1) 선택된 입장에 따라 팀 구성하기

각자 본인의 입장을 선택하고 나면 자연스레 팀이 구성된다. 보통 한 팀에 세 명씩 동일 논제로 구성된 조가 여섯 명 정도인 것이 바람직하나, 그 수는 조금씩 달라질 수 있다. 만일 각자의 의지대로 입장을 선택했는데 공교롭게도 어느 하나의 입장에만 학생들이 몰려 팀 구성이 어려운 경우가 있다. 이때에는 서로 양보하여 각 팀이 동수가 될 수 있도록 협력한다.

2) 토론 시 각자의 역할 및 규칙 숙지(토론자, 사회자의 역할 등)하기

팀이 정해졌으면 이제 각자 토론 시 자신의 역할이 무엇인지 숙지토록 한다. 팀원들은 '따로 또 같이'를 원칙으로 각자 책임지고 수행해야 할 일들은 스스로 책임감 있게 처리하고, 같이 의견을 모으고 논의해야 할 일들은 서로 협력하여 좋은 토론이 될 수 있도록 한다. 좋은 토론은 어느 한 사람의 뛰어난 능력만으로 결코 완성되지 않는, 팀원 모두의 협동과 노력의 결과물이다. 그러므로 팀원들은 팀이 구성되는 순간부터 최고의 팀워크(team-work)를 발휘하여 성공적인 토론이 될 수 있도록 노력한다.

팀이 구성되면 누가 어떤 쟁점에 대해서 책임지고 조사하고, 논증을 구성할 것인지, 입론 대본은 어떻게 짤 것인지, 누가 몇 번째 입론을 맡아 할 것인지, 반론 준비는 어떻게 할 것인지 등등에 대한 구체적인 논의와 함께 역할 분담을 한다. 또 토론 시에는 사회자가 필요하므로 누가 사회를 맡을 것인지도 정한다. 사회자는 특히 토론의 규칙 및 절차를 숙지하여야 하며, 중간 중간 토론 내용의 배경과 문맥들을 잘 짚어 줄 수 있어야 하므로 반드시 토론 준비에 함께 참여토록 한다.

3) 조원들끼리 협동하기

역할 분담이 이루어졌으면 팀원 모두 각자의 역할을 충실히 수행하도록 한다. 앞에서 언급했듯 토론은 팀 활동의 결과물이다. 그러므로 본인의 역할을 본인이 충실하게 수행해 내지 못했을 때 그 피해가 본인뿐 아니라 팀 전원에 감을 명심하고 자신이 맡은 역할을 끝까지 잘 수행해 낼 수 있도록 한다.

조별 토론의 경우 늘 있는 것이 바로 무임승차하는 사람(free-rider)이다. 준비 과정에서는 열심히 참여하지 않다가 토론 직전에 친구들이 애써 정리해 놓은 정리 카드를 빌려 토론에 임하고 마치 자신의 역할을 다한 것처럼 위장하는 학생들이다. 물론 토론에 참여하여 논증하는 모습을 보면 금방 그런 학생들이 가려지기는 하지만 간혹 그런 학생들을 놓치는 경우도 있다. 본인의 양심에 따라 그렇게 행동하지 않는 것이 가장 바람직하지만 만일 그런 학생들이 존재한다면 그에 상응하는 평가를 받을 수 있는 방안을 미리 마련해 둘 수도 있다. 매번 조별 일지나 조별 활동 보고서를 작성하게 하는 것이 그런 방법 가운데 하나이다. 조원들의 역할과 각각의 수행 정도를 매번 일일이 기록하게 한 후 모아 나중에 평가하는 방법이다. 다소 번거롭고 귀찮기는 하나 무임승차 학생을 방지하는 데는 어느 정도 효과가 있다.

〈연습문제〉

1. 토론에서 토론자의 역할에 대해 알아보시오.

2. 토론에서 사회자의 역할에 대해 알아보시오.

3. 조별 활동의 내용이 상세히 담긴 조별 활동 보고서를 작성해 보시오.

8. 논증 구성하기

토론을 위한 기초 준비가 이제 다 끝났으므로 이제 본격적으로 토론 실전에 대비하여 논증을 구성해 보자.

1) 우리 팀 논증 구성하기

(1) 주장과 근거 제시하기

합리적인 설득의 과정으로서의 토론을 성공적으로 이끌기 위해서 중요한 것은 논증이다. 즉 논증이 얼마나 객관적이고 정합적인가에 따라 토론의 성패가 결정된다고 해도 과언이 아니라는 것이다. 토론에서 논증은 주장(결론)과 근거(전제)로 구성된다. 주장이 논증을 통해 궁극적으로 이르고자 하는 결론이라면 근거란 이 주장을 참(또는 신빙성이 아주 높은 것)으로 만들어 주는 이유, 원인, 의견, 증거 및 사실적 토대 등을 일컫는다. 다음의 논증을 보고 주장과 근거를 구분해 보자.

> 프로 권투는 불법화되어야 한다. 왜냐하면 권투는 자주 치명적인 손상을 유발하기 때문이다. 뇌의 손상을 유발하는 경우도 많다고 한다. 이렇게 인간에게 상해를 입히는 스포츠는 금지되어야 한다.

위의 논증에서 화자가 궁극적으로 이르고자 하는 결론은 "프로 권투는 불법화되어야 한다"라고 할 수 있다. 그리고 결론이 되는 주장을 뒷받침해 주는 문장은 "왜냐하면 권투는 자주 치명적인 손상을 유발하기 때문이다(이유)"와 "뇌의 손상을 유발하는 경우도 많다고 한다(사실적 토대)" 및 "이렇게 인간에게 상해를 입히는 스포츠는 금지되어야 한다(의견)"등이라고 할 수 있다. 또 다른 논증을 보자.

> 저는 혼전 동거에 찬성합니다. 왜냐하면 혼전 동거를 통해 더욱 신중하게 파트너를 선택할 수 있기 때문입니다. 뿐만 아니라 동거 관계에서는 결혼 관계에서보다 더 많은 자유가 보장됩니다. 실제로 1999년 사랑의 전화에서 실시한 여론조사에 따르면 혼전 동거를 찬성하는 사람의 약 61%정도가 신중한 결정을 내릴 수 있다는 이유에서 그리고 약 22.8%가 결혼보다 자유로운 생활을 할 수 있다는 이유에서 혼전 동거에 찬성한다고 답하였습니다.

여기서 화자가 궁극적으로 말하고자 하는 주장은 "저는 혼전 동거에 찬성

합니다"이다. 그리고 이러한 주장을 뒷받침하기 위해 혼전 동거가 더욱 신중한 파트너 선택을 가능하게 하며 결혼보다 자유로운 생활이 가능하다는 의견을 제시하였다. 그리고 이와 더불어 자신의 의견이 설득력이 있다는 것을 보여 주기 위하여 설문 조사 결과(사실적 토대)를 더불어 제시하였다.

〈연습문제〉

1. 다음에서 주장을 나타내는 문장이 무엇이며 또 이를 뒷받침하는 근거를 제시하는 문장이 무엇인가를 말해 보시오.

① 나는 소극적 안락사가 허용되어야 한다고 생각합니다. 인간에게는 자기 결정권이 있기 때문입니다. 뿐만 아니라 환자로 인해 가족들이 가지는 경제적·정신적 고통을 최소화할 수 있습니다. 나아가 안락사는 장기 이식을 가능하게 함으로써 명예로운 죽음을 가능하게 합니다.

→

② 포르노는 여성을 억압하는 문화이다. 급진주의 페미니스트 안드레아 드워킨은 포르노가 남성적 폭력의 산물이며 포르노를 통해 여성이 구속당하고 있다고 본다. 즉 그녀는 포르노가 "여성의 몸과 정신에 대한 조직화된 파괴 행위이며, 강간, 구타, 근친상간, 매춘과 서로 밀접하게 연계되어 있는" 것으로서 "비인간화와 사디즘"을 그 본질로 한다고 비판하였다.

→

(2) 주장과 근거 관계 지우기

논증은 주어진 근거(이유, 원인, 의견 및 사실적 토대)로부터 주장(결론)이 올바르게 도출되어 나온다는 것을 보여 주는 과정을 일컫는다. 주장이 참임을 입증하는 논증의 방식은 다양하다. 우리는 기존의 원리나 원칙에 근거하여 주장이 참임을 입증하기도 하는데 이를 연역 논증이라고 한다. 이와 달리 주장을 뒷받침하는 경험적인 사실들을 제시함으로써 자신의 주장이 참(개연성이 아주 높은 것)임을 입증하는 것은 귀납 논증이라고 한다. 그리고 유사성을 근거로 하여 결론이 되는 주장을 정당화하는 논증의 방식을 유비 논증이라고 한다.

① 연역 논증

간단하게 말하자면 연역 논증이란 일반적인 원리나 원칙 및 구체적 사실로부터 주장의 참을 입증하는 방식을 말한다. 우리가 삼단논법이라고 알고 있는 것은 바로 연역 논증의 전형이다. 연역 논증의 전형은 다음과 같은 구조를 갖는다.

(정언 삼단 논증)	(가언 삼단 논증)	(선언 삼단 논증)
모든 A는 B다.(대전제)	만일 A라면 B이다.	A 또는 B이다.
C는 A이다.(소전제)	만일 B라면 C이다.	A가 아니다.
그러므로 C는 B다.(결론)	그러므로 A라면 C이다.	그러므로 B다.

예를 들어 자발적 안락사에 반대하는 다음과 같은 종교계의 논증은 대표적인 정언 삼단 논증의 경우라고 할 수 있을 것이다.

이 세상 모든 생명체의 생사는 신이 주관한다.(대전제)
인간은 이 세상에 존재하는 생명체이다.(소전제)
그러므로 인간의 생사는 인간 자신이 아닌 신에 의해 주관되어야 한다.(결론)

이를 이용하여 자발적 안락사에 반대하는 논증을 구성하면 다음과 같다.

→ 저는 종교적인 이유에서 자발적 안락사에 반대합니다. 저의 종교적인 신념에 따르면 이 세상 만물의 생사는 신이 주관합니다. 창조주로서의 하느님은 창조물을 탄생시키고 또 그 생명의 죽음도 주관합니다. 인간 역시 신이 창조한 창조물이지요. 따라서 인간의 생사는 신의 손에 맡기는 것이 당연합니다. 인간이 자신의 생사에 대해 선택할 권리가 있다고 생각하는 것은 잘못된 것입니다. 이런 의미에서 자발적 안락사는 신의 주권을 침해하는 행위입니다.

가언 삼단 논증을 이용하여 결혼에 반대하는 다음과 같은 논증을 구성할 수도 있다.

여성이 결혼을 하게 되면 직장을 그만두게 되는 경우가 많다.
그러나 여성이 직장을 그만두면 자기계발과 자아실현에 실패할 것이다.
그러므로 여성이 결혼하면 자기계발과 자아실현에 실패할 것이다.

이를 이용하여 결혼에 반대하는 논증을 구성하면 다음과 같다.

→ 저는 결혼에 반대합니다. 여성이 결혼을 하게 되면 자기계발과 자아실현이 불가능해진다고 합니다. 출산과 육아의 책임이 여성에게만 부과되고 있는 상태에서 여성은 자기계발을 위한 시간과 공간을 확보하기 힘든 것이 사실입니다. 저 유명한 아나운서 X를 보십시오. X는 내일 결혼을 한다고 합니다. 그리고 결혼과 동시에 모든 활동을 접는다고 합니다. 모든 활동을 접게 되면 X는 더 이상 자기계발을 할 수 없게 될 것입니다. 따라서 저는 여성이 결혼을 하게 되면 가지계발에 실패하게 되고 나아가 자아실현을 이룰 수 없게 된다고 생각합니다.

뿐만 아니라 선언 삼단 논증을 이용하여 우리는 안락사의 문제에 대해 다음과 같은 논증을 구성할 수 있다.

현재 말기 암 환자는 고통스럽게 자연사를 기다리거나 아니면 안락사를 선택할 수밖에 없다.
나는 참을 수 없는 고통 속에서 무작정 자연사를 기다릴 수 없다.
따라서 나는 안락사를 선택할 것이다.

이를 이용하여 자발적인 안락사에 찬성하는 논증을 구성하면 다음과 같다.

→ 저는 자발적인 안락사에 찬성합니다. 이것은 고통의 문제와 직결되어 있습니

다. 죽음을 앞둔 인간에게는 두 가지의 길이 제시될 수 있습니다. 고통스럽게 생명이 다하기를 기다리거나 아니면 고통을 절감시키기 위해 죽음을 인위적으로 앞당기는 것입니다. 저는 고통을 최소화시키기 위해서는 안락사를 선택할 수밖에 없다고 봅니다. 고통스럽게 죽음을 기다릴 수 없기 때문입니다. 이러한 점에서 저는 자발적 안락사가 허용되기를 바랍니다.

② 귀납 논증

연역 논증은 정해진 형식적 규칙을 잘 지키는 경우 논리적으로 참이 된다. 그러나 논리적으로 참이라고 해서 연역 논증의 내용 자체가 반박될 수 없는 것은 아니다. 연역 논증을 구성하고 있는 전제들이 내용적으로 과연 참인가가 증명되지 않았기 때문이다. 이렇게 전제들이 과연 참인가를 문제로 삼게 될 때 필요하게 되는 것이 바로 귀납 논증이다.

일반적인 원리로부터 주장을 도출해 내는 연역 논증과 달리 귀납 논증은 현재 가지고 있는 구체적 정보나 경험적 자료로부터 새로운 내용의 원리나 결론을 추리해 나가는 과정이다. 귀납 논증에는 여러 가지 형태가 있는데 대표적인 것이 귀납적 일반화와 통계적 귀납이다.

귀납적 일반화란 반복되는 사례들로부터 하나의 원리나 법칙을 이끌어 내는 방법을 말하는 것인데 사회과학적 추리나 자연과학적 실험의 과정은 바로 귀납적 일반화의 전형이라고 할 수 있을 것이다. 귀납적 일반화에 대한 이해를 돕기 위하여 영화 『살인의 추억』에 나오는 서 형사의 추리 방법에 주목해 보자. 서 형사는 사건 기록을 면밀히 검토하는 과정에서 살인 사건이 일어나는 날마다 비가 왔다는 것을 발견한다. 반복되는 이러한 구체적 자료로부터 서 형사는 "범인은 비오는 날 범행을 저지른다"는 법칙을 추론한다. 뿐만 아니라 사건을 추적하는 과정에서 서 형사는 각각의 피해 여성들이 빨간 옷을 입고 있었다는 것을 발견한다. 따라서 서 형사는 이와 같이 반복되는 사례들로부터 "범인은 빨간 옷을 입은 여성들을 대상으로 한다"는 법칙을 추론한다. 후자의 경우를 논증의 형식으로 나타내면 다음과 같다.

첫 번째 사건의 피해자는 빨간 원피스를 입고 있었다.

두 번째 사건의 피해자는 빨간 상의를 입고 있었다.

두 번째 사건의 피해자는 빨간 점퍼를 입고 있었다.

: ___

그러므로 범인은 빨간 옷을 입은 여성을 대상으로만 범행한다.

그러나 여기서 주의해야 할 것이 있다. 귀납 논증은 제한된 경험적 자료에 의해 뒷받침되고 있다는 사실이다. 따라서 결론의 주장은 100%를 확신하는 필연적 주장이 아니라 개연적 주장으로 이해되어야 한다. 실제로 영화 속에서는 10번의 살인 사건이 있었고 이 중 9건에 한에서만 빨간 옷을 입은 여성이 대상이 되었다. 이러한 의미에서 위의 논증의 결론은 10분의 9의 확률을 갖는 법칙으로 이해되어야 한다는 것이다.

그 밖에도 사례, 통계 자료 및 설문 조사를 통해 일반적 경향이나 사실을 도출해 내는 통계적 귀납 역시 귀납적 논증의 전형적인 예라고 할 수 있다.

③ 유비 논증

유비(Analogy)란 어떤 특정한 사물이나 대상의 특성을 다른 사물이나 대상의 특성과 비교해서 그 유사성을 말하는 것을 의미한다. 그리고 유비 논증이란 유사성을 근거로 하여 결론이 되는 주장을 정당화하는 논증의 방식을 말한다. 만물은 그것을 낳아 준 부모가 있다는 것으로부터 그러므로 세상을 낳아 준 근원적인 존재가 있다는 사실을 도출해 내거나 모든 나는 것에는 날개가 있다는 주장으로부터 사람도 날기 위해서는 날개를 가져야 한다는 주장을 도출해 내는 것은 전형적인 유비 논증의 예라고 할 수 있다. 가장 많이 쓰이는 유비 논증의 도식은 다음과 같이 표현될 수 있다.

대상 A는 a, b, c, …… 등의 성질을 가지고 있다.

대상 X는 a, b, c, …… 등의 성질을 가지고 있다.

그런데 대상 A는 성질 z를 가지고 있다.

그러므로 대상 X는 z의 성질을 가지고 있을 것이다.

우리는 대상 X가 a, b, c 등 여러 가지 점에서 A와 닮았다는 것을 알고 있으며 또 A가 z의 성질을 가지고 있다는 점을 안다. 그래서 대상 X역시 z의 성질을 갖는다고 결론짓는다. 이러한 도식에 따라 우리는 다음과 같은 논증을 구성해 볼 수 있다.

→ 영희는 배려심이 많으며 가톨릭 신자이며 봉사 활동 동아리에 소속되어 있다. 순희 역시 배려심이 많으며 가톨릭 신자이며 봉사 활동 동아리에 소속되어 있다. 그런데 영희는 이번 방학에 농활을 간다고 한다. 이로 볼 때 순희도 농활을 함께 갔을 것이다.

유비 논증은 비교되는 대상이나 사실들 간에 강한 유사성이 있거나 유사한 사례가 많을수록 좋다. 그러나 유비 논증은 비교되는 대상들 간의 본질적인 연관을 전제로 하는 것이 아니라는 점에서 연역 논증이나 귀납 논증에 비해 논증력이 약하다고 할 수 있다. 이러한 의미에서 유비 논증은 X와 A의 서로 관련 있는 특성에만 관련하여 적용되어야 한다. 예를 들어 배려심, 가톨릭 신자, 봉사 활동 등의 속성은 농촌 활동과는 어느 정도 관련된 속성이지만 키나 몸무게 등과 같은 전혀 관련 없는 속성에까지 적용되어서는 안 된다는 것이다.

〈연습문제〉

1. 생명의 문제에 있어서 공리주의의 원리는 "모든 경우 고통을 최소화하고 행복을 최대화한다"로 집약될 수 있다. 이러한 공리주의의 원리에서 시작하는 연역 논증을 구성하고 이를 이용하여 자발적 안락사를 찬성하는 논증을 완성해 보시오.

2. 다음에서 사용되고 있는 논증이 무엇인지를 밝혀보시오.

수도권에서 20평형의 아파트를 구입하려면 최소 3억 정도가 필요하다. 3억을 모으기 위해서는 매달 100만 원씩을 20년 이상 저축해야 한다. 즉 서울 안에 20평형의 아파트를 구입하려면 매달 100만 원씩을 약 20년 이상 저축해야 한다는 것이다. 그런데 우리나라의 경우 매달 100만 원씩을 저축할 수 있는 가구는 극히 적다. 따라서 실질적으로 20평 아파트를 수도권에 마련할 수 있는 가구는 극히 적다.

3. 철수는 한미자유무역협정을 맺게 되면 해외 유학 등의 감소로 외화 낭비가 줄어들 것이라고 주장하고자 한다. 철수가 자신의 주장을 뒷받침하는 근거로 사용할 수 있는 경험적인 자료들을 수집하여 귀납 논증을 완성해 보시오.

☞ 예를 들어 한국교육개발원에서 2006년도에 발표한 교육 시장 개방에 따른 국제 수지 개선 효과에 대한 표와 Institute of International Education에서 나온 미국 고등교육 기관에 재학 중인 국가별 외국인 유학생 수에 대한 표는 훌륭한 경험적 자료로 사용될 수 있다. 이를 이용하여 귀납적 논증을 구성해 보면 다음과 같다 : 현재 미국 고등교육 기관에 재학 중인 국가별 유학생 인구 비율을 보면 1위는 인도, 2위는 중국, 그리고 한국은 3위로 유학생 비율이 많은 실정입니다. 모두 5만 8천 847명 정도라고 합니다. 굉장히 많지요? 그러나 최근 한국교육개발원에서 발행한 자료에 따르면 교육 시장이 개방되면 국제 수지 개선 효과를 볼 수 있다고 합니다. 개방에 따른 유학생 감소율은 30%~40%정도나 된다고 합니다. 그리고 이를 통해서 절약되는 돈의 액수는 약 오억 삼천 백여 만 달러에 이를 것으로 예싱힙니다. 이를 통해 알 수 있듯이 사유무역협정의 체결은 궁극적으로 외화 유출의 낭비를 막게 될 것입니다.

4. 민혜는 한미자유무역협정을 맺게 되면 사회 양극화 현상이 더욱 심해질 것이라고 주장하고자 한다. 민혜가 자신의 주장을 뒷받침하는 근거로 사용할 수 있는 자료들을 수집하여 귀납 논증을 완성해 보시오.

☞ 한미 FTA가 시행되면 심각한 피해를 입을 사람들은 영세 자영업자입니다. 삼성경제연구소의 보고에 따르면 자영업자 수는 98년 약 420만 명에서 04년 약 500만 명으로 오히려 늘어나고 실질적 근로 소득이 100만 원 미만인 자영업자 비중이 98년 33.8%에서 03년에는 41.2%로 급증했다고 합니다. 원인은 지난 IMF 이후 내수가 위축되어 수익 구조가 급격히 악화된 때문인데 특히 택시, 부동산업, 미용업, 도소매업, 음식 숙박업 등의 경기 침체가 심각한 것으로 알려져 있습니다. 경제 개방이 양극화를 낳고 있다는 것은 멕시코의 사례에서도 잘 나타나고 있습니다. 멕시코 통계청의 2002년 통계에 따르면 NAFTA 체결 이후 농업에서 일자리를 잃은 사람은 130만 명 정도라고 합니다. 이들은 멕시코시티 주변의 광범위한 도시 빈민층을 형성하고 있습니다. 뿐만 아니라 2005년 멕시코의 신규 일자리 중 70%가 비정규직이라고 합니다. 이로써 제가 말씀드리고자 하는 것은 한미 FTA의 체결은 결국 국내의 양극화를 심화시킬 것이라는 것입니다.

5. 다음의 예시문이 어떠한 논증을 사용하고 있는가를 밝히시오. 그리고 이러한 논증이 어떠한 점에서 한계를 갖는가를 말해 보시오.

나와 우리 집 강아지 비비는 먹는 것이 똑같다. 그리고 자는 시간도 같고 일어나는 시간도 같다. 내가 기분이 좋아 뛰어다니면 비비도 뛰어다니고 내가 우울해하면 비비도 우울해한다. 어두운 것을 비비도 싫어하고 나도 싫어한다. 나는 소설보다는 시를 더 좋아한다. 아마도 비비도 시를 더 좋아할 것이다.

2) 상대 팀 논증 분석하기

토론을 준비하는 과정에서는 우리 팀 논증을 설득력 있게 구성하는 것도 중요하지만 그것과 함께 상대 팀이 구성하여 제시할 논증을 예상해 보고, 그에 대한 반론을 준비하는 일도 매우 중요하다. 나와 반대되는 입장을 가진 상대 팀에서는 어떠한 근거를 가지고 논증을 펼칠지, 그에 대해 우리 팀은 어떤 전략으로 대응할지를 정하여야 하는데 그러기 위해서는 상대 팀 논증에 대한 분석을 철저하게 하는 일이 선행되어야 한다. 이미 자료 수집과 정리 과정에서 상대 팀의 주장과 근거에 대한 파악이 어느 정도 이루어졌으므로 이 단계에서는 그것들을 가지고 반론을 적절하게 준비하는 작업을 하도록 한다. 상대 팀의 논증을 분석하고 반론을 준비할 때 유념해야 할 사항들을 정리하면 다음과 같다.

(1) 주장과 근거의 관계 따져 보기

상대 팀 논증을 분석하는 단계에서 가장 먼저 해야 할 일은 상대 팀 주장과 근거들 간의 관계를 따져 보는 일이다. 상대 팀의 주장과 근거가 얼마나 긴밀하게 연결되어 있는지 평가하는 작업은 상대 팀 주장과 근거에 논리적인 문제가 없는지를 살피는 일과 상대방이 제시할 논거가 얼마나 충분한지, 일관된지 등을 평가하는 일이다. 이때 상대 팀이 어떤 오류를 저지르지 않는지 등을 파악하는 것이 도움이 된다.

예를 들어 낙태는 한 인간으로서의 태아를 죽이는 일이므로 낙태는 금지되어야 한다고 주장한다면 태아가 한 인간이라는 상대 팀의 근거를 문제 삼아 태아를 한 사람의 인간이라고 볼 수 없는 이유를 들어 반론해야 한다. 예컨대 태아가 인간임을 증명하는 판례 등이 일부 있긴 하지만 태아는 인간이 아닌 산모의 신체의 일부라는 해석이나 태아를 인간으로 볼 수 없다는 연구 결과가 더 일반적임을 들어 주장을 반박할 수 있다.

(2) 상대 팀 주장의 전제 파악하기

상대 팀 주장과 근거를 따질 때에는 상대 팀의 전제를 파악하는 일이 중요하다. 이유나 근거는 또 다른 이유나 근거에 의존할 수 있는데 상대 팀이 당연한 것으로 받아들이고 있는 전제가 다른 입장에 선 사람에게는 당연한 것으로 생각되지 않는 경우가 있다. 그러므로 상대 팀 주장의 전제를 파악하고, 그 가운데 문제가 되는 부분이 무엇일지를 검토해 보아야 한다.

예를 들어, 자의적 적극적 안락사를 찬성하는 사람들은 환자의 자율권 존중을 주요한 이유로 제시할 수 있을 것이다. 하지만 이것은 안락사가 환자의 자율적 의사 표현에 의해 결정될 수 있는 사안이라는 것을 전제하고 있는 것이다. 그러나 서구와는 달리 개인의 의사 결정의 자율성이 우리나라에서도 얼마나 가능할지, 자율성 존중이 가족 공동체의 이익과 충돌할 경우 어떤 선택을 할 것인지, 의사의 적극적인 행위가 요구되는 적극적 안락사의 경우에 환자의 자율적 의사 표현이 반드시 수용되어야 하는 것인지에 대해서는 얼마든지 이견이 있을 수 있다. 따라서 자의적 · 적극적 안락사를 찬성하는 측에서 환자의 자율권 존중을 논거로 주장을 펼 경우, 상대 팀 전제의 적절성 여부를 문제 삼을 수 있다.

(3) 상대 팀이 사용하는 개념의 적절성 따져 보기

논제를 분석하는 과정에서 서로 사용하는 개념에 대한 이해와 합의가 어느 정도 이루어졌다 하더라도 막상 토론을 할 때 개념을 서로 다른 의미로 이해하여 사용하게 되는 경우가 있다. 사용하는 개념이 서로 다를 경우, 토론은 논점을 잃고 겉돌 수 있으며 상대 팀과의 이견이 커질 수 있다. 따라서 상대 팀에 대한 반론을 준비할 때에는 상대 팀이 사용하는 개념이 우리 팀과 다르지 않은지 확인해 보고, 어느 팀이 사용하는 개념이 더 적절한지 판단해야 하며 상대 팀의 개념에 문제가 있다면 그에 대한 반론을 준비해 두어야 한다.

예를 들어, 우리 사회에서 학벌주의가 타파되기 위해 특정 대학이 폐지되어야 한다는 것이 논제로 다루어질 경우, 무엇이 학벌주의인지 명확히 정의되지 않으면 안 된다. 찬성 측에서는 '학벌'을 좋은 대학과 그렇지 못한 대학을 서열화하는 것을 의미하는 것으로 사용하고, 반대 팀에서는 특정 학교 출신이 인맥을 형성하여 정실 인사를 하는 것을 의미하는 것으로 사용한다면 논제에서 가장 핵심이 되는 모 대학의 폐지가 과연 학벌주의 타파를 위해 필요한 일인지 아닌지, 또는 그것이 가장 효과적인 일인지 아닌지를 판단하기 어렵게 된다. 이럴 경우 개념의 적절성을 따져 반론을 제기할 수 있어야 한다.

(4) 상대 팀이 제시할 자료의 적절성 따져 보기

토론에서 자료가 차지하는 비중은 매우 크다. 논증을 구성할 때 설득력을 높이기 위해서 토론자는 다양한 정보들을 가져오게 되는데, 반론을 준비하는 과정에서는 상대방이 동원할 자료의 적절성을 꼼꼼히 따져 봐야 한다. 과연 그러한 자료가 사실인지, 자료의 출처는 믿을 만한 것인지, 자료는 주장을 입증하는 것인지, 그것만으로 충분한지를 면밀하게 따져 보아야 한다. 아울러 반례가 없는지를 살펴보는 것도 중요하다. 왜냐하면 상대방이 제시하는 주장에 대한 반례를 제시하는 것만으로 상대 팀의 논증을 한번에 바로 무너뜨릴 수 있기 때문이다. 예를 들어 역사의 진정한 청산을 위해서는 법적 청산보다 자발적 청산이 선행되어야 한다는 주장을 하는 사람이 일본의 2,000점 이상의 자기 고백과 회고록을 예로 들었다면 그에 대해 일본이 세계 2차 대전 이후 가장 먼저 한 일이 법적 청산임을 구체적인 사료를 들어 반박할 수 있다. 이때 사실을 기록한 사료는 좋은 반례가 될 수 있다.

〈연습문제〉

1. 다음 논증의 주장과 근거의 관계를 따져 보고, 적절한 반론을 구성해 보시오.

> 부모 양성 쓰기의 문제점입니다. 현재의 성씨로부터 부모 양성 쓰기를 시작한다고 하더라도, 몇 대를 내려가지 않아 성의 개수가 사용이 불가능할 정도로 매우 많게 될 것이며, 엄밀히 본다면 현재의 성씨도 모두 근거를 상실하여 결국 성을 없애는 결과로 됩니다. 이들은 그런 경우 이리저리 2자만을 떼어서 사용하면 된다고 하나 그리한다고 하더라도 부모와 자녀부터 서로 성이 다르게 되므로, 친4촌이 성이 다르게 되는 것은 물론이고, 조부모와 손자녀조차 성으로는 연결이 되기 어려울 것입니다. 이것은 부부 및 부부와 동거하는 자녀만을 가족으로 생각하고, 그 나머지는 가족 관계가 아닌 것으로 보려는 폐지론자들의 의식에는 적합할지 몰라도 우리 가족 문화와는 매우 거리가 먼 생각입니다. 이것이 현행 민법의 강행 규정에 위반

되는 것은 물론이고, 법무부의 개정안에도 위배되는 데도 불구하고, 혈통 개념을 중심으로 한 전통가족 문화를 파괴하는 데에 도움이 된다는 이유로, 현직 장관 등 책임 있는 인사들까지 나서서 부모 양성 쓰기 운동을 벌여 국민을 혼란시키고 있습니다. 이것은 이들이 가족 제도 개선을 위하여 노력하는 책임 있는 세력이 아니라, 문화 파괴에 열중한 정치 군대임을 여실히 드러내는 명확한 증거라 할 것입니다.

2. 다음 주장의 숨은 전제를 찾아보시오.

다만 싫은 것은 지성인 내지 대학생은 모름지기 이러이러해야 한다는 획일주의나, 정의와 양심과 용기는 참여하는 쪽만이 독점하고 있다는 식의 흑백논리요, 사회의 의식도 문화의 일부일진대, 그 다양성은 존중되어야 한다고 보오. 거리로 뛰어나가 기성세대의 불의와 부패를 규탄하는 것도 중요하지만, 도서관이나 강의실에 남아 학문적 고주나 예술적 연마에 힘쓰는 것도 마찬가지로 중요하다는 뜻이요. 문제는 어느 쪽을 선택하느냐가 아니라, 선택하는 의식의 순수함과 실천의 성실함일 거요.

3. 다음은 최만리가 세종의 한글 창제에 반대하며 올린 상소문의 일부이다. 최만리의 논증을 분석한 후, 적절한 반론을 구성하여 반박문을 써 보시오.

신라 설총의 이두는 비록 촌스럽고 속되다고 하여도, 모두 중국에서 통용하는 글자를 빌려서 어조사로 쓰는 까닭에 문자(漢文)와 원래 서로 어긋나는 것이 아닙니다. 그런 까닭에 서리나 노비의 무리들이라 할지라도 꼭 이를 익히고자 한다면, 먼저 두어 권의 책을 읽고서 대강 문자를 안 연후에야 이두를 쓰니, 이두를 쓰는 자는 모름지기 문자에 의지해야만 그 뜻을 전달할 수 있습니다. 그러므로 이두로 말미암아 문자를 아는 일이 자못 많아서 또한 학문을 일으키는 데 도움이 됩니다. 만약 우리나라에서 원래 문자를 알지 못하고 결승[매듭 글자]을 쓰는 세상과 같다면, 잠시 언문을 빌려 일시적으로 쓰는 것은 그래도 괜찮겠으나, '일시적으로 언문을 쓰는 것은, 더디고 느리더라도 중국에서 통용되는 문자를 익혀서 장구한 계책을 삼는 것보다 못하다'고 식견 있는 사람들은 반드시 말할 것입니다. 하물며 이두가 사용된 지 수천 년에 관청의 장부나 모임의 일을 적는 데 막히는 것이 없었는데, 무엇 때문에 예로부터 써 온 폐단이 없는 글자를 고쳐서 따로 촌스럽고 저속하고 이익이 없는 글자를 창제하고자 하십니까? 만약 언문을 통용한다면 서리된 자가 오로지 언문만 익히고 학문을 돌아보지 않을 것이니, 문자와 서리가 갈라져 둘이 될 것입니다. 만약 서리된 자들이 언문만으로 벼슬길에서 출세하게 된다면 후진들이 모두 그렇게 할 것입니다. 스물일곱 자의 언문으로 족히 세상에 입신할 수 있거늘 무엇 때문에 모름지기 마음을 괴롭게 하고, 생각을 수고로이 하여 성리(性理)의 학문을 궁구하려고 하겠습니까? 이와 같이 한다면 수십 년이 지난 뒤에는 문자를 아는 사람이 반드시 적을 것입니다. 비록 능히 언문을 가지고서도 서리의 일에 능하다고 해도 성현의 문자를 모른다면 배우지 않음이 담장을 면대한 것 같아 사리의 옳고 그름을 가리는 데 어두워지니, 한갓 언문에 힘쓴들 장차 무슨 소용이 있겠습니까. 우리나라에서 누대로 쌓아온, 글을 숭상해 온 교화는 점차 (빗자루로) 땅을 쓸어버린 듯이 없어질 것입니다. 이전부터 써 오던 이두는 비록 문자에서 벗어남이 없는데도 식견 있는 사람들은 오히려 촌스럽게 여겨 이두를 이문(吏文)으로 바꾸고자 생각하거늘, 하물며 언문은 문자와는 조금도 상관이 없이 오로지 시골구석의 상말만을 쓰는 것임에 있어서랴! 가령 언문이 전조(前朝) 때부터 있어 온 것이라 하더라도, 오늘날의 문명한 정치를 하는 세상에 변로지도[變魯至道, 더 좋은 세상으로 이끄는 일]하려는 뜻을 가지는 때인데, 그래도 언문을 따라 쓰시겠습니까? 반드시 고쳐 새롭게 하자고 의논하는 자가 있을 것임은 환하게 알 수 있는 이치입니다. 옛 것을 싫어하고 새 것을 좋아하는 것은 예나 지금이나 큰 병통인데, 이번의 언문도 새롭고 기이한 한 가지 재주일 뿐이지 학문에 손해만 있고 정치에 유익함이 없으므로, 되풀이하여 헤아려 보아도 옳음을 알지 못하겠습니다.

9. 토론 전략서 짜기

이제 논증 구성하기까지 토론 준비가 거의 완성이 되었다면 토론 전략서를 짜도록 한다. 토론 전략서에는 우리 팀의 주된 주장과 논거뿐 아니라 상대방의 예상되는 주장과 논거 그리고 문제점 등이 포함되어 있어야 하며 나아가 상대 팀의 예상되는 반론과 그에 대한 적절한 대응 전략까지 들어 있어야 한다. 한마디로 토론 전략서는 그간의 토론 준비의 완성판이라 할 수 있다. 따라서 토론 전략서 짜기는 토론 준비에서 가장 중요한 부분이며 그간의 활동을 정리, 종합하는 과정이라 할 수 있다. 따라서 토론 전략서만 제대로 짜여진다면 토론 준비는 이제 거의 완벽하게 끝났다고 말할 수 있을 것이다.

토론 전략서의 양식은 크게 두 가지이다. 하나는 논증 구성과 주장의 논리적 맥락이 한 눈에 들어오게 작성된 양식이다. 우리 팀의 주장과 근거, 상대 팀의 주장과 근거 그리고 그것의 문제점, 상대 팀의 예상되는 반론과 그에 대한 대응을 적은 개략적인 전략서이다. 다른 하나는 일종의 토론 대본의 양식이다. 아주 구체적으로 입론의 내용, 확인 질문의 내용, 예상되는 반론, 최종 발언의 내용까지가 발언자별로 상세하게 적혀 있는 전략서이다.

보통은 간략한 토론 전략서 양식으로 먼저 토론 전략서를 작성한 후 선생님 혹은 담당 조교로부터 지도를 받고, 지적받은 수정이나 보완 사항을 반영하여 토론 전략서를 수정한 후에 이차적으로 토론 대본 양식의 토론 전략서를 작성한다. 그러나 이것이 번거롭다고 생각되는 경우 어느 하나를 생략할 수 있다.

〈토론 전략서 양식〉

토론 전략서

작성자 :

논제 :

관련 세부 논제 :
1.
2.

I. 우리 팀의 주장과 근거

주장 :

1.
   1)
   2)

2.
   1)
   2)

3.
   1)
   2)

핵심 용어 및 정의 :
1.
2.
3.

동원할 정보 또는 사례
1.
2.
3.

Ⅱ. 상대 팀 분석

상대 팀 주장의 근거와 문제점 :

근거 1.
문제점 :

근거 2.
문제점 :

근거 3.
문제점 :

상대 팀의 주장을 반박하는 정보나 사례
1.
2.
3.

상대 팀의 암묵적 전제나 함축 등 기타 문제점:
1.
2.
3.

Ⅲ. 논박과 답변

우리 팀에 대한 예상 질의 및 반박과 우리의 답변

반박 1.
답변 1.

반박 2.
답변 2.

반박 3.
답변 3.

〈토론 전략서 예시 1〉

토론 전략서

작성자 : 000

논제 : 성범죄자 신상 공개 제도는 폐지되어야 한다.

Ⅰ. 우리 팀의 주장과 근거

주장 : 성범죄자 신상 공개 제도는 폐지되어야 한다.

근거 :

1. 신상 공개 제도는 실질적으로는 형벌적 성격을 가지고 있으므로 이중 처벌 금지의 원칙에 반한다.

 1) 청소년의 성을 사는 행위를 한 자에 대한 신상 공개는 다음과 같은 이유로 형벌이라고 할 수 있다. 첫째 신상 공개 제도는 공개 범위가 무차별, 무제한적이어서 대상자에 대한 프라이버시의 중대한 제한이 될 수 있다. 둘째, 미국과 다르게 지역 사회에 대한 성범죄의 예방적 효과를 겨냥한 것이 아니라, 범죄자의 신상 자료를 공개함으로써 일종의 사회적 응징을 유도한다는 성격이 보다 강하다. 셋째, 신상 공개는 사회 일반의 비난을 유도하여 마치 고대 사회의 추방이나 치욕을 부과하는 기능을 하고 있다.

 2) 범죄자는 이미 형사 재판을 통해 형벌을 부과받은 자로서 그의 불법은 이미 형벌로 상쇄되었다고 보는 것이 타당하기 때문에 신상 공개는 이중 처벌에 해당한다. 즉, 신상 공개로 인해 범죄자의 프라이버시가 침해되고 일상생활에 있어서 불이익이 발생할 뿐만 아니라 사회적 낙인이 심화된다면 이는 커다란 사회적 형벌을 부과하는 것과 같으므로 이에 따른 책임 원칙이 적용될 필요가 있다.

2. 신상 공개 제도는 기본권의 하나인 프라이버시권을 침해한다.

 1) 우리 헌법 제10조는 모든 국민은 인간으로서의 존엄과 가치를 가지며 행복을 추구할 권리가 있음을 천명하면서, 국가는 개인이 가지는 불가침의 기본적 인권을 확인하고 이를 보장할 의무가 있음을 강조하고 있

다. 따라서 인간은 누구나 각자의 자유의지에 따라 스스로 운명을 개척하고 자신의 인격을 자유롭게 발현하여 행복을 추구해 갈 수 있다. 그리고 이러한 권리는 타고난 용모나 재능, 학력, 빈부, 성별 등을 가리지 않으며, 심지어 범죄인의 경우도 한 인간으로서 가지는 기본적인 존엄과 가치는 존중되고 보장되어야 하는 것이다. 이것이야말로 우리 헌법이 지향하는 기초적 이념이자, 추구하는 최고의 가치라고 할 수 있다.

2) 또한 한 개인의 긍정적인 면을 포함한 총체적인 인격을 묘사하지 않고, 단지 부정적인 측면만을 크게 부각시키는 범죄 사실과 같은 정보 자료를 국가가 함부로 일반에 공개할 경우 그러한 조치는 개인에 대한 사회적 평가에 중대한 영향을 미쳐 장차 그가 사회와 접촉, 교류하며 자신의 인격을 자유롭게 발현하는 것을 저해할 우려가 있다. 그러므로 사회 활동을 통한 개인의 자유로운 인격 발현을 위해서는 타인의 눈에 비치는 자신의 모습을 형성하는 데 결정적인 요소가 될 수 있는 각종 정보 자료를 스스로 결정할 수 있는 권리가 보장되어야 하며 국가는 이를 최대한 보장해야 할 책무를 가진다.

3) 인권 문제를 넘어서 청소년 성범죄자 신상 공개는 행위자의 가족 모두가 남들의 이목에 집중될 수 있다. 그로 인하여 가족 구성원들은 스트레스를 받아서 '가족 해체 현상'이 나타나 또 하나의 사회 문제를 발생시킨다. 그리고 헌법에서도 연좌제 금지법을 명시해 놓고 있다.

3. 신상 공개 제도는 평등의 원칙에 반한다.

1) 불법성의 정도 측면에서 볼 때, 신상 공개의 대상이 되는 성범죄보다 더 큰 불법성을 가지고 있는 여러 범죄들, 예컨대 미성년자 살해 행위, 미성년자 약취 유인 행위(사람을 약취 또는 유인하여 자기 또는 제3자의 실력적 지배하에 둠으로써 개인의 자유를 침해하는 행위), 미성년자를 대상으로 한 인질 강도 행위 등은 신상 공개를 하지 않으면서 성범죄를 저지른 범죄자의 신상만을 공개한다는 것은 형평의 원칙상 옳지 않다는 것이다. 이러한 범죄들 모두 청소년 보호라는 법익을 침해하는 행위라는 점에서는 본질적으로 다르지 않기 때문에 성범죄자에 대해서만 신상 공개 처분을 내린다는 것은 평등의 원칙에 위배될 수 있다.

핵심 용어 및 정의 :

1. 연좌제 금지법 : 모든 국민은 자기의 행위가 아닌 친족의 행위로 인한 불

이익한 처우를 받지 아니한다.
2. 친고죄 : 범죄의 피해자 기타 법률이 정한 자의 고소 · 고발이 있어야 공소할 수 있는 범죄.
3. 이중 처벌 금지의 원칙 : 어떤 사건에 대하여 일단 판결이 내리고 그것이 확정되면 그 사건을 다시 소송으로 심리 · 재판하지 않는다는 원칙.
4. 과잉 금지의 원칙 : 국민의 기본권을 제한하는 법률은 목적의 정당성, 방법의 적절성, 법익의 균형성, 제한의 최소성 등을 준수해야 한다는 것이다.
5. 소급입법의 금지 : 어떤 법을 만들기 이전의 일까지 소급하여 적용할 수 있게 법을 제정하는 일을 금지하는 것.

Ⅱ. 상대 팀 분석

상대 팀의 주장 근거와 문제점 :

근거 1. 신상 공개 제도는 형벌이 아닌 성보호에 대한 인식 증대를 목적으로 하는 행정 처분이다.
문제점 : 일반적인 행정 제재와는 달리 범죄 방지 그 자체를 직접적인 목적으로 하며, 그것도 계도보다는 주로 징벌 및 위하의 효과를 통해 그러한 목적을 추구하는 점에서 그 목적과 기능이 형벌과 상당히 중복된다고 본다.

근거 2. 청소년의 성보호가 우선되어야 한다.
문제점 : 청소년의 성보호가 우선되어야 한다는 데에는 동의하지만 그것이 반드시 인권침해적 요소가 큰 신상 공개를 통해서 이루어져야 한다는 데에는 동의할 수 없다.

근거 3. 범죄 예방 효과가 있다.
문제점: 형사처벌 후에 신상 공개까지 한다고 해서 과연 얼마나 더 범죄 예방 효과가 있을지 의문이다. 신상 공개는 일반 예방이나 특별 예방의 효과가 거의 없고 오히려 범죄인으로 하여금 더욱 파괴적인 행위로 나아가게 할 우려가 있다는 범죄 심리학적 분석도 있거니와, 실제로 법 시행 후 지금까지 여러 번에 걸쳐 신상 공개가 실시되었지만 지난 4회 신상 공개에서는 제2회 및 제3회 신상 공개 당시 명단에 들었던 4명이

다시 공개 대상이 되는 일이 발생하였는 바, 이 역시 현행 신상 공개 제도의 범죄 예방 효과가 매우 회의적임을 여실히 보여 주는 예이다.

상대 팀의 주장을 반박하는 정보나 사례

- 청소년 보호 위원회가 2004년 8월 발표한 신상 공개 제도의 효과성을 분석한 자료

상대 팀의 암묵적 전제나 함축 등 기타 문제점 :

1. 성범죄자 신상 공개가 실효성이 있다고 암묵적으로 전제하고 있다.
2. 범죄자의 인권과 피해자의 인권을 동일시한다.
3. 신상 공개를 제외한 다른 대응책 역시 인권침해의 위험이 있다.
4. 타 대응책 역시 신상 공개보다 실효성에 있어서 우위에 있지 않다.
5. 제3자의 피해 가능성을 일반화시키고 있다.

Ⅲ. 논박과 답변

우리 팀에 대한 예상 질의 및 반박과 우리의 답변

반박 1. 실효성이 있게 제도를 바꾸면 찬성하겠는가?

답변 1. 현실의 심각한 성범죄 증가의 문제를 시정하기 위한 조치가 신상 공개와 같은 처벌이어야 하는 것은 아니다. 추구하는 목적이 청소년 성보호라는 공익의 증진이라면, 적어도 국민의 기본적 인권이라는 '최고의 공익'을 침해하지 않는 수단들을 먼저 투입하여야 한다.

예를 들어, 성매매의 상당수는 익명성이 보장된 인터넷 채팅에 의존적이라고 한다(『조선일보』 2003.2.11일자 사회면 : 76.8%에 이르던 인터넷 활용이 2002년에는 58.7%로 줄었다가 7차 공개 시에는 68.3%로 다시 증가하였다고 한다—『중앙일보』 2004.7.14). 그렇다면, 아예 인터넷 채팅방 접속 시에 본인의 신분을 밝히도록 하거나 혹은 음란 차단 프로그램의 설치를 의무화하는 방안도 고려해 볼 수 있을 것이다. 또 가출 청소년들이 의지할 수 있는 시설을 획기적으로 확대, 개편하는 방법도 있으며, 청소년 유해 환경을 개선하기 위한 정책 수단을 추진하는 것도 좋은 방법이다. 그리고 성범죄자의 전과 비율은 60%이며, 특히 전과 3범 이상이 33.5%에 이르고 있다(2002 범죄분석, 범죄연수원)는 사실은 성범죄가 하나의 성향적인 속성을 띠고 있음을 말해 준다. 따라서 신상이나 얼굴 공개라는 부담 처분보다는 차라리 범죄자들에 대한

치료나 교육을 강화하는 것이 더욱 효과적이라고 할 것이다.

물론, 이러한 방안들이 충분하지 않을 수도 있다. 그렇다면 인권침해가 되지 않는 방향으로 현제도를 개선하는 방법도 있다. 예를 들어, 영국 사라법의 경우, 영국 시민들의 엄중한 조치를 마련하라는 촉구에도 불구하고 미국과 같은 일반적인 신상 공개 제도를 도입하지 않고, 그 대신 지역별로 성범죄자들의 숫자만 일반인들에게 공개할 수 있도록 하였다. 이는 한편으로는 성범죄자가 신상 공개로 인해 사회적 박해를 당할 위험에 노출되는 것을 피하면서, 다른 한편으로는 일반 대중에게 그 지역에 성범죄의 위험이 있음을 주의시키기 위함이었다. 영국의회는 아동의 보호에 관한 이익과 성범죄자의 정상적인 사회 복귀에 관한 이익을 나름대로 조화롭게 절충하고자 했던 것이다.

반박 2. 장차 국가의 장래를 책임지게 될 우리의 청소년들을 보호하고 우리 사회의 성문화에 대한 최소한의 도덕성을 지키기 위하여 이와 같은 입법을 한 것으로 보므로 입법 목적이 정당하다!

답변 2. 입법 목적이 청소년 보호라는 입장으로 아무리 정당하다 해도 그 방법이 인권침해라는 내용으로 잘못됐으므로 분명 문제가 있다. 신문이나 언론상에서도 여전히 청소년 성범죄는 줄지 않고 있다는 기사가 종종 나오기 때문에 목적 달성을 위한 방법의 적절성에 의문이 든다.

〈토론 전략서 예시 2〉

친일 문학 작품 국어(문학) 교과서에 실어야 하는가?

우리 팀 주장 : 찬성, "친일 문학 작품 국어 교과서에 실어야 한다"

우리 팀원: 000, 000, 000, 000 이상 4명

찬성 : 갑(입론)

- 개념 정의 : 1. 친일 문학 작품이란 단순히 친일 문학가의 작품이 아니라, 직접적으로 친일적 성향을 드러낸 문학 작품으로 서정주의 '오장 마쓰이 송가', 이광수의 '조선의 학도여' 등의 글을 말한다.

2. 국어 교과서는 현재 고등학교 국어 교과로 범위를 한정하며, 고등학교 국

어과 교과서 이름이 '문학'이므로 편의상 통칭 '문학 교과서'라 부르고 있다.

- 주장 : 친일 문학 작품 국어 교과서에 실어야 한다.
  근거 1. 교과서에는 이데올로기를 배제해야 함. 현재 문학 교과서는 항일 이념에 따라 친일 문학 작품을 완전히 배제하고 있음. 높은 평가를 받는 작품에 더불어 작가의 친일 행적을 보여 주는 친일 문학 작품을 실음으로써 학생들에게 객관적인 판단 근거를 제공해야 함.
  2. 단순한 감상과 고정화된 해석의 암기보다는 비판적 능력을 키워 줄 수 있는 교육을 추구해야 함. 그러므로 한국의 특수한 식민지 문학사에서 논란이 되는 친일 문학 작품을 학생들에게 보여 주고 논의를 이끌어 내며 비판적 수용 방식을 가르칠 필요가 있음.
  3. 문학 교과서는 문학 작품과 그에 대한 해석만을 가르치는 것이 아니며, 작가는 물론 작품이 쓰인 시대, 그리고 독자의 수용 측면까지 포괄적으로 가르쳐야 하므로 친일 문학 작품 또한 교과서에 등재될 만한 의의를 가짐.

- 동원할 자료 : 문학 교과서 제작 방향과 작품 선정에 대한 논의, 문학 개설(문학의 정의 · 효용), 현재 문학 참고서에서 나타나는 친일 문학가 · 작품 등재 현황.

반대 측의 예상되는 확인 질문

1. 항일 이념에 의해 친일 문학 작품을 배제하고 있다는 것을 증명할 수 있는가?
2. 친일 문학 작품을 싣는 것이 객관적이라 할 수 있는가?
3. 친일 문학 작품을 싣는 것만으로 학생들에게 비판적 수용을 가르칠 수 있는가?
4. 문학 교과서가 앞에서 말한 바와 같이 '이데올로기를 배제하고 비판적 수용능력을 높이며 작가적, 시대적, 수용적 측면까지 고려해서 교육을 해야 한다'는 것을 어떻게 확신할 수 있는가?
5. 친일 문학 작품이 문학 교과서에 실릴 정도로 의의를 가진다고 생각하는가?

찬성 측 답변

1. 실제로 현재 교육과정에 사용되고 있는 8종 문학 교과서 중 단 하나의 교

과서에도 친일 문학 작품은 등재되어 있지 않으며, 친일 문학가의 친일 행위에 대한 자세한 설명 또한 축소시키거나 삭제시켜 설명하는 것으로 나타남.

2. 친일 문학 작품을 전혀 싣지 않는 지금보다는 훨씬 객관적인 교육을 제공할 수 있음.
3. 비판적 수용에 대해서 가르칠 수 있으면서 한국만의 특수한 문학사에 대한 논란까지 함께 다룰 수 있기 때문에 가장 적절한 수용 교육의 예가 될 수 있음.
4. '문학 교과서 제작 방향과 작품 선정에 대한 논의'에 명시된 바를 따랐다는 것을 밝힘.
5. 친일 문학 작품이 꼭 작품성과 예술성으로 의의를 가지는 것이 아니라 한국의 특수한 문학사의 한 부분이자 수용의 방식에 대한 논란, 그리고 학생들이 객관적인 자료를 접하고 비판적으로 생각할 문제로서의 의의를 가짐.

반대 : 갑(입론 논지, 정의 부분 없음) — 예상

1. 문학 교과서에는 문학 작품으로서 의의가 확실한 작품만이 실려야 함. 하지만 친일 문학 작품은 작품성과 예술성이 떨어지므로 실을 만하다고 할 수 없음.
2. 학생들에게 아무런 감흥이나 교훈을 남길 수 없는 작품을 실음으로써 더 좋은 작품들을 싣고 다룰 수 있는 기회를 헛되이 소모함.
3. 문학 교과서는 문학의 아름다움을 가르치고 그를 통해서 학생들의 정서를 순화하고 감동을 주는 것이 목적이므로 친일에 관한 내용은 국사 교과서에서 다루는 것이 더욱 적합함.
4. 친일에 관한 문제는 민족사적 특수성과 관계된 내용인데다 첨예하게 갈등하는 가치 문제이므로 대학에 진학하여 심도 깊게 다룰 만한 문제임. 그러므로 고등학교 문학 교육에서 다룰 만한 문제라고 할 수 없음.

찬성 : 을(확인 질문) — 예상

1. 현재 문학 교과서에 등재된 작품들은 그렇다면 전부 문학적으로 작품성과 예술성을 확실히 갖춘 작품이라고 생각하는가?
2. 학생들에게 문학을 가르치는 이유가 오직 문학을 통한 정서 순화와 문학적 교훈 제공에만 있다고 생각하는가?
3. 친일 문학을 다루는 것이 정말 전혀 가치가 없는 일이라고 생각하는가?

4. 문학이 쓰인 시대와 작가, 그리고 수용 방법에 대해서는 교육 효과가 없다고 생각하는가?
5. 대학을 가지 않는 학생들도 분명 있다는 것을 아는가? 그리고 모든 학생들의 수준을 과소평가하고 있는 것이 아닌가?
6. 고등학교 과정에서 논의에 대한 기본 지식을 제공받지 못했으면서 대학에서 비판적이고 객관적인 수용을 토대로 해야 하는 첨예한 토론이 원활하게 이루어질 수 있을 것이라 생각하는가?

반대 : 갑(답변) — 예상
1. 작품성과 예술성을 갖춘 작품들이므로 교과서에 등재된 것임.
2. 하지만 문학 교육의 주목적은 정서 순화와 교훈 제공에 있음.
3. 확인된 작품을 다루는 것에 비해 논란의 여지와 효과에 대한 위험 부담이 있음.
4. 다른 작품을 통해서도 그에 대한 교육은 가능함.
5. 교육과정은 학생들의 일반적인 수준을 가늠해야 함. 고등학생의 일반적 수준으로는 어려운 문제임.
6. 기본적인 지식은 국사를 통해서도 충분히 배울 수 있음.

찬성 : 병(반론 1)
1. 단순히 교과서에 등재되었다고 해서 문학적으로 가치 있다고 보기는 어려움. 현재 교과서에 실린 작품들 중에서도 과대평가받고 있는 작품들이 많음. 문학작품을 단지 작품 자체의 문학성과 예술성으로 평가하는 것은 옳은 평가 방식이 아니며, 오히려 시대를 고려하고 수용자를 고려하는 다양한 측면에서 교육하는 것이 옳으며 고로 문학 교육에서 한국의 특수한 문학사인 식민지하 문학사와 친일 문학 작품에 대해서 다루지 않을 수 없음 — 근거 : 교과서에 수록된 친일 문학의 문제점.
2. 한국 문학 교육은 항일 이념 강조를 추구하는 경향이 있음. 이것은 교과서에 등재된 일제 강점기하 대부분의 작품은 작품의 의의를 '항일'에서 찾으려 하는 것을 보면 알 수 있음. 다양한 관점으로 해석이 가능한 작품들을 '항일'의 의미로 통일시키려는 해석에 더불어 작가들의 친일 행위와 친일 문학 작품을 등재하지 않는 오류를 범하고 있음. 학생들이 작가와 작품에 대해서 객관적인 평가를 내릴 수 있도록 기회를 주기 위해서는 친일 문학의 교과서 등재가 시급함 — 근거 : 청소년 문학, 현실적 논의 필요.

3. 앞서 언급한 것처럼 '문학 교과서 제작 방향과 작품 선정에 대한 논의'에 따르면 문학 교육의 목표는 단순히 교훈을 제공하고 정서를 순화하는 것만이 아니다. 비판적인 수용 태도를 기르고 사고력을 높이며 토의 토론을 중심으로 하는 교육을 제공하는 것에 더 큰 비중을 둠. 친일 문학 작품을 교과서에 싣고 학생들에게 자연스럽게 논의의 기회를 마련하는 것은 분명 이러한 목적에 잘 부합하며 높은 효과가 기대되는 일임 — 근거 : 문학 교과서 제작의 기본 방향.

반대 : 갑(확인 질문) — 예상

1. 한국 문학 교육에서 항일 이념 강조를 추구하는 경향이 있다는 것은 억측이지 않은가?
2. '친일'에 대해서 매우 감정적인 한국 정서에 비추어 오히려 객관적인 판단을 흐리게 할 우려가 있지 않은가?
3. 친일 문학 작품처럼 교육성이 검증되지 않은 작품이 학생들에게 끼칠 부정적인 영향은 고려해 봤는가?
4. 교과서에 친일 문학 작품을 등재하는 것만으로 기대하는 교육 효과가 있을 거라고는 장담할 수 없지 않은가?

찬성 : 병(답변) — 예상

1. 현재 문학 교육의 경향을 보면 충분히 관찰할 수 있으며 문학 교육계에도 지속적으로 문제가 되어 여러 논문에서도 지적된 사항임 — 근거 : 교과서에 수록된 친일 문학의 문제점.
2. 우려가 없다고는 할 수 없으나 지금 상황으로서는 오히려 그 반대로 학생들을 몰아가게 됨. 최대한 객관적으로 양면을 전부 제시해 주고 평가는 학생들 각자에게 맡기는 것이 가장 좋은 방법이므로 교과서에 친일 문학 작품을 등재하자는 것임.
3. 친일 문학 작품이 오히려 편파적으로 친일 문학의 나쁜 점만을 부추긴다는 의미를 내포한 질문인 듯. 친일 문학가의 작품성 있는 작품을 보여 주는 동시에 이런 행적 또한 남겼다는 것을 보여 주자는 것일 뿐 작가와 그의 작품에 대한 평가를 깎아 내리거나 고의적으로 훼손시키겠다는 것은 아님.
4. 등재하는 것만으로 교육 효과를 이끌어 내기는 힘들 것. 하지만 교과서에 정식으로 등재된 이상 기회를 주는 것이며 첫 시도를 하는 것이 됨. 또한 현직 교사들 또한 그에 대한 교육 기회를 제공받고 정식으로 수업 시간을

사용할 수 있음. 이것만으로도 큰 효과를 불러올 수 있음.

반대 : 병(반론) — 예상

1. 학생들에게 문학적 가치가 떨어지는 작품을 가르치는 것은 그들에게서 더 가치 있는 작품을 배울 수 있는 기회를 빼앗는 것임.
2. 학생들은 아직 '친일'이라는 첨예한 주제에 대해서 객관적으로 받아들이고 비판할 수 있는 능력이 부족함. 오히려 해가 될 수 있음.
3. 작가론, 수용론, 반영론 모두를 만족할 만한 좋은 작품의 예들이 충분하며 현재도 교과서 내의 문학 작품을 배울 때는 여러 가지 측면을 고루 고려해서 교육하고 있음.

찬성 : 갑(확인 질문) — 예상

1. 더 가치 있는 작품이라는 것은 어떤 관점에서 어떤 작품을 들어 말씀하시는 겁니까? 여기서 그 '가치 있음'이란 단순히 심미성만을 바탕으로 한 것이 아닙니까?
2. 수용하는 학생들 입장에서 그 '가치 있는' 작품들은 정말 기대만큼의 깨달음을 줄 수 있다고 확신하십니까?
3. 수업의 질이 높아져야 학생들의 능력이 상승하는 것 아닙니까? 학생들이 이미 이루어 놓은 뒤에야 교육이 좇아간다면 교육으로서의 의미는 상실하는 것 아닙니까?
4. 모두 고려해서 배우고 있다면 한국 문학사 중 큰 부분을 차지하는 친일 문학에 대한 부분을 빼는 것은 잘못된 것 아닙니까?

반대 : 병(답변) — 예상

1. 심미성만을 바탕으로 하지는 않지만, 서정주의 작품이나 이광수의 무정처럼 문학사적인 의의를 가지고 예술적으로 인정받은 작품이어야 합니다.
2. (예상 불가능)
3. (예상 불가능)
4. (예상 불가능)

찬성 : 을(반론 2)

1. 친일 문학을 교과서에 실어 객관적인 비판의 장을 마련해야 함. 잘못된 역사를 일단 감추고 덮어 두며 앞으로의 좋은 것만 보려는 태도는 역사에 대한

비판 의식의 부재는 물론 현실의 문제 상황에 대한 무감각함까지 불러옴.

2. 문학 교과서에서 친일 행위를 한 작가들이 문학사에 높게 올라 있는 작가로만 등재할 경우 이후 친일 행적에 대한 사실을 접한 학생들은 '어떤 행위를 해도 이름 높은 업적만 남기면 면죄부가 될 수 있음'이라는 사고방식을 가지게 될 수도 있음.
3. 친일 문학 또한 감수성을 키워 줄 수 있음. 부정적인 상황에 대한 올바른 비판과 그 속에서 느끼는 울분 또한 감정의 일종이며 바른 방식으로 자신의 울분을 다스리고 나타내는 방법을 가르치고 그것을 표현하는 것까지도 가르칠 수 있음.
4. 한국 문학사만의 특수한 현실을 무시할 수 없음. 그 시대 사항은 다른 나라에서는 찾아보기 힘든 특수한 경우로 그 시대 이후 한국 문학의 사조는 완전히 바뀌었음. 그럼에도 불구하고 당시의 문학을 객관적으로 가르치지 않는 것은 분명한 오류임.

반대 : 을(반론 2) — 예상

1. 친일 문학, 함께 살아가야 하는 세계화 시대에 오히려 섣불리 반일 감정을 조장하고 그로 인해 한국 문학사마저 왜곡되게 받아들일 위험이 있음. 그것은 결코 공정하고 객관적으로 당시의 문학사를 바라보는 것이 아님.
2. 특수한 역사성만을 강조할 것이 아니라 학생들의 비판적 사고, 객관적 안목, 정서적 순화까지 함께 키워 줄 수 있도록 문학적, 역사적으로 동시에 의의를 가지며 심미적 기능 또한 출중한 작품을 선택해서 등재하는 것이 가장 좋은 방법임을 인정해야 함.
3. 현재 교육 현장에서 사용되고 있는 국사 교과서와 근현대사 교과서에도 친일문학가에 대한 언급이 분명 존재하며 또한 그 작품들도 실려 있음. 굳이 문학과 한글의 아름다움을 논하고자 하는 문학 교과서에까지 언급될 필요가 없음.

찬성 : 병(최종 발언)

1. 반대 팀 의견 정리 — 친일 문학 작품을 등재하지 않아야 한다는 이유로 문학적, 심미적, 역사적으로 의의를 가지는 작품이 우선적으로 실리는 것이 옳다고 발언함.

   찬성 팀 최종 반론 — 친일 문학 작품은 물론 심미적 기능이 떨어짐. 문학이라기에는 잡문에 가깝다는 것 역시 사실. 하지만 다른 글들보다 역사적으로 특히 한국 문학사적으로 분명한 의의 가짐. 개화기에 등장했던 초창기 시와 소설들을 예로 들면 작품들 중 심미적으로나 형식적으로 뛰어나다고 평가받는 작품은 거의 없음. 하지만 한국 문학사에서 일정한 의의를 가지기에 실림. 그렇다면 한국 문학사적으로 더 큰 의의를 가지는 친일 문학 작품들이 전혀 실리지 못하는 것은 옳지 못함.

2. 반대 팀 의견 정리 — 친일 문학에 대한 논의를 이끌어 낸다고 해도 학생들에게 확실한 효과를 기대할 수는 없고 오히려 왜곡해서 반일의 감정을 가질 수 있으며 이처럼 어려운 문제는 대학에 가서 다루어도 충분하다고 함.
   찬성 팀 최종 반론 — 학생들에게 먼저 질 좋은 교육을 제공하고 토론의 장을 열어 주어야 지속적으로 성장하고 효과를 거두는 학생들의 모습을 기대할 수 있으며, 친일파의 작품을 접한다고 해서 반일의 감정을 가지거나 무조건적으로 비난할 정도로 학생들의 사고 능력이 낮지도 않음. 만약 그렇게 사고 능력이 낮고 비판 능력이 부족하다면 더더욱 이런 교육 기회가 늘어야 하고 그러한 기회가 앞으로 주어지지 않으면 더 심해질 것임.
3. 반대 팀 의견 정리 — 친일 문학 작품은 국사와 근현대사 교과서에 이미 언급되고 있으므로 문학 교과서에서 지나치게 친일에 대해서 언급할 필요는 없음.
   찬성 팀 최종 반론 — 국사 교과서에서 일제 강점기하 문학계나 문학사에서 다루는 부분은 극히 적으며 그 범위 또한 매우 협소하고 내용 또한 지나치게 축소되어 있음. 특히 작품이 실리는 것은 거의 설명 없이 참고 자료로만 제시되고 작가에 대해서도 한두 줄 정도의 언급만이 존재함. 국어와 한국 문학이 얼마나 중요한지를 생각한다면 이렇게 방치해서는 안 될 문제임 — 근거 : 국사 교과서의 친일파 면죄부 주기 실상.

결론(정리) — 곪은 상처는 빨리 터뜨려야 상처가 쉽게 아무는 법. 곪은 상처를 터뜨리고 고름을 짜내는 것이 아프고 더럽다고 해서 그 위에 소독을 하고 약을 바른다고 해서 결코 상처는 낫지 않음. 죽은 살이 벗겨지고 그 위에 딱지가 앉아야 비로소 새살이 돋는 법임을 우리는 직시해야 함. 과감히 상처에 손을 대고 다시 시작하겠다고 다짐하는 첫걸음을 우리는 준비하고 있음. 첫 발걸음이 가장 두렵고 망설여지지만 그 한 걸음이 가장 큰 법임. 우리는 용기를 내고 우리의 곪은 상처를 짜내야 할 때임.

반대 : 병(최종 발언) — 생략

〈사회자 토론 기획서 양식〉

사회자 토론 기획서

토론 주제 :

토론 일시와 장소 :

토론 팀 : 찬성 팀— 반대 팀—

사회자 :

토론 주제 설정 배경 및 의의 :

토론 규칙 :

토론 소주제 1.
2.
3.

내용	찬 성 팀	반 대 팀	비고
주장			
근거	1. 1) 2) 2. 1) 2) 3. 1) 2)	1. 1) 2) 2. 1) 2) 3. 1) 2)	
비판	1. 2. 3. 4.	1. 2. 3. 4.	
용어	1. 2.	1. 2.	
그 외			

〈사회자 토론 기획서 예시〉

사회자 토론 기획서

· 토론 주제 : 포털 사이트 게시판에서 인터넷 실명제는 폐지되어야 하는가?
· 토론 일시와 장소 : 년 월 일 / 호
· 토론 팀 : 찬성 팀 — 000, 000, 000
반대 팀 — 000, 000, 000
· 사회자 : 000

· 토론 주제 설정 배경 및 의의 :

요즘 정보화가 급속히 진전되면서 인터넷은 많은 사람들에게 있어 일상적인 생활로 자리 잡게 되었으며 그 확산 속도는 매우 빠르게 증가하고 있다. 인터넷 및 컴퓨터 통신이 보편화되면서 사이버 공간의 행위 및 문화가 실세계에 미치는 영향력 또한 강하게 되었고, 따라서 이에 대한 현실 세계의 통제 욕구 또한 강해지고 있다. 최근에는 일상생활에서 경험하지 못하는 색다른 체험을 즐기는 데도 유용한 수단이 되고 있다. 이러한 인터넷의 발전으로 사람들의 의견을 더욱 쉽게 얻을 수 있지만, 그러한 과정에서 문제점도 발생하게 된다. 그것은 그런 의견들을 익명으로 실행하는가와 실명을 거론해서 실행하는가의 문제점이 크게 대두된다. 그렇기 때문에 이런 자신의 의견을 올리는 데에 대해서 실명을 거론하고 올릴 것인지, 익명으로 올릴 것인지에 대해 토론해 보기 위해서 토론 주제를 '포털 사이트 게시판에서 인터넷 실명제는 폐지되어야 하는가?'라고 정했다.

· 토론 규칙 :

1. 각 발언은 제한 시간을 준수하는 것을 원칙으로 하고, 초과하지 않도록 준수하여야 한다.
2. 각 팀의 정해진 입론 시간, 확인 질문 시간, 반론 시간을 준수한다.
3. 사회자는 중립을 지켜야 하며, 토론 주제와 어긋날 시에는 다시 바로잡아야 한다.

· 토론 소주제 :

1. 인터넷 실명제는 인권침해의 소지가 있는가?
2. 인터넷 실명제는 표현의 자유를 제한하는가?

3. 인터넷에서 익명성은 보장되어야 하는가?

내용	찬 성 팀	반 대 팀	비고
주장	포털 사이트 인터넷 게시판에서 인터넷 실명제를 폐지해야 한다.	포털 사이트 인터넷 게시판에서 인터넷 실명제를 폐지해서는 안 된다.	
근거	1. 실명제는 사이버 폭력을 해소시켜 주지 못한다. - 실명제로 운영되고 있는 주요 언론사 게시판에서도 여전히 사이버 폭력은 만연하고 있다. 2. 실명제는 표현의 자유를 침해한다. - 한국 인터넷 기업협회는 인터넷 실명제가 헌법상 표현의 자유를 해할 소지가 있다고 주장했다. - 한상희 건국대 법대 교수는 최근 정보통신부 주최 토론회에서 "익명으로 말하고 싶은 사람에 대해 말을 하지 말라는 것은 표현의 자유를 침해하는 위헌적 발상"이라고 지적했다. 3. 인터넷 실명제는 근본적인 대안책이 아니다. - 함께하는 시민행동의 실태 조사에 의하면 인터넷 실명제를 실행하고 있는 곳도 효과를 거두지 못했다는 조사 결과가 나왔다. - 다음 커뮤니케이션 보고서에는 개인 정보의 노출이 사이버 폭력을 부추긴다고 설명했다.	1. 인터넷에서 익명성을 허용함으로 생기는 많은 문제를 해결할 수 있다. 1) 실명을 사용하게 되면 자신의 신분이 드러나기 때문에 인권침해하는 발언을 줄일 수 있다. 2) 실명제를 사용하면 자신이 책임질 수 있는 발언을 하게 된다. 3) 실명을 사용하게 되면 거짓 정보를 흘리거나 개인 정보를 악용하는 행위를 막을 수 있다. 2. 공동의 선을 위한 개인의 자유와 권리에 대한 최소한의 제한은 받아들여야 한다. - 표현의 자유가 다른 사람의 명예를 훼손하거나 타인의 권리를 침해하는 것이어서는 안 된다. 인터넷상에서의 예절을 지키고, 인터넷이 바람직한 소통의 장이 되기 위해서는 어느 정도의 제한은 받아들여야 한다. 3. 실명제를 사용한다고 해서 개인의 권리가 침해되고 의사 표현의 자유가 완전히 상실되는 것은 아니다.	
비판	1. 인터넷 실명제가 근본적인 해결책이 될 수는 없다. 2. 인터넷 실명제는 개인 정보 유출의 가능성을 가지고 있다.	1. 표현의 자유를 억압한다고 하였는데, 그것은 자신이 정당할 경우 실명제를 사용해도 아무런 문제가 되지 않을 것이다. 2. 익명성은 다양한 토론 문화를 만들 수 있지만, 실명제를 사용하면 정당한 토론 문화를 정착시킬 수 있을 것이다.	
용어	1.포털 사이트: 즉, 인터넷에 접속해 웹브라우저를 실행시켰을 때 처음 나타나는 웹사이트로 이용자가 필요로 하는 다양한 서비스를 종합적으로 모아 놓은 것. 2.익명성(匿名性) : 어떤 행위를 한 사람이 누구인지 드러나지 않는 특성.	1. 인터넷 실명제 : 인터넷 이용자의 실명과 주민등록번호가 확인되어야만 인터넷 게시판에 글을 올릴 수 있는 제도. 2. 포털 사이트 : 인터넷 사용자가 원하는 정보를 얻기 위해 반드시 거쳐야 하는 사이트.	
그 외			

〈연습문제〉

1. 각 조별로 토론 전략서를 작성해 보시오.

2. 작성한 토론 전략서를 다른 조와 서로 바꾸어 보고, 잘된 점과 그렇지 못한 점을 지적, 평가해 보시오.

3. 작성한 토론 전략서를 바탕으로 토론 대본을 완성해 보시오.

10. 토론 참여자의 역할과 자세 확인하기

토론에서 우리가 담당하게 되는 역할은 토론자, 청중, 사회자 중 하나이다. 토론에 참여하기 전에 우리 모두는 본인의 역할을 정확하게 숙지하고 어떠한 태도와 자세로 토론에 임할 것인지를 잘 판단하여야 한다.

1) 토론자

- 토론의 규칙을 잘 지킨다.

- 토론을 할 때에는 상대를 설득하기 위한 합리적인 논증 구성에 최선을 다한다.
- 긴장감 있는 토론을 위해 편의상 승패를 가르기도 하지만 단순히 이기기 위한 승패의 게임이 아니므로 지나치게 승부욕에 사로잡혀 수단과 방법을 가리지 않고 이기는 데만 집착하지 않도록 한다.
- 토론을 할 때 상대방에 대한 예의를 지키며 상대방을 감정적으로 자극하거나 무시하는 발언은 하지 않는다.
- 토론은 여럿이 함께 이루어 내는 공동 학습이므로 항상 서로 존중하고, 협동하며 팀 안에서의 자신의 역할을 충실히 수행한다.

2) 사회자

- 토론의 시작을 알린다.
- 토론 참여자를 소개한다.
- 토론의 논제 및 토론 논제 설정의 배경에 대한 간략한 설명을 한다.
- 토론의 규칙과 토론 방식을 소개한다.
- 토론이 시작된 후 사회자는 토론에 직접적으로 개입하지 않으며, 토론의 규칙, 발언권 부여, 발언 제한 시간 적용 등 토론의 원활한 운용을 주도한다.
- 필요한 경우에 한하여 입론, 반론, 확인 질문 등의 내용을 요약, 정리해 줄 수 있으며, 미진하거나 불확실하다고 생각되는 부분에 한하여 토론자의 재발언을 요청할 수 있다.
- 토론이 마무리되면 토론의 성과와 남은 문제 등에 대하여 정리하면서 마무리한다.

3) 청중

토론 수업에서 청중은 토론자 못지않은, 중요한 역할을 한다. 청중은 스스로의 임무를 방관자라고 생각하고, 토론자들의 진지한 토론을 건성으로 듣거나 다른 생각을 하는 경우가 많은데 이는 바람직하지 않은 태도이다. 청중은 다른 사람의 토론을 진지하게 듣고 진행되는 논의를 따라가면서 비판적 사고를 통해 토론자들의 논증 구성에 문제점은 없는지 따져 보아야 하며, 어떠한 주장이 강한 설득력을 갖는지를 분석해 보아야 한다. 다른 팀의 토론을 지켜보는 것만으로도 직접 토론에 참여할 때와 같은, 아니 그 이상의 논증 구성 능력을 향상시킬 수 있다.

- 청중은 논증 구성에 적극적으로 참여한다. 참여하는 방법으로는 토론을 들으며 나름대로 논증을 구성하는 방법과 논증에 대한 비판적 해석이나 질문을 통해 참여하는 방법 등이 있는데 어느 것이든 좋다.
- 청중의 또 하나의 중요한 역할은 토론에 대한 평가에 참여하는 일이다. 청중은 토론자가 펼치는 논증의 논리적, 내용적 측면에 대한 객관적인 평가에 참여한다. 청중이 평가해야 하는 항목들은 대략 다음과 같은 것이다.[3)]

- 논제 구성 및 토론 수행 능력
- 논증의 타당성(주장과 근거의 관계, 근거의 적합성, 충분성 등)
- 반론 제기 능력(고려해야 할 요인들을 모두 고려하며 반론을 했는지)
- 반론에 대한 답변 능력
- 토론자, 사회자의 역할 수행 정도

토론 수행 평가서 양식을 토론에 참여하기 전에 미리 살펴보고, 작성의 기본을 알아 두게 되면 훨씬 수월하게 평가서를 작성할 수 있게 될 뿐만 아니라 평가의 기준을 명확하게 숙지하게 되어 토론을 준비하는 데에도 도움이 된다.

3) 보통 수업 중 토론의 청중은 토론 평가서를 작성하는 것으로 토론 평가에 참여하게 되는데 토론 평가와 토론 평가서의 양식에 대해서는 교재 『분석과 창의적 문제 해결』(가톨릭대학교출판부, 2005), 256~258쪽 참조

〈토론 수행 평가서〉

* 평가자 : ____________ * 작성자 : ____________

토론 일시 및 장소	
토론 주제	
사회자	
토론자	찬성 팀 —
	반대 팀 —

평가 항목		세부 평가 항목	찬 성 팀	반 대 팀	비 고
논리적 측면	주장과 근거	주장			주장 쓰기
		근거	1. 2. 3.	1. 2. 3.	근거 내용 쓰기
		주장이 명확하고 정당한가?	5 4 3 2 1	5 4 3 2 1	평가 하기
		적절하고 충분한 근거가 제시되었는가?	5 4 3 2 1	5 4 3 2 1	평가 하기
논리적 측면	반론	반론 내용 파악	1. 2. 3.	1. 2. 3.	반론 내용 쓰기
		적절하고 깊이 있는 반론을 펼쳤는가?	5 4 3 2 1	5 4 3 2 1	평가 하기
	답변	답변 내용 파악	1. 2. 3.	1. 2. 3.	답변 내용 쓰기
		답변은 설득력이 있었는가?	5 4 3 2 1	5 4 3 2 1	평가 하기
정서적 측면		상대방을 설득시키기 위한 적절한 표현을 사용하였는가?	5 4 3 2 1	5 4 3 2 1	평가 하기
윤리적 측면		토론 규칙을 제대로 지키고 상대방을 존중하며 토론에 참여하였는가?	5 4 3 2 1	5 4 3 2 1	평가 하기

〈학생 토론 평가서〉

＊ 작성자 : ____________________

토론 일시 · 장소	
토론 주제	
사회자	
토론자	

5. 아주 잘함. 4. 잘함. 3. 보통. 2. 부족함. 1. 많이 부족함

평가 기준	찬성 팀	반대 팀
주장과 근거 그리고 답변	사유 1 2 3	사유 1 2 3
	점수 : 5 4 3 2 1	점수 : 5 4 3 2 1
핵심 비판	사유 1 2 3	사유 1 2 3
	점수 : 5 4 3 2 1	점수 : 5 4 3 2 1
표현이 정확하고 전달이 잘 되는가?	사유 1 2 3	사유 1 2 3
	점수 : 5 4 3 2 1	점수 : 5 4 3 2 1
토론 규칙을 제대로 지키고 태도는 좋은가?	사유 1 2 3	사유 1 2 3
	점수 : 5 4 3 2 1	점수 : 5 4 3 2 1
총평	총점 :	총점 :
	핵심 주장: 핵심 근거: 1. 2 3.	핵심 주장: 핵심 근거: 1. 2. 3

〈토론 수행 평가서 예시〉

* 평가자 : ____________________ * 작성자 : ____________________

토론 일시 및 장소	0000년 0월 0일
토론 주제	성범죄자 신상 공개 제도는 폐지되어야 하는가?
사회자	000
토론자	찬성 팀 — 000, 000, 000
	반대 팀 — 000, 000, 000

평가 항목		세부 평가 항목	찬 성 팀	반 대 팀	비 고
논리적 측면	주장과 근거	주장	성범죄자 신상 공개 제도는 폐지되어야 한다.	성범죄자 신상 공개 제도는 폐지되어서는 안 된다.	주장 쓰기
		근거	1. 신상이 공개되는 성범죄자의 인권침해가 우려된다. 2. 성범죄자 신상 공개는 실질적인 범죄 예방 효과를 거두지 못하고 있다. 3. 성범죄자 신상 공개는 당사자뿐 아니라 가족 및 제3자에게도 피해를 준다. 4. 법적인 위헌 요소가 있다.	1. 성범죄 예방 효과가 있다. 2. 성문화, 성에 대한 바른 인식을 심어 준다. 3. 이미 많은 나라에서 실행하고, 효과를 보고 있는 제도이다. 4. 우리나라의 경우 성범죄 발생율에 비해 처벌은 지나치게 미약한 수준이다.	근거 내용 쓰기
		주장이 명확하고 정당한가?	5 4 3 2 1	5 4 3 2 1	평가 하기
		적절하고 충분한 근거가 제시되었는가?	5 4 3 2 1	5 4 3 2 1	평가 하기
논리적 측면	반론	반론 내용 파악	1. 신상이 공개된 성범죄자의 경우 재사회화가 곤란하게 되는 문제가 있다. 2. 처벌을 강화하는 방법에 성범죄자를 대상으로 교육을 실시하는 것이 더 효과적이다. 3. 다른 나라에서 많이 시행하니까 우리나라에서도 시행해야 한다는 논리는 성립하지 않는다. 4. 처벌을 강화하는 것이 곧 인권침해 정도를 높이는 것이어야 하는가?	1. 형벌에 있어서 어느 정도의 인권침해는 불가피하다. 2. 성범죄가 늘어난 것인지 신고율이 증가한 것인지 따져본 후 성범죄자 신상 공개 제도의 효과를 말해야 한다. 3. 가족 및 제3자의 피해를 막을 수 있는 방법은 얼마든지 있다. (명예훼손으로 고발 등) 4. 위헌적 요인이 없는 것으로 알고 있다.	반론 내용 쓰기
		적절하고 깊이 있는 반론을 펼쳤는가?	5 4 3 2 1	5 4 3 2 1	평가 하기
	답변	답변 내용 파악	1. 성범죄 건수 자체가 늘어난 것이다. 2. 형벌에 인권침해 요소가 있다고는 하지만 불가피하다면 최소화해야 한다. 3. 가족 및 제3자의 피해 사례가 분명 있으며, 사후 고소가 아닌 예방책은 없다. 4. 위헌 요소가 분명히 있다.(이중처벌금지 원칙에 위배 등)	1. 신상 공개된 성범죄자만이 재사회화에 실패하는 것은 아니다. 다른 전과자들도 대개 비슷하다. 2. 교육의 효과보다 신상 공개 제도의 효과가 더 큼이 밝혀져 있다. 3. 다른 나라에서 이미 제도의 효과에 대한 검증이 이루어졌다는 이야기이다. 4. 인권침해가 불가피하게 따라온다는 것이다.	답변 내용 쓰기
		답변은 설득력이 있었는가?	5 4 3 2 1	5 4 3 2 1	평가 하기
정서적 측면		상대방을 설득시키기 위한 적절한 표현을 사용하였는가?	5 4 3 2 1	5 4 3 2 1	평가 하기
윤리적 측면		토론 규칙을 제대로 지키고 상대방을 존중하며 토론에 참여하였는가?	5 4 3 2 1	5 4 3 2 1	평가 하기

〈연습문제〉

1. 쇼펜하우어가 제시한 토론의 기술을 찾아보고, 그가 제시한 기술이 어떤 점에서 왜 잘못되었는지, 우리가 토론 수업에서 쇼펜하우어가 제시한 토론의 기술을 사용해서는 안 되는 이유가 무엇인지를 지적해 보시오.

2. 쇼펜하우어가 제시한 38가지 토론의 기술들을 여러분이 생각하는 바람직한 토론의 기술로 바꾸어 보시오.

3. 사회자의 역할에 주목하여 TV 토론 등을 시청하면서 사회자 역할에서 특히 중요한 부분이 무엇인지, 주의해야 할 점은 무엇인지 말해 보시오.

3장 토론 실전에 임하기

1. 입론하기

입론에서 토론자는 논제에 대한 자신의 주장을 분명히 밝히고 이 주장을 뒷받침하는 근거와 자료를 제시해야 한다. 앞서 살펴보았듯이 주장이란 말하고자 하는 바의 결론이며 근거란 이를 뒷받침하는 사실, 자료, 통계, 원리 및 원칙 등을 의미한다. 그리고 하나의 주장과 그것을 지지하는 근거(전제)들로 이루어진 것을 논증이라고 한다. 이러한 점에서 입론에서 또한 중요한 것은 논증이라고 할 수 있다. 입론자는 연역적 논증, 귀납적 논증, 유비 논증 등을 통하여 여러 가지 논증을 구성하고 그 논증들을 적절하게 배치함으로써 효과적으로 자신의 입장을 밝혀야 한다. 이 밖에도 입론 시 참고해야 할 점은 다음과 같다.

1) 자신의 주장을 분명하게 밝히기

입론에서 무엇보다도 분명히 드러나야 하는 것은 자신이 논제와 관련하여 어떠한 입장을 가지고 있는가이다. 자신의 입장을 한 문장 혹은 한 가지 구호로 표현한다면 더욱 큰 효과를 볼 수 있다. 예를 들어 결혼에 대한 자신의 입장을 밝힐 때 "전통적인 형태의 가족만이 인간의 안식처가 될 수 있다" 혹은 "결혼은 인간을 구속한다"라는 구호를 내걸 수 있다. 이 구호는 입론자가 어떠한 형태의 가족을 생각하고 있으며 또 그러한 가족에 대해 어떠한 입장을 가지고 있는지를 극명하게 드러내어 보여 준다.

2) 강력한 인상을 주는 이야기로 시작하기

청중의 마음에 가장 잘 다가갈 수 있는 사례, 사건 등을 제시함으로써 입론을 시작할 경우, 청중은 그 문제에 진정으로 관심을 기울이게 된다. 예를 들어 결혼과 가정이 무조건적인 사랑을 보장하는 안식처임을 주장하고자 하는 사람은 다음과 같은 일화를 소개함으로써 입론을 시작할 수 있다.

> "먼저 저희 팀의 주장을 말하기에 앞서 다음과 같은 일화를 하나 소개하고자 합니다. 옛날에 연인 사이인 두 남녀가 있었습니다. 여자가 남자에게 말했습니다. '너 나 사랑해?', '증명할 수 있어?' 남자는 당연하다고 대답했습니다. '그럼 네 부모님의 심장을 가져오면 믿어 줄게.' 여자를 놓치기 싫은 남자는 부모님의 심장을 떼어서 달려갔습니다. 그러다 돌부리에 걸려 넘어졌습니다. 그때 심장이 말했습니다. '얘야 어디 다치진 않았니?'
>
> 하루하루가 다르게 변해가는 현대사회에서 사람들은 끊임없는 경쟁을 합니다. 세상에 발을 디뎌 나가는 순간부터 주변은 온통 경쟁자들입니다. 보다 더 나은 성공과 성취를 위해서는 서로가 경쟁에서 우위를 점해야 하고, 그로 인해 경쟁 과정에서 이긴 사람이나 그렇지 못한 사람 모두 정신적인 상처를 입곤 합니다. 그런 이들이 마음을 기댈 수 있는 곳이 바로 가정입니다."

3) 다양한 논증들을 적절하게 배열하기

일반적으로 확인 질문이나 반론에서는 새로운 논증을 제시하기보다 이미 제시된 논증을 문제로 삼는 것이 원칙이다. 따라서 핵심 쟁점과 관련된 논증은 입론 과정에서 모두 제시되는 것이 좋다. 이때 다양한 방식의 논증들은 서로 분명하게 구분되어야 하며 가장 효과적인 방식으로 배열되어야 한다. 가장 중요하다고 생각되는 논증은 제일 처음에 혹은 제일 나중에 배치되는 것이 효과적이다. 예를 들어 결혼을 찬성하는 측의 입론에서 다양한 논증들은 다음과 같이 배치될 수 있다.

"나는 결혼에 찬성한다. 왜냐하면 결혼은 다음과 같은 순기능을 갖고 있기 때문이다. 우선적으로 결혼은 휴식처로서의 가정을 성립시킨다. 우리는 그저 집과 가족이라는 존재가 있다는 것만으로도 심리적 안정을 갖는다. 보건복지부는 가정에서 나와 노숙 생활을 하고 있는 노숙자들이 큰 정신적 불안을 갖고 있다고 말한다.

두 번째로 결혼은 자녀 출산을 가능하게 한다. 자손을 후세에 남기고자 하는 것은 인간의 본능이다. 가정은 그러한 인간의 본성과 상응하여 가정 내에서 자녀를 출산하게 한다. 결혼이라는 제도 아래서 출생하게 되는 자녀는 부모에게는 자녀에 대한 책임감을 부여하며, 자녀에게는 부모의 사랑을 받으며 자랄 수 있는 권리를 갖게 한다. 결혼을 하지 않고 낳은 아이는 법적으로 인정받는 것이 수월하지 않기 때문에, 사회적 차별을 유발할 수도 있다.

세 번째로 결혼을 통해 이루어진 가정 안에서 자녀는 사랑으로 양육되고 보호될 수 있다. 가정은 갓 태어난 자녀에게 없어서는 안 되는 공간이다. 앞전에 등장한 가정의 휴식처로의 기능은 갓 태어난 자녀가 가장 먼저 누린다. 타인의 도움 없이는 생을 연명하는 것이 불가능한 태아는 어머니의 사랑 속에서 모든 혜택을 무상으로 누릴 수 있다. 아이는 성장하는 과정 속에서는 학교나, 다른 사회기관에서 생활할 수 있는 기초적인 사항들을 이미 가정에서 학습한다. 가장 친밀한 사람들과 생활하며 생활 속에서 학습하는 것은 아이에게 무리 없이 학습을 받아들이도록 유도한다.

넷째로 결혼은 남녀의 독점적인 사랑 관계를 공인하는 제도이다. 따라서 결혼 후 부부가 된 남녀는 서로에게만 충실히 관계한다. 반려자로서 정해진 상대방하고 안정된 성관계를 맺음으로써 성적 욕망을 자연히 충족시킬 수 있다. 또한 서로에게 애정 어린 관계를 유지하면서 정신적 안정을 준다."

4) 자신의 주장을 효과적으로 정리하기

마지막에서는 앞의 논증을 통해서 도달하고자 하는 자신의 주장이 무엇이며 또 얼마나 의미가 있는 일인지를 효과적으로 밝힌다. 예를 들어서 3)에서 예시로 제시된 논증의 뒤에 다음과 같은 마무리가 가능하다.

"현대사회에서는 결혼이 갈등의 원인이 된다고 하는 사람도 있다. 그러나 가정은 갈등보다 더 많은 사랑을 보장한다. 우리는 가족의 사랑을 받으며 자라났고 가족의 사랑 안에서 행복을 느낀다. 혹자는 가정의 기능을 대신할 수 있는 여러 가지 다른 방법이 있다고 하기도 한다. 하지만 그것은 단지 대체물일 뿐이다. 어떠한 것도 가짜가 진짜를 대신할 수는 없다. 나는 이런 의미에서 전통적 의미의 결혼과 가정이 유지되어야 한다고 생각한다."

〈입론의 예시 1〉

안락사 찬성 측 입론, 시작하겠습니다.

여러분은 고문에 대해 어떻게 생각하십니까? 고문이 과연 정당화될 수 있는 행위라고 생각하십니까? 고문이란, '숨기고 있는 사실을 강제로 알아내기 위하여 육체적 고통을 주며 신문함'이란 뜻입니다. 그렇지만, 그것만이 고문은 아닙니다. 말기 암 환자를 보셨습니까? 하루에도 수십 번씩 피를 토하고 고통에 몸부림치는 모습을 보신 적이 있습니까? 환자 본인의 육체적 고통도 고통이지만, 환자 주변의 사람들에게도 그것은 고통을 안겨 줍니다. 만약 여러분의 가족이 혹은 친지가 고통으로 인해 하루에도 수십 번씩 몸부림치는 모습을 본다면 어떤 감정을 느낄까요? 회복 가능성 없이 남은 것은 오직 고통과 죽음만이 있다면, 환자에게나 환자 주변의 사람들에게나 그것은 고문과도 같은 상황일 것입니다.

저희는 자발적 안락사가 허용되어야 한다고 생각합니다.

그 첫 번째 이유는 개인의 의지는 무엇보다도 존중되어야 하기 때문입니다. 인간에게는 자신의 삶에 대해 스스로 선택할 수 있는 권리, 즉 자기 결정권이 있습니다. 인간에게는 어쩔 수 없는 상황에서 자신이 무엇이든 결정할 수 있는 자율권이 있기 때문에 죽음 또한 스스로 결정할 수 있어야 한다고 생각합니다.

둘째, 환자들을 고통으로 부터 해방시켜 주기 위해서입니다. 이루 말할 수 없는 커다란 고통 속에서 생존기기에 의해 생명을 연장하며 살아가는 삶이 과연 인간으로서의 삶이라 할 수 있을까요? 너무나 큰 고통으로 인해 한 사람이 비인간화된 모습으로 죽게 하는 것보다는 그러한 고통에서 벗어나게 하는 것이 인간의 존엄성을 지키는 것이라고 생각합니다.

셋째, 가족들의 부담을 줄이기 위해서입니다. 고통을 받는 것은 환자만이 아닙니다. 죽음을 앞둔 환자가 그저 생명만을 연장하는 모습을 지켜보는 가족들 또한 고통을 받습니다. 정신적 부담 외에 경제적 부담의 문제도 있습니다. 환자의 고통뿐만 아니라 환자 가족들의 정신적·경제적 부담으로 인한 고통 또한 고려되어야 한다고 생각합니다.

넷째, 장기 기증을 통해 새로운 생명을 살릴 수 있기 때문입니다. 안락사는 환자의 편안한 죽음을 의미합니다. 하지만 단지 환자와 환자 가족들이 고통에서 해방시키는 것만을 의미하지 않습니다. 장기 이식을 통해 다른 생명을 구한다는 점에서 안락사가 새로운 의미를 얻을 수 있다고 생각합니다.

무엇보다도 중요한 것은 인간의 자기 결정권입니다. 인간은 고통 앞에서 자신의 죽음을 결정할 권리가 있습니다. 삶이 고문이기 때문에 죽음을 선택하겠다면 우리는 그것을 막아서는 안 됩니다. 인간은 편안한 죽음으로 자신의 삶의 끝을 장식할 권리가 있는 것입니다. 이러한 의미에서 자발적 안락사는 허용되어야 합니다.

〈입론의 예시 2〉

안락사 반대측 입론 시작하겠습니다.

1997년 12월 4일, 술에 취한 상태에서 넘어진 김씨는 그의 집주인에게 발견되어서 구급차로 보라매병원에 후송되었습니다. 외상에 의한 심각한 뇌출혈로 인해 김씨는 대수술을 받았습니다. 그로부터 이틀 후, 김씨의 부인은 김씨의 담당 의사를 만나 더 이상의 병원비는 감당할 수 없다며 강력한 퇴원 요구를 했습니다. 그리고 퇴원한 김씨는 숨졌습니다. 위의 보라매병원 사건은 국내에서 거의 최초로 보도된 안락사 관련 기사라고 볼 수 있습니다. 그러나 이 사건은 안락사가 아닌 명백한 살인입니다. 왜냐하면, 환자인 김씨가 정상으로 회복할 수 있는 확률이 거의 70퍼센트를 넘었는데도 불구하고 김씨의 부인은 김씨의 퇴원을 강력히 요구, 원상태로 회복이 가능한 김씨를 강제적으로 숨지게 한 것입니다. 이 사건은 인간의 생명이 얼마나 경시되고 있는가를 보여 주고 있습니다. 아마도 안락사가 허용되면 생명 경시의 풍조는 더욱 만연하게 될 것입니다.

저희는 어떠한 경우에도 안락사가 허용되어서는 안 된다고 생각합니다. 반대 이유는 다음과 같습니다.

첫째, 인간의 존엄성 때문입니다. 인간 생명은 그 어떤 경우에도 침범될 수 없는 절대적 가치입니다. 설령 아무런 생각도 행동도 할 수 없는 식물인간이나 불치의 병으로 죽어가는 생명이라도 인간의 존엄은 지켜줘야 합니다. 인간이란 그 자체만으로도 존엄한 생명체입니다.

둘째, 안락사의 무분별한 남용의 가능성 때문입니다. 소생 가능성이 있는 환자임에도 불구하고 보험료를 노리고 안락사를 가장한 살인 사건이 벌어진다든가, 기타 나쁜 감정들로 인하여 환자가 죽기를 원하는 등, 다른 이해 당사자들로 인하여 나쁜 쪽으로 남용이 될 가능성이 있습니다.

셋째, 안락사에 의한 인명 경시 풍조의 위험성 때문입니다. 안락사가 사회적으로 반복된다면, 사람들은 그만큼 죽음에 대하여 익숙해질 것이고, 타인의 생명은 마치 미물의 목숨처럼 대수롭지 않게 보는 시선이 생겨날지도 모릅니다.

넷째, 오진이나 새로운 처방의 가능성 때문입니다. 요즘 뉴스를 보면 가끔 의사들의 오진과 관련된 기사들이 심심찮게 보입니다. 의사들도 사람이기에 실수를 하기 마련입니다. 작은 감기 같은 병에도 오진이 벌어지는데 한 환자의 생명이 걸린 일이라고 오진이 없을까요? 그리고 새로운 처방이나 치료의 발견 가능성입니다. 나날이 발전해 가는 현대의 의료 기술과 과학 기술로 인하여 과거에 불치병이라 생각되어졌던 병도 치료될 수 있는 가능성이 아주 약간이라도 보이기 때문입니다.

인간은 한계를 갖는 존재입니다. 아무리 안락사 시술의 조건을 엄격하게 한다고 해도 인간은 실수할 수 있습니다. 뿐만 아니라 인간의 자기 결정권보다 더욱 중요한 것은 인간의 생명입니다. 이러한 의미에서 저희는 어떠한 경우에도 안락사가 허용되어서는 안 된다는 것을 분명히 하고자 합니다.

2. 확인 질문하기[1)]

이 단계에서 토론자는 상대방의 입론 중 불분명하거나 취약한 부분에 대해 질문한다. 우선 토론자는 상대방이 애매모호하게 사용하고 있는 개념을 지적하고 이에 대한 정의를 요구할 수 있으며 겉으로 드러나지 않은 상대방의 암묵적인 전제를 추론하여 확인할 수 있다. 뿐만 아니라 확인 질문을 통해 토론자는 상대방의 주장이 강한 주장인지 아니면 약한 주장인지, 조건부 찬성(반대)인지 아니면 무조건적 찬성(반대)인지를 질문할 수 있다. 나아가 토론자는 상대가 제시한 자료들의 출처, 저자, 연도 등을 질문함으로써 근거 자료의 정확성, 신뢰성 등을 확인할 수 있다. 이렇게 볼 때 확인 질문은 효과적인 토론을 진행하기 위한 필수적인 과정이기도 하지만 뒤이어 전개될 반론의 예비 단계라고도 할 수 있다.

확인 질문 시 질문자는 열린 질문을 되도록 삼가며 새로운 논증을 전개하지 않아야 한다. 만약 열린 질문을 제기한다면 답변자는 자신의 주장을 자세

1) 2. 확인 질문하기와 3. 반론하기에 대해서는 이론 교재 『분석과 창의적 문제 해결』(가톨릭대학교출판부 2005), 243~250쪽 참조.

히 설명하고자 할 것이며 이를 통해 확인 질문의 주도권은 답변자에게 넘어갈 수 있기 때문이다. 따라서 질문자는 되도록이면 자신의 이해나 의견을 먼저 설명하고 이를 토대로 "이것이 아닙니까?"와 같은 질문을 던지는 것이 좋다.

1) 애매모호한 개념에 대해 질문하기

토론자가 자신의 주장에 핵심이 되는 개념을 애매모호하게 사용하고 있다면 토론은 비효율적인 논쟁으로 빠지기 쉽다. 쟁점이 되고 있는 주장이 불분명하게 되기 때문이다. 따라서 토론자들은 상대가 애매하거나 모호하게 사용하고 있는 개념을 지적하고 상대에게 이에 대한 정의를 요구함으로써 효율적인 토론을 이끌어야 한다. 여기서 애매한(ambiguous) 개념이란 두 가지 이상의 다양한 의미로 해석될 수 있는 개념을 말하며 모호한(vague) 개념이란 그 개념이 지시하는 대상의 범위가 명확하지 않은 개념을 의미한다. 그리고 애매모호한 개념이란 다의적이면서도 그 범위가 명확하지 않은 개념을 말한다. 다음의 예를 통해 애매하거나 모호한 개념이 무엇인지를 살펴보자.

성매매 특별법은 성매매 여성의 인권을 보호한다.

성매매 특별법에 대한 토론에 있어서 성매매 특별법에 찬성하는 측은 "성매매 특별법은 성매매 여성의 인권을 보호한다"고 말하였다. 이 문장에서 애매한 개념은 "인권"이다. 물론 "인권"이란 말 그대로 보자면 인간으로서 갖게 되는 기본권 즉 인간답게 살 수 있는 권리이다. 그러나 "인권"이라는 말은 때로는 자유권을, 때로는 생존권을, 때로는 폭력으로부터의 보호권을, 그리고 때로는 평등권을 의미한다. 성매매 여성들의 "인권" 역시 다양한 의미로 해석될 수 있다. 우선 이것은 성매매 여성들이 포주의 억압과 착취로부터 보호될 권리를 의미할 수 있다. 여기서 "인권"은 타자의 폭력으로부터의 "보호권"을 의미한다. 다른 하나는 성매매 여성들이 자신의 자발적인 의사에 따라 삶을 선택할 자유의 권리이다. 여기서 "인권"은 "자유의 권리"를 의미한다. 뿐만 아니라 성매매 여성들의 "인권"은 성매매 여성들의 생계유지를 위한 최소한의 권리를 뜻할 수도 있다. 따라서 상대 토론자는 찬성측이 사용하고 있는 "인권" 개념이 무엇인지를 묻고 이에 대한 정의를 요구할 필요가 있다. 이를 확인 질문의 형식으로 다음과 같이 표현할 수 있다.

→ "인권"은 폭력으로 부터의 보호권, 자유로운 선택권, 평등권, 생계 보장권 등 다양한 권리를 의미합니다. 찬성 측에서 말하는 성매매 여성들의 "인권"이란 구체적으로 무엇을 의미합니까?

위에서 예로 든 문장은 또한 지칭하는 대상의 범위가 모호한 개념을 포함하고 있다. 그것은 바로 "성매매 여성"이다. 물론 이 개념의 일반적인 의미는 "성을 파는 여성"이다. 그러나 성을 판다는 것은 무엇인가? 현대사회에서 자신의 성적인 매력을 수단으로 삼아 생계비를 마련하는 여성은 대단히 많다. 직업적으로 자신의 섹시한 몸매를 제공하는 모델들이나 스트립 걸 역시 자신의 성을 판다고 할 수 있다는 점에서 "성매매 여성"인가? 이 경우 "성매매 여성"이라는 개념으로 지시하는 대상의 범위는 명확하지 않으며 따라서 상대 토론자는 효율적인 토론을 위하여 모호한 개념을 구체화할 것을 요구할 수 있다. 이를 다음과 같은 확인 질문의 형식으로 표현해 볼 수 있다.

→ 성매매 특별법에서 언급하고 있는 "성매매 여성"의 범위는 어디까지입니까?

2) 생략된 전제 추론하여 확인하기

비판적으로 생각하기 위해서는 상대 토론자가 어떠한 전제에서 출발하며, 그 전제의 근거가 무엇인지를 파악할 수 있어야 한다. 많은 경우 토론자는 자신의 전제에 대해서 의식하지 못하고 있으며 그 전제를 뒷받침하는 근거도 미약하다. 따라서 상대 토론자의 생략된 전제를 추론하여 확인하는 질문은 뒤이어 전개될 반론을 위한 토대가 된다고 할 수 있다. 생략된 전제를 추론하기 위해 다음의 논증을 살펴보자.

> 성매매 특별법이 생겼다고 해도 성매매가 없는 세상이 오리라고는 기대하기 어렵다. 어디서건 5분 만에 성매매를 할 수 있는 환경으로부터 우리 자녀들을 보호하자는 것이 성매매 특별법의 핵심이다.

이 글 속에서 우리는 글쓴이의 암묵적인 전제들을 추론해 볼 수 있다. 예를 들어 첫 번째 문장으로부터 우리는 글쓴이가 "인류 역사상 성매매가 없는 세상은 존재하지 않았다" 또는 "성매매 특별법을 통해서도 성매매의 완전한 근절은 불가능하다"는 점을 전제로 하고 있다고 볼 수 있다.

인류 역사상 성매매가 없는 세상은 존재하지 않았다. (숨은 전제)
성매매 특별법을 통해서도 성매매의 근절을 기대하기는 어렵다. (숨은 전제)
그러므로 성매매 특별법이 생겼다고 하여 성매매 없는 세상이 오리라고는 아무도 믿지 않는다.

따라서 상대 토론자는 다음과 같은 확인 질문을 제기해 줄 필요가 있다.

→ 성매매 특별법이 생겨도 성매매의 완전한 근절은 불가능하다고 생각하십니까?
→ 인류 역사상 성매매가 없는 세상은 존재하지 않았다는 점을 인정하십니까?

뿐만 아니라 우리는 두 번째 문장에서 글쓴이의 숨은 전제를 추론해 낼 수 있다. 예를 들어 우리는 두 번째 문장에서 글쓴이가 "성매매 특별법이 시행되지 않으면 누구나 원하기만 하면 5분 안에 간단히 성매매를 할 수 있다" 또는 "성매매 특별법이 시행되지 않으면 청소년들 또한 쉽게 성매매를 할 수 있다" 등을 가정하고 있음을 추측할 수 있다.

- 성매매 특별법이 시행되지 않으면 누구나 원하기만 하면 5분 안에 간단히 성매매를 할 수 있다. (숨은 전제)
- 성매매 특별법이 시행되지 않으면 청소년들 또한 쉽게 성매매를 할 수 있다. (숨은 전제)
- 그러므로 이 땅의 어디에서도 5분 만에 간단히 성매매를 할 수 있는 환경에 우리 자녀들이 노출되는 것을 막자는 것이 성매매 특별법이다.

따라서 상대 토론자는 다음과 같은 확인 질문을 제기해 줄 필요가 있다.

→ 성매매 특별법이 시행되지 않으면 청소년의 성매매가 확산될 것이라고 생각하십니까?

이러한 확인 질문에 대해 글쓴이가 "예"라고 대답한다면 이를 증명하기 위해 글쓴이는 더욱 구체적인 자료들을 제시하여야 할 것이다. 만약 긍정적인 대답에도 불구하고 글쓴이가 적합한 근거나 자료를 제시하지 못한다면 글쓴이의 주장은 설득력을 잃게 되기 때문이다. 이러한 점에서 숨은 전제에 대한 확인 질문은 다음의 반론에서 핵심적인 역할을 하게 된다.

3) 강한 주장과 약한 주장 확인하기

상대방의 주장과 근거가 무엇인지를 정확하게 알아야 그에 대한 정확한 반론도 제시할 수 있을 것이다. 상대의 약한 주장을 강한 주장이라고 생각하고 반론하는 경우 상대는 자신이 그러한 주장을 내세운 적이 없다고 할 것이다. 따라서 상대의 주장을 정확하게 이해하기 위해서는 강한 주장과 약한 주장을 구분할 필요가 있다. 강한 주장이란 "모든 경우"에 무조건적으로 그러함을 역설하거나 "반드시 해야 한다"와 같은 필연성의 요소를 포함하는 문장으로 구성된다. 반면에 약한 주장이란 "어떤 경우"에 조건적으로 그러함을 제시하거나 "경우에 따라 그럴 수도 있다"와 같은 가능성을 의미하는 문장으로 표현된다.

우선 무조건 및 조건성과 관련하여 강한 주장과 약한 주장을 구분해 보자. 예를 들어서 안락사에 대한 찬반 토론이 진행되는 과정에서 학생 A는 "어떤 경우에도 안락사는 허용될 수 없다"는 주장을 내세운다. 이 경우 A는 강한 주장을 내세우고 있다고 볼 수 있다. 이와는 대조적으로 학생 B는 "생명과 생명이 충돌하는 경우가 아닌 이상 안락사는 허용될 수 없다"는 조건부 주장을 내세운다. 이때 B는 "생명과 생명이 충돌하는 경우"에 한해서는 안락사가 예외적으로 허용될 수 있음을 표명하고 있다는 점에서 상대적으로 약한 주장을 펼치고 있다고 할 수 있다.

어떤 경우에도 안락사는 허용될 수 없다. (강한 주장)

생명과 생명이 충돌하는 경우가 아닌 이상 안락사는 허용될 수 없다. (약한 주장)

다음으로 필연성 및 가능성과 관련하여 강한 주장과 약한 주장을 구분해 보자. 예를 들어 성매매 특별법에 대한 토론을 하는 과정에서 학생 C는 "특별한 경우에 성매매는 정당화될 수 있다"는 발언을 하였다. 쉽게 성적 파트너를 구할 수 없는 장애인이나 정신지체인의 경우 성구매를 통한 성적 욕구의 해소는 윤리적으로 비난하기만 할 수 없다는 것이다. 이에 상대측 토론자 D는 C가 장애인의 성구매를 필연적으로 정당화하고자 한다고 생각하고 어떤 여성의 성을 상품화하고 여성을 대상화하는 성매매는 비윤리적이라고 반박하였다. 그러나 C는 D의 반론이 자신의 주장과 관련되는 것이 아니라고 부인한다. 자신은 어떤 특정한 경우에는 성매매가 정당화될 수 있다고 주장한 것이지 성매매가 반드시 정당화되어야 한다고 주장하지 않았다는 것이다. 이와 같이 가능성을 말해 주는 약한 주장과 필연성을 말해 주는 강한 주장은 구분이 되어 논의되어야 한다. 따라서 이 경우 D는 C에게 다음과 같은 확인 질문을 해야 할 필요가 있다.

→ 장애인이나 정신지체인의 성구매는 필연적으로 정당화될 수 있다고 보십니까?

4) 근거 자료에 대해 질문하기

주장은 논증적 근거들에 의해 뒷받침된다. 특히 구체적 사례나 통계 등과 같은 경험적 자료가 근거로 제시되는 경우 상대 토론자는 근거의 출처가 믿을 만한 기관인지, 자료의 저자가 그 분야에 전문가인지 혹은 통계적 자료의 내용이나 산출 연도가 사안에 적합한 것인지 등을 확인할 필요가 있다.

우선 자료의 신뢰도와 밀접한 관련을 맺고 있는 것은 자료의 출처라고 할 수 있다. 전문적 리서치 기관의 자료들은 아마추어 기관의 자료들보다 더 높은 신뢰도를 갖는다. 과학적인 방법으로 최대한 객관적인 설문을 하고 있다고 여겨지기 때문이다. 뿐만 아니라 특정 입장을 견지하고 있는 기관에서 제공하는 자료들은 편파적일 수 있다는 점에서 낮은 신뢰도를 갖는다. 정부 간

행물들은 일반적으로 권위 있는 출처로 간주되지만 정부가 특정한 정책을 추진하는 과정에서 조사한 설문 조사와 같은 것은 정부의 정책에 유리한 방식으로 구성되었을 확률이 높다는 점에서 그 신뢰도를 의심해 볼 수 있다.

다음으로 자료의 산출 연도 및 대상 범위를 확인해 볼 필요가 있다. 예를 들어 결혼에 대한 생각을 조사하는 과정에서 너무 오래전에 조사한 자료를 인용하는 것은 현실에 맞지 않을 수 있다. 또한 설문 조사가 성인 일반을 대상으로 한 것이냐 아니면 결혼 적령기의 청년들을 대상으로 한 것이냐를 확인하는 것도 중요하다. "결혼이 꼭 필요하다고 생각하는가?"와 같은 물음에 대해 긍정적으로 답하는 비율은 결혼 적령기의 청년들만을 대상으로 할 때보다 19세에서 65세까지의 성인 일반을 대상으로 할 때 더 높게 나타나기 때문이다.

다음의 자료는 결혼이 삶에 필수적인 요소라고 주장하는 측이 제시한 자료이다. 앞서 설명한 것을 참고로 하여 확인 질문을 구성해 보면 다음과 같다.

결혼에 대한 의견	응답률(%)
반드시 해야 한다	28.7
가급적 하는 게 좋다	45.8
삶에 불편이 없으면 안 해도 좋다.	24.7
반드시 할 필요는 없다.	0.8

→ 위의 자료의 출처는 어디입니까? 믿을만한 기관에서 나온 것입니까?
→ 몇 년에 실행된 설문 조사입니까?
→ 98년도 중앙일보의 조사라고 하셨는데 너무 오래된 자료라고 생각하지 않으십니까?
→ 설문에 임한 사람들의 연령은 어떻게 됩니까? 설문이 젊은 층의 의견을 제대로 반영하고 있다고 생각하십니까?

〈연습문제〉

1. 다음은 안락사를 반대하는 측의 입론이다. 이 중 애매하거나 모호한 혹은 애매모호한 개념을 찾아보시오. 그리고 이를 확인 질문의 형식으로 완성해 보시오.

안락사가 허용되어서는 안 됩니다. 인간이 자신의 생명을 스스로 끊는 것은 인간의 존엄성에 대한 모독이기 때문입니다. 스스로의 목숨을 끊는 것이야말로 인간 존엄성에 대한 중대한 도전이요 비이성적인 자기 파괴 행위입니다.

2. 다음은 남녀의 성적 관계가 결혼이라는 제도를 통해서 완성될 수 있다는 주장에 대한 근거이다. 이 근거 중에서 애매하거나 모호한 부분을 찾아 질문해 보시오.

결혼 후 부부가 된 남녀는 서로에게만 충실히 관계할 수 있기 때문이다. 법적으로 인정된 성관계 안에서 두 사람은 성적 욕망을 충족시킬 수 있고 애정 어린 관계를 유지할 수 있다. 나아가 이러한 관계는 정신적 안정을 안겨 줄 것이다.

3. 다음은 안락사에 대한 찬성 측 논증이다. 이 논증을 읽고 숨은 전제를 추론하여 질문해 보시오.

자발적 안락사는 허용되어야 합니다. 왜냐하면 인간은 자신의 삶을 자유롭게 선택할 수 있는 권리를 가졌기 때문입니다. 이러한 의미에서 안락사는 곧 인간의 존엄성에 대한 존중을 의미합니다.

4. 다음은 결혼과 가정의 필요성을 역설하는 논증의 일부이다. 이 논증을 읽고 숨은 전제를 추론하여 질문해 보시오.

하루하루가 다르게 변해가는 현대사회에서 사람들은 끊임없는 경쟁을 한다. 세상에 발을 디뎌 나가는 순간부터 주변은 온통 경쟁자들이다. 보다 더 나은 성공과 성취를 위해서는 서로가 경쟁에서 우위를 점해야 하고 그로 인해 경쟁 과정에서 이긴 사람이나 그렇지 못한 사람 모두 정신적인 상처를 입곤 한다. 그런 이들이 마음을 기댈 수 있는 곳이 바로 가정이다. 이러한 의미에서 나는 가정이 필요하다고 생각한다.

5. 다음은 2006년 11월 30일 국회 본회의를 통과한 비정규직법안에 대한 학생들의 토의 중 일부를 발췌한 것이다. 여기서 B의 마지막 발언을 정확하게 하기 위해서는 그것이 강한 주장인지 약한 주장인지를 확인할 필요가 있다. 확인을 위한 질문을 구성해 보시오.

A: 새로 마련된 비정규직 법안은 기간제 근로 기간을 2년으로 제한하는 것을 골자로 하고 있다. 기간제 근로자로 1년간 근무했는데 1년 이상 더 근무하면 어떻게 되나?

B: 기간제 사용 기간 상한이 2년이기 때문에 1년 이상 더 근무하게 되면 무기 근로 계약으로 간주돼 사실상 정규직으로 고용을 보장받게 된다.

6. 다음은 혼전 동거에 대한 찬성 측 입장 표명이다. 이들의 주장이 약한 주장인지 아니면 강한 주장인지를 말하고 그 이유를 설명해 보시오.

여성의 평등을 보장하는 혼전 동거에 찬성합니다. 기존의 결혼 제도는 개인과 개인의 결합이라기보다는 가족과 가족의 결합이라고 할 수 있습니다. 그리고 기존의 관행은 여성에게만 가족을 돌보는 임무를 부과하고 있습니다. 따라서 기존의 관행에 따르는 결혼은 여성의 평등을 보장하지 못합니다. 그러한 개인과 개인의 결합인 동거의 형태 속에서 여성은 평등할 수 있습니다. 따라서 저희는 여성의 평등이 보장되는 한에서의 혼전 동거에 찬성합니다.

7. 다음은 "황우석을 지지하는 네티즌 연대"에서 황우석의 줄기세포 연구를 지지하면서 제시한 자료의 일부이다. 이 자료와 관련하여 확인 질문을 구성해 보시오.

> 어느 기관의 조사에 따르면 연구용 난자를 제공하거나 다른 사람에게 제공을 권유할 의사가 없다는 대답은 25%에 머무른 반면 가족이나 주변 사람을 위해서는 난자를 제공하겠다는 의견을 밝힌 사람은 36.8%, 일반적인 연구를 위해서 제공하겠다는 응답도 20.9%에 달하는 것으로 조사되었다. 또 62.9%는 난자 제공자에 대한 보상금 지급에 동의했다고 한다.

〈확인 질문 예시 1〉

안락사 반대 측에 대한 확인 질문과 답변의 예

1. 직접적 안락사에만 반대를 하시는 것입니까? 아니면 모든 종류의 안락사에 반대하신다는 것인가요?

→ 저희는 모든 종류의 안락사에 반대하는 강한 입장을 가지고 있습니다. 왜냐하면 그 어떤 경우에도 생명의 존엄성을 우선시하기 때문입니다.

2. 환자의 고통스러운 삶의 연장이 과연 인간의 존엄성을 지켜 주는 행위가 될까요? 여기서 인간의 존엄성이라는 애매모호한 개념을 사용하시는데요, 그것은 무엇을 말씀하시는지요?

→ 저희가 생각하는 인간의 존엄성이란 곧 생명의 존엄성, 삶의 존엄성을 말합니다. '개똥밭에 굴러도 이승이 좋다'라는 속담이 있습니다. 아시다시피 인간의 기본적인 욕망은 '생존의 욕구'입니다. 자신의 생각을 표현할 수 없는 식물인간이나 죽음이 앞에 놓인 불치병의 환자들도 자신들이 살 수 있는 단 1퍼센트의 확률이라도 있다면, 그 확률에 걸어 보고 싶을 겁니다. 그리고 덧붙이자면, 죽는 것보다는 역시 사는 게 더 낫다고 생각합니다. 죽으면 인간 존엄이고 뭐고 아무것도 남지 않으니까요.

3. 안락사 허용이 인명 경시 풍조를 낳는다는 것에 대한 사실적 근거가 있습니까?

→ 그런 근거는 없습니다. 다만 안락사가 사회에서 반복되면 사람들은 죽음에 대해 익숙해지게 될 것이고, 결과적으로 인명 경시 풍조가 확산될 수 있다는 그 가능성을 말씀드린 것뿐입니다.

〈확인 질문 예시 2〉

성매매 특별법 반대 측에 대한 확인 질문

1. 반대 측은 오히려 성매매가 합법화되어야 한다고 주장하셨습니다. 그리고 그 과정에서 성매매는 피할 수 없는 사회적 현상이라고 말씀하셨습니다. 그렇다면 성매매 그 자체가 문제라고는 생각하지 않으십니까?

2. 반대 측은 네덜란드에서는 성매매 합법화 이후 오히려 성매매가 줄었다고 하셨습니다. 그것이 언제 어디에서 발표된 자료를 근거로 합니까? 그러나 저희 측의 2004년도 자료에 따르면 네덜란드는 성매매를 합법화 이후 여러 가지 부작용에 시달리고 있습니다. 이것을 인정하십니까? 그렇다면 그 부작용에 따른 손해가 더 크다고는 생각하지 않으십니까?

3. 네덜란드의 사례를 통해 성매매 합법화가 성매매 인구의 축소를 결과했다고 하셨습니다. 그렇다면 반대 측에서는 궁극적으로 성매매가 축소되어야 한다는 데에는 동의하시는 것입니까?

4. 성매매가 합법화되면 성매매 여성들이 자신의 일에 대해 직업 의식을 가진다 하셨습니다. 그런데 독일의 경우 합법화된 이후에도 성매매 여성들은 여전히 이중적인 생활을 합니다. 이것을 어떻게 설명하시겠습니까?

5. 성매매를 직업으로 인정한다면 성매매 여성들에 대한 낙인이 없어질 것이라고 생각하십니까?

3. 반론하기

1) 주장 및 추론 방식에 대해 반론하기

(1) 왜곡하여 이해한 주장

주장이나 의견을 왜곡하거나 과장하거나 약화시킨 후 반박하는 경우가 있다. 앞서 확인 질문의 단계에서 보았듯이 제시된 주장이 약한 주장인지, 강한 주장인지 혹은 무조건적인 찬성인지, 조건부 찬성인지를 확실하게 이해하지 못한 후 반박을 한다면, 이 경우 반대 측은 상대가 자신의 주장을 잘못

이해하고 있다고 반론할 수 있다. 뿐만 아니라 주장을 완전히 왜곡시켜 반박하는 경우도 있다. 여기서는 주장을 왜곡시키는 반론의 예를 보자.

철수 : 저는 우리가 자율적으로 학생회의 원칙을 정해야 한다고 생각합니다.

민미 : 학생회를 아노미 상태로 방치하는 것은 결과적으로 학생들을 기만하는 행위입니다. 아노미 상태에서 학생들의 권익은 보장될 수 없습니다. 따라서 어떤 경우에도 학생회는 기존의 원칙을 철저하게 지켜야 합니다.

이 예에서 철수가 주장하는 것은 학생회의 자율화이다. 즉 기존의 학생회의 원칙을 보편적인 관점에서 재검토하고 새로운 보편 원리를 구성하자는 것이다. 그런데 민미는 철수의 학생회의 자율화 주장을 학생회의 아노미화로 오해하고 반대한다. 즉 민미는 철수가 한 번도 이야기한 적이 없는 주장을 철수의 주장으로 생각하고 있다는 것이다. 이러한 의미에서 민미가 구성하는 철수의 주장은 자신이 만들어 낸 허수아비이다. 이 경우 철수는 민미가 허수아비를 만들어 공격하고 있음을 밝히고 자신의 주장은 그것이 아님을 분명히 천명함으로써 민미의 반대에 반론을 제시할 수 있다.

(2) 성급한 일반화

하나의 혹은 약간의 구체적인 사실만을 입증해 놓고 그로부터 모든 경우에 그러하다는 식의 보편적인 원리를 도출하는 것이 바로 성급한 일반화의 오류라고 할 수 있다. 이러한 경우 구체적인 사실들은 논점을 빗겨가지는 않지만 주장을 뒷받침하기에는 불충분하다.

예를 들어 일상의 대화 속에서 우리는 "유태인은 구두쇠이다", "노처녀는 히스테리컬하다", "모든 남성은 폭력적이다" 혹은 "어느 지방 사람들은 자기중심적이다"와 같은 이야기를 듣고는 한다. 대부분의 경우 그 집단에 속하는 몇 안 되는 사람들을 경험하고 또 얼마 안 되는 시간을 그들과 함께 보낸 후에 내리는 결론이다. 즉 몇 안 되는 사례들을 수집해 놓고 그러한 경우를 구성원 모두에게 적용시키고 있다는 것이다. 이 경우 우리는 그 결론이 충분한 근거에 의해 지지되고 있지 못하며 따라서 그 결론은 성급한 일반화의 오류를 범하고 있다고 반박할 수 있다.

다음의 혼전 동거에 반대하는 측의 입론에서도 성급한 일반화의 오류는 지적될 수 있다.

나는 혼전 동거에 반대한다. 혼전 동거를 하는 사람들이 무책임하기 때문이다. 혼전 동거로 인해 사회적으로 미혼모, 낙태, 고아 등의 문제가 발생하고 있다. 내가 아는 주위의 한 여대생은 혼전 동거로 임신을 하였으나 곧 낙태를 하였다. 새로운 생명에 대해 전혀 책임지지 못했던 것이다. 뿐만 아니라 어제 텔레비전 르포에서 본 한 남학생은 자신이 여자 친구를 임신시켰다는 것을 알게 된 순간 사라졌다. 이런 측면에서 혼전 동거는 무책임한 행위라고 할 수 있다.

여기서 입론자는 자신이 경험한 단 두 건의 사례를 근거로 혼전 동거자들의 무책임성을 주장하고 있다. 따라서 입론자의 주장은 충분히 개연적이지 못하다고 비판될 수 있다.

(3) 잘못된 인과관계

어떤 사건이 이후에 일어난 사건의 필요충분조건이 되었을 때 우리는 이전에 일어난 사건을 원인, 이후에 일어난 사건을 결과라고 한다. 그러나 시간적인 선후 관계를 인과관계라고 설명하거나 서로 상관없는 혹은 충분한 연관이 없는 내용을 인과관계로 간주하는 잘못된 경우가 있다. 예를 들어 아기는 걸음마를 시작하기 전에 이가 나지만 이가 나는 것이 걸음마의 원인은 아니다. 좀 더 구체적인 예를 들어 보자. 성매매 특별법에 대한 논쟁에서 있었던 다음과 같은 B의 반론은 잘못된 인과관계를 지적함으로써 상대측의 주장에 반론을 제기한 경우라고 할 수 있다.

A : 성매매 특별법이 시행된 이후에 성매매는 준 것이 아니라 음성화되었을 뿐입니다. 노래방 성매매, 인터넷 성매매 등 단속이 불가능한 곳에서 여전히 성매매가 성행하고 있으며 이 경우 성매매 여성의 상황은 더욱 비참합니다.

B : 성매매 특별법 시행은 성매매 음성화의 원인이 아닙니다. 인터넷 성매매나 노래방 성매매, 고속도로 휴게실 성매매 등은 이미 있어 왔던 경향들입니

다. 성매매 특별법이 성매매 음성화를 결과한 필연적이고도 충분한 요인이 었다는 사실은 그 어디에도 없습니다.

〈연습문제〉

1. 다음의 지문은 안락사에 대한 찬반 논쟁 중 일부이다. 다음에서 B의 논증이 어떠한 오류를 범하고 있으며 어떠한 측면에서 반박될 수 있는지를 논하시오.

A : 나는 의사들이 안락사에 적극적으로 혹은 소극적으로 관여하는 것에 찬성합니다. 우선 의사들은 환자들의 자율성을 존중하여야 하며 이것은 목숨 그 자체보다도 더 존중되어야 합니다. 둘째로 객관적인 진단 결과 더 이상의 생존 가치가 없음이 판명된 환자에게는 오히려 자비로운 임종이 더욱 중요하기 때문입니다.

B : 나는 당신의 주장이 잘못되었다고 생각합니다. 의료 행위의 규범상 의사는 환자의 자살을 돕거나 죽일 의도로 어떤 조치도 취해서는 안 됩니다. 의사가 환자가 원하고 값만 잘 맞아떨어진다면 무엇이라도 제공할 수 있다는 것은 말이 되지 않는다는 것입니다. 뿐만 아니라 안락사를 사랑이라는 이름으로 신성한 것으로 만들고자 하는 것은 잘못입니다.

2. 다음은 한미 FTA에 대한 찬성 측의 논증이다. 무엇이 문제가 될 수 있는지를 말하고 반론을 제기해 보시오.

한미 교역량은 2000년 이후 급격히 감소하는 추세입니다. 이것은 한미 FTA가 체결되지 않았던 것이 바로 그 원인입니다. 현재 우리의 대미 무역 의존도는 다른 아시아 국가에 비해 상대적으로 낮은 편입니다. 한미 FTA 체결로 무역 창출 효과에 따른 대미 무역 의존도 상승이 예상되며, 미국과의 교역 증대는 우리 수출의 장기적, 안정적 성장을 위해서도 필수적입니다. 참고로 미국과 FTA를 체결한 모든 국가는 체결 후에 수출이 증가했습니다. 만약 한미 FTA가 체결된다면 우리는 최대 수입 시장인 미국에서의 부진을 만회할 수 있을 것입니다.

3. 다음은 임의적 안락사에 반대하는 측의 논증이다. 논증 과정의 어느 부분에서 반론이 제기될 수 있는가를 밝혀 보시오.

나는 임의적 안락사가 허용되어서는 안 된다고 생각합니다. 왜냐하면 안락사가 허용되는 경우 안락사는 남용될 수 있으며 이와 더불어 생명 경시 풍조가 만연하게 될 것이기 때문입니다. 우리나라에서 있었던 보라매 사건을 보십시오. 이씨의 남편 김씨는 당시 경막외출혈로 보라매병원에서 혈종 제거 수술을 받았습니다. 당시 의식이 없던 남편을 대신하여 부인은 의사들에게 남편의 인공호흡기를 제거해 줄 것을 강력히 요구했으며 급기야 다음날 퇴원까지 시켰습니다. 평소 김씨의 구타와 향후의 치료비 부담 때문이었지요. 결국 김씨는 뇌간 압박에 의한 호흡 곤란으로 사망했습니다. 안락사가 허용되지 않는 현재도 이런데 하물며 안락사가 허용된다면 어떻겠습니까? 안락사는 타인에 의해 쉽게 결정될 것이며 이와 더불어 생명에 대한 존엄성은 상실될 것입니다.

2) 근거에 대해 반론하기

(1) 대중의 편견에 기댄 근거

대중의 편견에 근거하는 논증 역시 충분히 설득적이라고 할 수 없다. 단순히 많은 사람들이 그렇게 생각하고 있다는 것은 그 생각이 올바르다는 사실을 함축하지 않기 때문이다. 오히려 대중의 믿음은 반성되지 않은 전통적 지식에 기반하고 있다는 점에서 새로운 지식의 참과 거짓의 판단이 문제가 될 때 편견이 될 수 있다.

중세에 지동설이 등장하였을 때에 천동설을 주장했던 사람들은 대중의 일반적인 믿음을 근거로 하여 지동설을 반대하는 논증을 펴곤 했었다. 그들은 반복적 관찰과 논리적 추론에 근거한 지동설을 부정하기 위해 대중들이 천동설을 믿고 있다는 것을 근거로 내세웠다. 그리고 그들은 갈릴레오 갈릴레이를 대중 앞에 세워 그의 지동설을 대중의 웃음거리로 만들었다. 물론 대중들이 무조건 틀린 것은 아니다. 다만 근거가 불충분한 대중의 믿음을 근거로 하여 자신의 주장을 펼치는 것이 항상 참이 되는 것은 아니라는 것이다. 또 다른 예를 살펴보자.

"신은 존재한다. 이것은 많은 사람들이 신의 존재를 믿고 있는 것으로 보아도 알 수 있다. 한국갤럽이 발표한 「2004년 한국인의 종교와 종교 의식」에 따르면 2004년 말 한국인의 53.5%가 종교를 가진 것으로 조사되었다. 84년에는 43.8%이던 신자 수는 이후 89년 49.0%, 97년 46.9%로 나타났으며 이번에 처음으로 비신자(46.5%) 수를 앞질렀다."

위의 예는 구체적인 통계를 제시하고 있어서 신의 존재에 대한 객관적인 논증을 제시한 것처럼 보인다. 그러나 실제로 근거가 된 것은 일반 대중의 종교적 태도에 대한 통계이다. 일반 대중들의 종교적인 신념이 신의 존재를 증명해 주기에 충분한 것인가? 이 통계는 신자 수가 증가한다는 것만 보여줄 뿐 어떤 이유로 종교인이 신의 존재를 믿고 있는가에 대한 설명이 없다. 물론 종교인들이 많이 늘어날수록 신의 존재에 대한 믿음은 사회적으로 힘을 가지게 될 것이다. 그러나 다른 많은 사람들이 그렇게 생각한다는 이유만으로 어떤 사실이 옳다고 주장하는 것은 잘못된 것이다. 위의 논증은 근거 없는 대중의 믿음에 호소하는 오류를 범하고 있으며 이러한 점에서 엄밀한 의미의 논증이라 할 수 없다고 반박될 수 있다.

(2) 논점을 벗어난 근거

반론을 위해서는 상대방이 제시한 근거가 상대방의 주장이나 결론과 긴밀한 관련을 맺는가를 논리적으로 따져 보는 것이 중요하다. 겉보기에는 주장을 뒷받침하는 듯이 보이지만 실제로는 사이비 근거인 경우가 있기 때문이다. 이러한 경우 근거들은 결론의 참과는 직접적인 관련이 없다. 즉 그것은 논점을 벗어나는 잘못된 근거들이다. 잘못된 근거들은 주장에 대한 직접적인 연관을 가지고 있지 않으며 개인적인 이해관계나 부수적인 다른 논점들과 관련되어 있다. 다음의 예를 살펴보자.

철수 : 너는 oo당의 수도권 부동산 정책에 대해 어떻게 생각하니? 시에서 토지를 빌려 주면 반값으로 주택을 제공할 수 있고 그렇게 되면 부동산 거품은 거두어질 수 있다고 생각하지 않니?

민미 : 글쎄 …… 나는 oo당의 부동산 정책에 대해 완전히 반대야. 나는 이런저런 것을 핑계로 삼아 항상 국민들을 감시하고 옥죄는 법을 만들고자 하는 oo당에 완전히 질렸어. 그들은 오직 다음 선거에서 이길 생각만 한다구.

위의 예에서 민미는 oo당의 부동산 정책에 완전히 반대한다고 주장한다. 그러나 이 주장을 뒷받침하는 민미의 근거는 잘못된 근거이다. 문제가 되고 있는 논점을 빗겨 가고 있기 때문이다. oo당의 개인적인 성향이 마음에 들지 않기 때문에 그 당의 정책을 반대한다는 논증은 문제가 되고 있는 논점, 즉 oo당의 부동산 정책 자체의 옳고 그름을 판별하는 기준이 될 수 없기 때문이다. 이러한 논증은 마치 생김새가 마음에 들지 않기 때문에 그 사람이 하는 일은 모두 옳지 않다고 하는 것과 같다. 즉 주장과 근거가 되는 이유는 연관성을 갖지 않는다. 따라서 이 경우 반대 측은 상대의 논증이 잘못된 근거로 이루어졌다고 반박할 수 있다.

〈연습문제〉

1. 다음은 플라톤의 「크리톤」의 일부이다. 이 글은 소크라테스가 사형 선고를 받고 감옥에 갇혀 있을 때 친구 크리톤이 찾아와 탈옥할 것을 권유하면서 시작된다. 이 글을 읽고 크리톤의 주장을 반박해 보시오.

크리톤 : 이제라도 늦지 않으니 내 말에 따라 이곳을 벗어나 목숨을 구하도록 하세. 자네의 죽음은 나 개인의 불행에 그치는 게 아닐세. 내가 다시는 얻을 수 없는 친구를 잃게 된다는 슬픔은 둘째치고라도, 자네와 나 사이를 잘 모르는 사람들이 할 이야기를 생각해 보게. 그 사람들은 내가 돈을 쓰면 자네 목숨을 구할 수 있을 텐데 그렇지 않았다고 욕할 것이 아닌가. 친구보다도 돈을 더 소중히 여기는 놈이라고 손가락질을 당하는 것보다 더 부끄러운 일이 어디 있겠나? 대부분의 사람들은 우리가 자네에게 그토록 권했건만 자네가 모두의 권유를 뿌리치고 이곳을 떠나려고 하지 않았다는 것을 결코 믿지 않을 걸세.

- 플라톤, 『크리톤』 중에서

2. 다음은 혈연에 기초한 전통적 가정이 인간에게 꼭 필요한 제도라고 주장하는 측의 논증이다. 이 논증이 어떠한 점에서 문제를 가질 수 있는지를 지적해 보시오.

가정은 꼭 필요하다. 왜냐하면 가정은 심리적인 안정을 주는 휴식처로서 기능하기 때문이다. 사람들은 그저 집과 가족이라는 존재가 있다는 것만으로도 심리적인 안정을 갖는다. 가정과 가족이 정서적 안정을 준다는 것을 의심하는 사람은 거의 찾아볼 수 없다. 뿐만 아니라 사람들은 가정을 갖지 못한 사람들이 더 많은 불안감을 느끼고 있다는 데에 반론을 제기하지 않는다.

3. 다음의 논증을 읽고 적절한 이유를 들어 반박해 보시오.

"부동산과의 전쟁"은 지속되어야 한다. 만약 그렇지 않다면 대통령의 입지는 더욱 악화되기 때문이다. 뿐만 아니라 적절한 시기에 정부의 부동산 정책을 피해 주춤하고 있다가 정부의 의지가 약해지기만 기다렸다는 듯이 다시 투기를 하는 부동산 투기꾼들의 버릇을 없애 주기 위해서라도 부동산 정책이 중단되어서는 안 된다.

4. 다음의 지문을 읽고 화자의 주장과 근거가 긴밀한 관계를 맺고 있는가를 생각해 보시오.

우리 부락의 여성들은 전혀 착취받고 있지 않습니다. 왜냐하면 그들은 착취받는다고 느끼지 않고 있기 때문입니다. 물론 우리 부락에서는 특정한 나이가 되면 여성의 크리토리스를 할례하는 의식이 있습니다. 그러나 우리 부락의 여성들은 이것을 착취라고 생각하지 않습니다. 할례를 받은 여자 아이들과 그 어머니들에게 물어보십시오. 그들은 착취되고 있다고 느끼지 않습니다. 할례를 당연한 통과의례라고 생각합니다.

5. 다음은 혼전 동거를 반대하는 측이 제시한 입론의 일부분이다. 어떤 점에서 반박될 수 있는가를 말해 보시오.

첫째로 혼전 동거로 인해 성의식이 문란해질 수 있으며 결과에 대해 무책임해질 수 있다는 것입니다. 대부분의 혼전 동거는 성생활을 전제로 합니다. 실제로 2004년 4월 한 인터넷 사이트가 동거 중인 미혼 남녀에게 설문 조사를 실시한 결과 약 90.4%가 동거 중 성생활을 한다고 대답하였습니다. 따라서 동거는 임신의 가능성을 갖는다고 할 수 있습니다.

3) 숨겨진 전제나 개념 이해에 대해 반론하기

(1) 숨겨진 전제의 문제점

논증들이 숨겨진 전제에 기반하고 있는 경우가 많다. 만약 숨겨진 전제를 찾아내어 그것이 잘못된 전제이나 근거 없는 편견임을 밝혀 낸다면 그것은 훌륭한 반론이 될 것이다. 예를 들어 출산율 저하와 관련하여 자주 등장하는 다음의 논증을 보자.

현대 여성은 이기적이다. 그들은 자신의 능력을 계발하고 일신의 안위만을 생각하기 때문에 임신을 거부한다. 그들은 낙태도 주저하지 않는다. 자신의 삶을 위해 타인의 생명을 경시하는 것이다.

위의 논증에 숨겨진 전제를 찾아본다면 다음과 같다.

→ 현대 여성은 이기적인 이유에서 임신을 거부한다.

→ 현대 여성은 이기적인 이유에서 낙태를 한다.

이러한 전제들은 참인가? 이러한 숨은 전제들은 충분한 근거들을 가지고 있는가? 이러한 전제에 반대되는 이론을 제시한 사람은 없는가? 이러한 맥락을 고려한다면 다음과 같은 반박이 가능하다.

> 위의 논증은 현대 여성이 이기적인 이유에서 임신을 거부하고 낙태를 한다는 전제에서 출발하고 있다. 그러나 여성들이 이기적인 이유에서 임신을 거부하고 낙태를 선택하는가는 여전히 의문이다. 캐롤 길리건의 인터뷰에 따르면 많은 여성들은 낙태를 선택하는 경우에도 태아의 미래를 생각한다. 즉 태아에게 충분히 안정적인 환경을 마련해 줄 수 없다는 것을 잘 알고 있기 때문에 차라리 낙태를 선택한다는 것이다. 이러한 맥락에서 보면 현대 여성의 낙태 선택은 이기적인 행위라고만 단정할 수 없다.

(2) 개념 이해에 대한 이견

적절한 반론을 위해서는 상대방의 주장에 핵심이 되는 용어나 개념이 다른 방식으로 이해될 수 있다는 것을 보이는 것도 효과적이다. 다음의 주장을 보자.

> 여성해방은 여성과 남성의 동일함을 통해서만 실현될 수 있다. 그래서 페미니스트들은 여성이 남성과 동등한 권리를 가지는 세상을 꿈꾼다. 여성은 동일 노동에 대해 동일 임금을 받아야 할 권리가 있으며 동등한 교육을 받을 권리가 있다. 이제 여성도 남성처럼 동등한 권리를 갖는 주체가 되어야 하며 남성과 마찬가지로 공적인 영역에 진출해야 한다.

여기서 "여성해방"이라는 용어는 어떻게 이해되고 있는가? 여기서 여성해방은 평등의 획득과 같은 의미로 사용되고 있으며 여성과 남성의 차이를 없앨 때 가능한 것으로 그려지고 있다. 그러나 "여성해방"은 또한 다른 방식으로 이해될 수 있다. 즉 여성해방은 평등이 아닌 여성의 차이를 인정받을 때 가능한 것으로 이해될 수도 있다. 예를 들어 남성과 다른 여성 특유의 배려나 보살핌의 태도는 남성과 다른 여성의 차이로 인정되어야 하며 이러한 차이의 인정을 통해 여성은 진정한 해방에 도달할 수 있다는 것이다. 이러한 시각에 따라 반론을 구성해 보면 다음과 같다.

> → 여성해방이 무엇인가? 여성해방은 남성과 여성의 동일성에 의해서만 실현될 수 있는 것인가? "여성해방"은 다른 방식으로 실현될 수 있다. 예를 들어 여성

의 차이가 인정되는 것이 진정한 여성해방을 가능하게 할 수 있다는 것이다. 이러한 새로운 이해에 따르면 여성은 해방을 위해 남성과 동일해질 필요가 없다. 여성은 오히려 자신의 차이를 발전시키고 실현시킬 때 진정한 해방을 이룰 수 있다.

〈연습문제〉

1. 다음의 논증에서 숨겨진 전제를 찾아내어 비판해 보시오.

저는 혼전 동거에 반대합니다. 혼전 동거가 타인에 대한 책임을 기피하는 행위이기 때문입니다. 혼전 동거 안에서 태어난 아이는 아무런 법적인 보호를 받을 수 없습니다. 호적에 오르지 못한 아이는 사회적 차원에서 지원되는 보험의 혜택을 받을 수 없을 뿐 아니라 초등학교 입학 시에 문제가 발생합니다. 뿐만 아니라 혼전 동거 안에서 파트너는 서로에 대한 책임을 다하지 않습니다. 언제든지 헤어질 수 있기 때문입니다.

2. 다음의 논증에서 핵심이 되는 용어나 개념을 찾아내고 그것이 다른 방식으로 이해될 수 있음을 보이시오.

정의는 오직 보편적인 관점을 통해서만 실현될 수 있습니다. 즉 우리는 정의를 구현하기 위하여 자신과 타자의 구체적인 욕망과 이해관계를 떠나서 판단해야 합니다. 즉 우리는 정의로운 판단을 내리기 위하여 "무지의 베일"을 써야 합니다.

4) **자료에 대해 반론하기**

(1) **자료의 신뢰성**

자료가 편파성을 가질 수 있는 기관에 의해 발표된 것이라면 그것은 신뢰성을 갖지 못할 수 있다. 이러한 의미에서 우리는 상대가 제시하는 자료가 전문가의 의견인지, 혹은 문제가 되는 그 일에 중립적인 태도를 보이는 기관의 것인지를 파악하고 그렇지 않을 경우 비판할 수 있다. 예를 들어 다음은 한미 FTA를 찬성하는 측이 제시한 자료이다.

> 미 국제무역위원회의 보고서(2001)에 따르면 한미 FTA 발표 4년 후 미국의 GDP는 0.23% 증가할 것이며 한국은 0.68% 증가할 것이라고 합니다. 대외경제정책연구원(KIEP)도 생산 증대 효과를 고려하는 경우 우리나라 GDP는 7.75%, 생산 증대 효과를 고려하지 않는 경우에도 1.99%의 성장이 있을 것으로 분석하고 있습니다.

이에 대해 반대 측은 다음과 같은 논거를 들어 찬성 측의 자료가 신뢰할 만한 것이 못 된다고 비판할 수 있다.

> → 우선 찬성 측에서 제시하는 자료는 FTA를 추진하고자 하는 주체인 정부의 산하 연구 기관 대외경제정책연구원의 분석에 기반한 것입니다. 이 분석은 무역 부분에서 중장기적으로 82억 불 대미 수출 증가를 주장하고 있습니다. 그러나 이 통계는 조작 논란에 휩싸여 있습니다. 뿐만 아니라 만약 이 분석에 따르더라도 대미 무역수지는 단기적으로 29억 불 감소, 가장 낙관적으로 보아도 6억 불 흑자에 불과합니다.

(2) 자료의 상반된 해석

어떤 주장을 뒷받침하기 위해 제시된 경험적 자료, 통계, 사례들이 상대에게 유리한 방식으로 해석될 수 있는 경우가 있다. 이 경우 상대편은 자료에 대한 상반된 해석을 제시하고 제시된 자료들이 화자의 주장을 지지하지 않는다고 반박할 수 있다. 예를 들어 혼전 동거에 대한 논쟁에서 혼전 동거를 반대하는 측이 다음과 같은 자료 해석을 제시했다고 생각해 보자.

> "2004년 oo일보가 조사한 자료에 따르면, 미국에서는 동거 커플이 18년 사이 8배나 증가했고 점점 더 많은 사람들이 충분한 동거 이후에 결혼을 선택한다고 합니다. 그러나 이혼율은 50.4%에서 54.6%로 여전히 4%나 증가했다고 합니다. 이것은 곧 동거를 통해 신중한 결혼을 선택할 수 있다는 찬성 측의 주장에 반하는 현상입니다."

물론 혼전 동거 반대 측이 이 자료를 통해 말하고자 했던 것은 미국 사람들이 동거를 통해 서로를 확인한 후 결혼을 하지만 실제로 동거가 결혼의 지속을 보장해 주지 못한다는 것이었다. 그러나 이 자료는 상대, 즉 혼전 동거 찬성 측에 유리한 자료로 해석될 수 있다. 우선 상대는 이 자료를 혼전 동거가 득세하고 있는 경향을 보여 주는 근거로 해석할 수 있다. 다음으로 상대는 이 자료를 결혼의 비합리성을 보여 주는 근거로 사용할 수 있다. 즉 이 자료는 결혼 후 이혼하는 비율이 증가하였는데 이는 곧 혼전 동거와 상관없이 결혼 자체가 얼마나 불합리한 제도인지를 보여 준다고 반박하는 데 사용될 수 있다는 것이다.

(3) 시대착오적 자료

문제가 되는 사안에 대해 제시된 자료들이 낡은 것일 때 이 자료는 시대착오적이라고 비판될 수 있다. 이 경우 반론을 제시하는 사람은 최신의 자료를 다시 보여 줌으로써 상대방의 주장에 허점이 있음을 분명하게 할 수 있다. 예를 들어 누군가 다음과 같은 의견을 개진했다고 하자.

> 결혼이 안식처가 아니라 고통의 원인이라는 생각과 함께 우리 사회에서는 이혼율이 급증하고 혼인율이 급강하는 현상이 나타났다. 통계청의 자료에 따르면 2001년 이혼 건수는 13만5천 건으로 전년보다 1만 5천 건이 늘어, 하루 평균 370쌍이 이혼한 것으로 나타났지만 혼인 건수는 32만 건으로 전년보다 1만 4천 건이 감소하며 하루 평균 877쌍이 결혼한 것으로 집계되었다. 이로써 우리나라의 혼인율은 지난 70년 이후 사상 최저치를 기록하게 된 것이다.

이에 대해 반론을 제시할 수 있는 한 가지 방법은 이혼율에 대한 최신의 자료를 찾아서 이러한 현상이 최근에는 다른 양상을 보이고 있음을 지적하는 것이다.

> 당신의 자료는 낡은 것입니다. 통계청이 발표한 자료에 따르면 2004년 한 해 동안 이혼 건수는 2003년에 비해 16.6%가 감소했습니다. 인구 천 명 당 이혼 건수도 2.9건으로 나타나 지난 2003년의 3.5건보다 0.6건 감소했습니다. 뿐만 아니라 전체 혼인에서 재혼이 차지하는 비중도 24.3%로 10년 전보다 2배 가까이 늘었습니다.

(4) 반례의 존재

반례란 상대방의 주장을 반증할 수 있는 사례를 의미한다. 상황에 따라 반대되는 한 가지의 반증 사례만 제시되어도 그 주장 전체가 뒤흔들릴 수 있다. 따라서 상대방 주장을 반증하는 사례를 하나 이상 찾는다면 그것은 상당히 강력한 반론을 제공하게 될 것이다.

많은 경우 주장은 보편적인 명제의 형식으로 이루어진다. 예를 들어 "모든 백조는 희다"와 같은 과학적 주장은 "어떤 경우에도 다른 색의 백조는 없다"는 것을 의미한다. 물론 이 주장은 오랜 시간 동안 여러 곳에 존재하는 백조들을 관찰한 이후에 도출되었을 것이다. 그러나 이 주장은 오스트리아에서 검은 백조가 발견됨으로써 뿌리 채 흔들리게 된다. 즉 검은 백조의 발견은 "모든 백조는 희다"에 대한 반례가 되었던 것이다. 이렇게 하나라도 반례를 발견하게 된다면 그것은 상대방의 주장을 강력하게 반박할 수 있는 토대를 얻게 되는 것이다.

이것은 "대부분"이나 "대체적으로"와 같은 경향적 보편성을 주장하는 사회과학적 명제에서도 마찬가지이다. 구체적으로 FTA에 대한 논쟁을 살펴보자. 다음에서 한미 FTA 체결에 찬성하는 측은 FTA가 체결되면 우리나라의 대외 신인도가 향상될 가능성이 높다는 주장을 펼치고 있다. 그리고 이러한 경향적 보편성을 뒷받침하는 근거 자료들을 제시한다.

"한미 FTA 체결은 우리나라의 대외 신인도를 향상시킬 것입니다. 멕시코가 1994년 금융 위기를 조기에 수습할 수 있었던 것도 NAFTA의 도움 때문이었습니다. 칠레의 경우에도 미국과 FTA 발표 이후 국가 신용 등급이 한 단계 상승했습니다. 신용 등급이 올라가게 되면 외국인 투자 증대뿐만 아니라 정부 및 기업의 해외 차입 시 이자 비용이 감소하고 국내 투자 확대의 효과가 발생되어 이는 국내 경제의 활성화로 이어질 수 있습니다."

그러나 우리는 이에 대해 반대되는 사례들을 찾을 수 있다. 반례들을 통해 반론을 구성한다면 다음과 같다.

→ "찬성 측이 말한 바와 달리 한미 FTA와 대외 신인도는 별 상관이 없습니

다. EU, 중국, 일본 등 대부분의 대규모 통상 국가들이 미국과 FTA를 추진하지 않고 있지만 이 국가들의 대외 신인도에는 아무런 문제가 없습니다. 뿐만 아니라 미국과의 FTA가 결렬되었거나 부결된 스위스, 말레이시아에서도 대외 신인도에는 문제가 전혀 없었습니다."

〈연습 문제〉

1. 다음의 주장을 적절한 방법으로 반박해 보시오.

특별법 시행 1년 뒤 여론조사 기관 앰앤씨에서 조사한 바에 따르면 전체 응답자의 53.8%가 성매매는 사회적 범죄라는 주장에 동의하였습니다. 뿐만 아니라 이 여론조사에서는 성구매 경험이 있는 남성의 86.7%가 특별법 시행 이후 성구매 경험이 줄었다고 응답하였습니다.

2. 다음은 한미 FTA에 대한 반대 측의 논증이다. 이에 대해 반론을 제기해 보시오.

저희는 한미 FTA에 반대합니다. 왜냐하면 이를 통해 한국은 무역적자를 보게 되기 때문입니다. 미 국제무역위원회의 2001년 보고서에 따르면 한미 FTA 협정 이후 4년 뒤 미국의 대한 수출은 54% 증가, 즉 192억 달러가 될 것이며, 이에 반해 한국의 대미 수출은 21% 증가, 약 103억 달러의 증가가 있을 것이라고 합니다. 이는 결과적으로 한국이 한미 FTA를 통해 89억 불 가량의 무역적자를 전망하게 된다는 것입니다.

3. 다음은 영화 『살인의 추억』 중 한 장면을 재구성해 본 것이다. 이 대화에서 형사들은 모두 구체적인 사례로부터 보편적인 원칙(주장)을 이끌어 내고 있다. 이들의 주장이 어떻게 반박될 수 있을지 생각해 보고 나아가 영화 안에서 이들의 원칙을 뒤흔드는 어떠한 반례가 나타나는가를 생각해 보시오.

형사 1 : 범인은 항상 비오는 날에 범행을 저지릅니다. 늘 어둡고 습한 시간에 일을 저지르는 것이지요. 지금까지의 범행 일지를 추적해 보면 범행 당일 모두 비가 왔다는 것을 알 수 있습니다.

형사 2 : 뿐만 아니라 범인은 범행을 저지르기 전 X라디오 프로그램에 유재하의 "우울한 편지"라는 노래를 신청합니다. 항상 그랬어요. 김향숙이 살해되던 그날도 범인은 그 노래를 신청했다구요.

형사 3 : 또 하나의 놀라운 사실이 있어요. 살해된 여인들이 모두 살해된 날 빨간색 옷을 입고 있었다는 점입니다. 범인은 항상 빨간색 옷을 입은 여자들을 노리고 있어요.

4. 다음은 한미 FTA 체결에 찬성하는 측이 제시한 논증이다. 이에 대한 반례를 찾아 반론을 구성해 보시오.

구분	GINI 계수 변화(%)	
	FTA 체결 전	FTA 체결 후
브라질	57.9	61.2
멕시코	51.1	49.7
아르헨티나	44.7	52.3

FTA가 체결된다면 외국인 투자로 인한 일자리가 창출될 것이며 양극화 현상도 완화될 것입니다. NAFTA 체약 이후 멕시코의 일자리는 10년간 993개 증가했습니다. 뿐만 아니라 멕시코는 FTA를 체결하지 않은 여타의 다른 중남미 국가와 비교해 볼 때에도 분배 상황이 개선되고 있습니다(OECD employment outlook 2006).

〈반론의 예시 1〉

자발적 안락사 찬성 측에 대한 반론 시작하겠습니다.

찬성 측에서는 자기 결정권(自己決定權)에 살 것인가 죽을 것인가를 결정하는 자유가 포함되기 때문에 안락사가 허용되어야 한다고 하셨습니다. 또한 자기 결정권에 대한 결정이 진정 환자 스스로의 순수한 선택에 의한 것인가에 대한 반대 측 확인 질문에 '소수의 예를 제외하고는 대부분 그렇다'고 답변하셨습니다. 과연 환자 자유에 의한 선택일까요? 그렇지 않습니다. 예컨대 진리가 아닌 하나의 가설이라 할 수 있는 의사의 의학적 소견에 의해 환자는 안락사를 선택하도록 내몰리고 있습니다. 이 경우 과연 찬성 측에서 말하는 자유란 정말 보장되고 있는지 의문이 갑니다.

또한 안락사 결정에 제일 큰 영향을 주는 의사의 오진 가능성과 환자의 최후 소생 가능성입니다. 퀸란 사건을 보더라도 의사가 소생 가능성이 없다 결정하였고, 법원의 판단에 따라 생명 유지 장치는 떼었지만 퀸란은 당초 예상과는 달리 스스로 호흡을 회복하여 지속적 식물 상태 환자로 9년 남짓 생존하다가, 폐렴으로 사망하였습니다. 이와 같이 인간의 최후 소생 가능성을 간과할 수는 없습니다. 또한 한국소비자보호원은 의료 서비스에 대한 피해 구제 접수 건수가 매년 증가하고 있다고 발표했습니다. 연도별 의료 서비스 피해 구제 접수 현황 중 오진의 수를 살펴보면, 2000년은 450건 중 85건, 2001년은 433건 중 50건, 2002년은 322건 중 91건, 2003년은 413건 중 42건, 2004년에는 398건 중 59건, 2005년에는 387건 중 74건이 오진으로 인한 피해 구제 접수라고 합니다. USA TODAY 2005년 3월 발표 자료를 보면 2002년~2004년 동안 클리블랜드의 병원에서 사망한 중환자실 환자 91명 중 19.8%인 18명이 오진인 것으로 밝혀졌습니다. 인간은 불완전한 존재입니다. 위와 같은 통계에서도 알 수 있듯이 오진으로 인해 충분히 살 가능성이 있는 환자를 안락사의 길로 병을 고치는 의사가 인도하는 꼴이 됩니다. 이러한 인간의 판단으로 인간의 생명을 끊고 말고를 결정한다는 것은 있을 수 없는 일입니다.

다음은 찬성 측 입론에서 말씀하셨던 가족 부담감 감소와 장기 이식에 대해 반론하겠습니다. 환자를 안락사함으로써 가족의 경제적 부담감은 분명히 줄어들 것입니다. 하지만 가족 구성원을 잃은 슬픔과 경제적 부담으로 가족을 포기했다는 자책감은 더욱더 큰 정신적 피해를 낳을 것입니다. 또한 경제적 부담으로 환자의 치료를 쉽게 포기하고 안락사를 선택하게 된다면 안락사의 남용 또한 간과할 수 없습니다. 또 다른 공리주의 효과로 '장기 기증으로 다수의 사람들을 살릴 수 있다'라고 찬성 측에서 주장하셨습니다. 안락사를 한다고 해서 모두 장기 기증을 하는 것은 아닙니다. 장기 기증을 하겠다는 사람들은 극히 일부에 지나지 않습니다. 그런데 그것을 근거로 해서 새 생명을 살리는 좋은 일을 위해 안락사를 하는 것이 나쁘지 않다고 말하는 것은 옳지 않습니다. 또한 장기 기증의 경우를 보면, 한국의 병원에서는 사전 동의를 2명 이상에게서 받으면 장기 기증이 행해지고, 사전 동의 또한 주로 가족이나 혈연관계의 사람 같은 타인에 의해 행해지고 있어 당사자의 의견을 존중하는 문제는 간과되고 있습니다. 위와 같은 불확실한 이유를 들어 공리주의에 크게 이바지한다는 찬성 측의 주장에 반대하는 바입니다.

〈반론의 예시 2〉

성매매 특별법 반대 측에 대한 반론

반대 측은 성매매 특별법의 시행 이후 성매매가 룸살롱, 안마 시술소, 휴게텔, 인터넷상 등에서 음성적으로 이루어지고 있다고 하셨습니다. 그러나 이것은 현실을 과장하고 왜곡한 내용입니다. 이러한 음성적 성매매 문제는 성매매 특별법 제정으로 야기된 것이 아니라 성매매 특별법 제정 이전부터 존재해 왔던 것이며, 이것이 바로 이 법의 탄생 배경이기도 합니다. 이는 지난 2002년 한국형사정책연구원 조사에 의하면 우리나라 성산업의 규모가 24조원으로 GDP의 4%에 달하는 것으로 파악되었으며 성매매 여성은 33만 명으로 이 중 성매매업소 집결지 여성은 약 만 명 정도로 나타나, 이미 법 제정 이전부터 우리나라 성매매가 집결지 이외에서 크게 확산되고 있었음을 알 수 있습니다. 이러한 전체 규모로 볼 때, 성매매 여성이 집결지에 대한 단속 강화로 음성적 성매매로 흘러 나가, 전체 성산업의 확대를 가져왔다는 것도 앞뒤가 맞지 않는 주장입니다.

다음으로 성매매 특별법이 성매매 업소 집결지의 단속에 초점을 두고 있어 음성화된 유흥업소에는 오히려 혜택을 주고 있다는 반대 측의 주장 또한 사실과 맞지 않습니다. 최근 정부에서는 유흥업소 등에서 행해지는 변칙적 성매매와 유사 성행위, 인터넷 성매매 등을 집중 단속하고 있으며, 일례로 경찰 자료에 의하면, 올해 6월 12일부터 18일 동안 검거된 572명 중 집결지에서 검거된 사람은 34명에 불과하고, 음성화된 성매매 업소와 인터넷 성 거래 과정에서 적발된 사람은 무려 538명에 이른다고 합니다. 이러한 것으로 볼 때 반대 측은 현실을 너무 과장하고 왜곡하고 있습니다. 더욱이 뚜렷한 근거 없이 특정 연구 보고서를 인용하여 성매매 처벌법을 '효과보다 부작용이 큰 전시성 입법'의 결과라고 단정 짓는 반대 측의 주장에, 심각한 우려를 표하지 않을 수가 없습니다.

반대 측은 또한 남성의 성욕은 자제할 수 없으며 따라서 성매매가 불법화되면 성범죄가 만연한다고 주장하셨습니다. 그러나 남성의 성욕이 자제할 수 없다는 것은 본능이 아니라 사회적 학습을 통해서 생성된 것입니다. 따라서 사회적 학습을 통해서 성욕은 반대로 자제될 수 있습니다.

뿐만 아니라 성매매의 합법화는 성폭력을 감소시키는 것이 아니라 증가시키는 역할을 합니다. 남성들은 성매매가 있기 때문에 오히려 상품화된 여성의 몸에 쉽게 접근하는 경험을 하게 되어 자신의 쾌락과 이익을 위해 여성을 대상화하고 여성을 사물로 취급하는 성매매의 경험은 결국 여성을 대상화하고 사물화하는 성폭력의 경험과 일치시켜 성폭력을 증가시키는 결과를 가져오는 것입니다. 외국의 예로 보면, 스웨덴 같은 경우도 성매매 특별법과 비슷한 취지의 법이 있는데 이 법이 시행되자 오히려 성범죄율은 낮아졌다는 보고가 있습니다.

4. 최종 발언하기

최종 발언은 단순히 입론을 반복하거나 또 다른 반론을 제시하는 것이 아니다. 토론의 마지막을 장식하는 최종 발언에서는 입론에서의 논증이 효과적으로 보완되고 논쟁 과정에서 제기된 반론이 포괄적으로 반박되어야 한다. 감동을 주는 멘트를 통해 정서적인 여운을 남기는 것도 중요하다.

〈최종 발언의 예시〉

한미 FTA 찬성 측 최종 발언

세계는 급속히 변화하고 있습니다. 하루가 다르게 변화하고 기술은 점점 더 첨단화되어 가며 국가 긴의 상황도 급격하게 변화하고 있습니다. 현대의 국가의 국력은 이러한 변화에 대처하는 속도가 좌우합니다. 대한민국은 이러한 변화의 아주 중요한 시점에 있습니다.

미국과의 FTA 참 걱정하시는 분들이 많습니다. FTA 반대 측 입장도 전부 틀린 말은 아닙니다. 하지만 여러분, 확실히 말씀드리겠습니다. 한미 FTA는 미국의 국력에 떠밀려 하는 굴욕적인 외교 협상이 아닙니다. 우리 측 협상단은 미국과의 교역 협정이 맞지 않을 시 언제든 협상을 결렬할 수 있습니다. 현재 FTA 협상은 서로 이해관계 절충안을 찾기 위해 노력 중이라고 합니다.

그리고 서비스업의 개방을 통해 우리나라 서비스 몰락하지 않습니다. 그것은 반대 측의 억측입니다. 이전부터 개방 성공 사례는 많이 있습니다. 87년 영화 개방, 96년 유통시장 개방, 03년 칠레 FTA. 모두 나라의 재앙이 닥칠 것이라 예상하며 반대했지만 결과는 어땠습니까? 모두 국내 경쟁력의 증가를 향상시키는 결과를 나타냈습니다. (표를 보여 주며) 대한민국은 무능력하지 않습니다. 얼마든지 가능성이 있습니다.

의료 시장의 개방으로 의료 비용이 천정부지로 오를 것이라는 반대 측의 주장도 국민을 혼란스럽게 하는 주장입니다. 협상단은 의료 서비스 분야에 대하여 건강보험이 손상되는 일이 없도록 하기 위하여 "국민건강보험법"을 사수한다는 전략을 가지고 협상에 임하고 있습니다. 정부 협상단은 의료비가 천정부지로 뛰게 할 것이라는 영리법인 의료 기관의 허용도 불허하는 입장입니다. 결정적으로 미국은 의료 법인의 비영리 제도를 영리 제도로 전환하거나, 이를 통해 시장 개방을 요구하지 않겠다는 입장을 분명히 전달했습니다. 이는 SBS 시시비비 토론회 때에 정부 측 담당자의 발언을 통해서도 확인할 수 있었습니다.

반대 측 말씀처럼 FTA로 인해 생기는 문제들 분명히 있습니다. 협상단과 정부가 구체적인 대안을 가지지 못했던 것들에 대한 지적은 체결 전과 후의 대처에 큰 도움이 될 것입니다.

국가 발전은 자연적으로 이루어지는 것이 아닙니다. 국가 성장을 위해서는 성장을 위한 동력을 만들어야 합니다. 여러분, 기억하십니까. 40여 년 전 1억 불 수준의 수출액이 2006년에는 2800억 불로 증가했고 40년 전 1인당 GDP 60불이었던 것이 현재는 2만 4천 불로 증가했습니다. 이는 개방을 통한 경쟁과 외국과의 교류를 통해 얻은 성장의 원동력으로 이루어낸 성과들입니다. 한미 FTA는 침체에 빠진 대한민국에 성장의 원동력을 제공할 것입니다. …… 그 원동력을 바탕으로 새로운 도약의 발판을 마련할 것입니다. FTA는 대한민국의 희망입니다.

※ 토론 실전 모델의 예시

그럼 3장 '토론 실전에 임하기 부분'을 정리하면서 입론에서 최종 발언하기에 이르기까지 순서에 따라 진행되는 수업 중 토론의 실제 모델을 제시해 보도록 하겠다. 앞 장에서도 간략히 소개했듯 토론의 모델은 여러 가지가 있다. 교육 토론에서 주로 사용되는 토론의 모형은 링컨-더글러스형 토론, 상호 질문형 토론(Cross Examination Debate Association)과 칼 포퍼(K. R. Popper)형 토론이다. 그러나 토론 교육에서 반드시 위 모델만이 사용되는 것은 아니며, 수업을 주관하는 교수자에 따라 다양한 토론의 모델이 제시될 수 있다. 여기서는 여러분의 이해를 돕기 위해 비교적 많이 선택되는 칼 포퍼식 토론 방식을 개선한 모델을 제시하도록 하겠다.

토론 진행 순서

찬성 측 토론자		반대 측 토론자
① (6분) 갑 입론	⇨	② 을 확인 질문 (3분)
④ (3분) 을 확인 질문	⇦	③ 갑 입론 (6분)
⑤ (5분) 병 반론	⇨	⑥ 갑 확인 질문 (3분)
⑧ (3분) 갑 확인 질문	⇦	⑦ 병 반론 (5분)
⑨ (5분) 을 반론	⇨	⑩ 을 반론 (5분)
⑪ (3분) 최종 발언	⇨	⑫ 최종 발언 (3분)

〈논제 : 교사의 학생 체벌은 필요하다.〉

1. 찬성 측 입론 (갑)

찬성 측 입론 시작하겠습니다. 인간은 사회적 동물이라는 아리스토텔레스의 말처럼 우리는 공동체 속에서 살아가기 위해 사회화 과정을 습득해야 합니다. 여성의 사회적 진출이 계속되는 현 시점에서 가정은 사회화 기능을 온전히 행하지 못하고 있습니다. 따라서 학교, 교사는 학생을 이 사회에 적응할 수 있도록 사회화하는 역할을 다해야 합니다.

오늘의 토론 주제는 "교사의 학생 체벌은 필요하다"입니다. 본격적인 토론에 앞서 주요 개념인 체벌에 대한 정의와 그 범위를 말하고자 합니다. 먼저 체벌이란 물리적 도구를 이용하여 상대에게 신체적 고통을 주는 행위를 말합니다. 또한 신체에 간접적으로 고통을 주는 벌도 체벌의 개념에 포함될 수 있습니다. 즉, 회초리로 일정 부위를 때리는 행위나 손을 들게 하는 등의 행위를 말합니다. 저희 찬성 측은 이 같은 교사의 학생 체벌이 필요하다고 주장합니다.

첫째, 체벌은 법령에 의해 인정된 행위이기 때문입니다. 초·중등 교육법 시행령 31조 7항을 보면, 학교장은 규정에 의한 지도를 하는 때에는 교육상 불가피한 경우를 제외하고는 학생에게 신체적 고통을 가하지 아니하는 훈육·훈계 등의 방법을 사용하여야 한다고 명시하고 있습니다. 즉, 교육상 불가피한 경우에는 체벌을 허용한다는 법 조항입니다. 한때 체벌을 전면 금지하는 교육법을 시행하기도 했지만 학생과 학부모의 항의, 학생의 교사 폭행, 체벌을 경찰에 신고하는 등의 부작용으로 인해 지금의 법으로 개정하였습니다. 분명 체벌은 학생의 잘못된 행동을 교정하는 교육적 효과를 지닙니다. 그렇기 때문에 오랜 시간 동안 체벌이 변형된 형태이기는 하나 유지되어 온 것입니다.

체벌은 긴급 피난의 사유로서 인정됩니다. 긴급 피난이란 위난 상태에 빠진 법익 보호를 위해서, 다른 법익을 침해하지 않고는 달리 방법이 없을 때 인정되는 정당화 사유의 하나입니다. 위난에 처한 특정한 이익을 긴급 조치를 통해서 보호하지 않으면, 그 효과가 없는 경우가 있는데 이때 국가를 대신하여 행한 긴급 보호 조치는 다소 법을 침해했더라도 허용해 준다는 의미의 법 규범입니다. 일종의 정당방위와 비슷하다고 말할 수 있습니다. 개인의 신체에 대한 완전성, 건강, 인격권 등이 중대한 법익이긴 하나 특수한 교육

상황에 처하여 피해자의 법익에 대하여 약간의 침해를 하고 보다 더 큰 이익을 보호하고자 하는 체벌은 긴급 피난의 사유로 인정될 수 있습니다.

둘째, 교사는 교사의 본분에 충실해야 하기 때문입니다. 국어사전에 의하면 교사란 주로 초·중·고등학교 따위에서, 일정한 자격을 가지고 학생을 가르치는 사람을 말합니다. 또한 가르치다란, 지식 전달 외에도 그릇된 버릇 따위를 고치어 바로잡다라는 의미도 포함하고 있습니다. 이렇듯, 지식의 전달뿐 아니라 살아가면서 사회에 악영향을 미칠 행위나 버릇 등을 바로잡는 행동 교정자로서의 역할 또한 교사가 해야 할 의무입니다.

성인은 위법 시 그에 해당하는 벌금이나 감옥에서 일정 기간 머무는 등의 대가를 치릅니다. 그러나 미성년자인 학생은 이러한 법에서 제외됩니다. 현재 우리나라는 만 18세까지를 청소년 보호법으로 보호하고 있습니다. 따라서 사회에서 범죄를 행해도 학생은 법에 의한 처벌 대상이 되지 않습니다. 그렇기 때문에 교사는 잘못을 했을 때 그에 따른 벌을 받는 사회의 통념 또한 가르쳐야 하는 것입니다.

체벌은 학생들에게 위법에 대한 경각심을 가르칠 수 있는 하나의 수단이 될 수 있습니다. 청소년 보호법은 학생이 직업을 갖는 것이나 아르바이트 등의 경제적 행위를 하는 것을 금하고 있습니다. 이런 학생들이 잘못을 저질렀을 때, 그에 대한 대가로 학교와 교사 측에서 벌금을 취하거나 훈계 등의 태도를 취하면 자신의 잘못이 무엇인지 받아들이지 못하는 경우가 있습니다. 그럴 때 체벌의 신체적 자극은 효과가 있고, 옳고 그른 것을 보여 주어 되풀이 하지 않게 합니다. 이런 이유로 체벌이 최후의 수단으로 존재해야 함을 강조하는 바입니다.

셋째, 현재 우리나라의 교육 여건상 체벌은 불가피합니다. 미국이 한해 교육예산으로 쓰는 돈은 무려 2800억 불(300조 원)입니다. 그러나 이에 비해 우리나라는 28조 원 정도에 불과하고 이 중 80%를 교사의 인건비로 지출하고 있는 실정입니다. 즉 한해 56억 원밖에 안 되는 돈으로 전국의 학교 시설과 교육 시스템, 학교 이해관계자의 복지에 신경을 쓰는 입장이다 보니 교육 환경은 열악할 수밖에 없습니다. 따라서 한 학급당 인원은 많을 수밖에 없습니다.

많은 학생들을 입시 위주라는 획일화된 교육 구조에 맞추어 통제해야 한다는 현 교육의 모습은 학교 내 특별 권력 관계 형성을 정당화시킵니다. 특별 권력 관계란 공법(公法)에서의 특정한 목적에 필요한 한도 내에서, 포괄적으로 당사자의 한쪽이 다른 쪽을 지배하고 다른 쪽이 이에 복종하여야 하는 것으로 설명되는 관계를 말합니다. 국가 및 공공단체와 공무원, 징집에 의한 군복무, 국립대학과 학생과의 관계가 그 예입니다. 이러한 특별 권력 관계는 다시 한 번 법적으로 체벌의 허용 가능성과 필요성을 말해 주는 것입니다.

교사의 학생 체벌에 대한 가장 큰 우려의 목소리 중 하나는 체벌로 인해 학생의 인권을 침해할 수 있다는 주장입니다. 2004년 5월 3일 『인천일보』는 고양시 관내 초등학교 6학년 500명을 대상으로 인권을 아느냐라는 조사를 실시하였습니다. 그 결과 3명 중 1명꼴로 인권이란 단어 자체를 모른다고 보도하였습니다. 이렇듯, 학생은 정신적으로 미성숙의 단계입니다. 인권이란 개념조차 모르는 학생에게 진정 무엇이 옳은지 아는 것과 모르는 용어를 들먹이며 잘못된 행동을 방치하는 것 중 어느 것이 진정 학생의 인권 보호와 타인의 인권 보호를 위해 필요한 것인지 생각하여야 할 것입니다.

저희 찬성 측에서는 세 가지 이유를 들어 교사의 학생 체벌이 필요한 이유를 밝혔습니다. 교육은 잠재력을 가지고 있기 때문에 당장에 고통을 주고 다소 이해가 덜 된다 할지라도 후에 그 효과를 나타내기 마련입니다. 몸에 좋은 약이 입에는 쓴 것처럼 말입니다. 따라서 교사의 학생 체벌은 필요함을 주장합니다. 이상으로 찬성 측 입론 마치겠습니다.

2. 반대 측 확인 질문 (을)

반: 법에 명시되어 있는 것이 잘못되었더라도 지켜야 한다고 생각하십니까?

찬: 우리는 법을 준수해야 합니다. 법은 일류 보편적 도덕성을 반영하는 것입니다. 그것이 잘되고 잘못되었다는 것은 한 개인이 판단할 수 있는 것이 아니라 생각합니다.

반: "분명 체벌은 학생의 잘못된 행동을 교정하는 교육적 효과를 지닙니다"라고 말씀을 하셨습니다. 맞습니까?

찬: 맞습니다.

반: 그 이유는 무엇입니까?

찬: 신체적 고통은 잘못을 인정할 수 있는 하나의 방법이기 때문입니다. 정신적 판단력과 자기 통제력이 아직 완성되지 않은 학생들에게 자극은 하나의 동기가 되어 줄 수 있습니다. 또한, 규율 있는 분위기 조성 및 잘못을 했을 때는 그에 상응하는 대가를 치러야 한다는 것을 학습시켜 줄 수 있습니다.

반: 그렇다면, 꼭 체벌만 그러한 효과가 있는 것입니까? 훈계만으로 충분히 가능하지 않습니까?

찬: 저는 체벌이 행동 교정의 유일한 방법이라고는 말하지 않았습니다. 체벌은 교육적 효과가 있기 때문에 남겨 두어야 한다고 말씀드렸습니다.

반: 체벌의 신체적 자극은 효과가 있다고 말씀하셨습니다. 맞습니까?

찬: 맞습니다.

반: 신체적 자극은 일시적으로 효과를 거둘 수는 있으나, 그것이 꼭 장기적 변화로까지 이어지지는 않습니다. 맞습니까?

찬: 학생은 미완의 인격체입니다. 그렇기 때문에 일종의 자극이 변화를 가져다주는 데 도움이 되는 측면은 존재한다고 말씀드릴 수 있습니다.

반: 학생은 미완의 인격체라는 말씀이십니까?

찬: 학생은 정신적으로 잘잘못을 판단하고 그것을 통제할 능력이 부족합니다. 그렇기 때문에 청소년 보호법 같은 법 조항을 통해 보호하고 있는 것입니다.

반: 인격은 태어날 때부터 부여되는 인간의 기본 권리입니다. 맞습니까?

찬: 그러나 학생은 그러한 기본권을 통제할 만큼의 판단력이 미흡하다는 점을 말씀드리고 싶은 것입니다. 그러한 판단력과 통제력을 가지고 있는 학생이라면 체벌의 대상이 되는 행동을 하지 않을 것입니다.

반: 교육 여건상 체벌이 불가피하다고 말씀하셨습니다. 맞습니까?

찬: 맞습니다.

반: 그렇다면, 교육 여건이 신장이 되어진다면 체벌은 행하지 않아도 된다는 말씀이십니까?

찬: 현재 우리 국가의 교육예산이나 복지에 드는 비용 측면에서 보면 교육 여건이 신장되기에 매우 어려운 실정입니다. 또한 신장된다 하더

라도 체벌은 교육과 관련된 것이므로 아이들의 정신적 측면이 매우 중요합니다. 아시다시피 의식적인 부분은 쉽게 변화되고 신장되는 것이 아님을 말씀드리고 싶습니다.

(만약 한 학급당 학생 수가 적어 교사가 그들을 일일이 파악하고 대화로써 해결될 수 있는 이상적 환경이 조성된다면 가능할 수 있다고 생각합니다. 그러나 현실에 비추어 볼 때 그 시기를 예측하는 것은 불가능하다고 생각합니다. 또한 김윤명(1996)의 연구에 따르면 교사의 92.7%, 학생의 82.7%, 학부모의 86.1%가 체벌이 필요하다고 인정한다는 조사 결과를 발표했습니다.)

반: "현재 우리나라의 학교는 특별 권력 관계 형성을 정당화시킬 수 있다" 라고 말씀하셨습니다. 맞습니까?

찬: 맞습니다.

반: 그렇다면 학교에서 교사가 학생의 우위에 있다는 사실, 인정하십니까?

찬: 교사는 가르치는 자 이전에 어른입니다. 그들이 먼저 살면서 일구어 놓은 삶의 터전이나 그로써 얻을 수 있는 지식은 학생들에게 도움이 될 만한 것이기에 우위에 있을 수 있다고 생각합니다.

반: 이상으로 확인 질문을 마치겠습니다.

3. 반대 측 입론 (갑)

반대 측 입론 시작하겠습니다. 저희는 교사의 학생 체벌은 필요하지 않다고 생각합니다.

첫째, 체벌에 대한 인식의 변화 때문입니다. 우리 문화에서는 체벌을 훈육의 일환인 '사랑의 매'로 관용하는 전통이 뿌리 깊이 자리하고 있습니다. 이것은 우리나라에 도입된 근대 학교 제도가 일제 군국주의를 통해서 들어왔기 때문입니다. 이때의 학교는 군사 교육을 함께 도입함으로써 일방적 순종, 복종을 강압하는 분위기가 지배적이었습니다. 이러한 교육 방식은 일제 시대라는 특수한 상황에서만 적용되는 것이었습니다만 한 번 고정된 인식이 변하지 않고 이어져 온 것입니다. 그러나 지금은 많은 인식의 변화로 인해서 차츰 체벌에 대한 논의가 많이 이루어지고 있습니다. 이렇듯 과거의 인식에 사로잡혀 현 시대를 놓쳐서는 안 될 것입니다.

둘째, 체벌은 폭력을 정당화하는 사회 심리적 계기를 제공하기 때문입니다. 체벌의 일상화는 해당 학생 인격에 대한 '낙인 효과'를 낳고, 공격성 및 학교 부적응을 가중시키게 됩니다. 체벌에 점점 익숙하게 되면, 자신 또한 그러한 체벌을 아무렇지 않게 여기게 되고, 다른 사람에게 폭력을 사용해도 된다는 인식을 갖게 만듭니다. 학교에서 행하는 체벌에는 정당성이 결여되어 있는 경우가 많습니다.

흔히, 체벌을 가하는 가장 큰 이유로는 학업과 관련된 것이 많았는데, 그 중에서도 수업 분위기를 위해서라는 응답이 가장 높은 것으로 나타났습니다. 교사들은 학업 분위기를 좀 더 좋게 하기 위해서 학생 몇 명만을 선택해서 그들에게만 벌을 가하게 되는 것입니다. 이렇게 소수를 희생양으로 내세운 정당하지 못한 체벌 행위는 학생들에게 교사에 대한 불신과 학업에 대한 흥미를 실추시킬 것입니다.

셋째, 체벌은 인권에 반하는 행동이기 때문입니다. 어린아이들은 대개 인격적으로 대우를 받지 못하는 경우가 많습니다. 그렇기 때문에 전 세계적으로 어린아이들에 대한 인권을 보장해 주기 위한 여러 가지 법이나 제도들도 어른들의 인권에 비해서는 늦게 발달한 편입니다. 어린아이들이라고 해도 하나의 인격체입니다. 그들도 자신이 무엇을 했는지에 대해서 알고, 그것이 잘못되었는지 아니면 잘된 일인지 판단을 할 수 있습니다. 하지만, 체벌을 가하게 되면 판단하는 능력을 빼앗기고 맙니다. 일종의 신체적 자극을 얻게 되면서 자신이 잘못했음을 알게 되는 것이기 때문입니다. 또한 헌법 제10조를 보면 인간의 존엄성 보장을 최고의 원칙으로 삼고 있습니다. 12조에는 법률에 의하지 않은 신체 침해를 금지한다고 명시했습니다. 체벌은 이런 개인이 보장받아야 할 권리를 침해하는 행위입니다.

넷째, 체벌의 교육적 효과는 일시적 눈속임에 불과하기 때문입니다. 과연, 체벌을 행했을 때 교육적인 효과가 더 높게 나타나는 것일까요? 그렇지 않습니다. 체벌은 바람직하지 않은 행동을 일시적으로 억제시킬 수는 있어도 지속적으로 행동을 교정하거나 변화시키는 데는 큰 효과를 나타내지 못합니다.

인간은 누구나 한 번의 자극에는 반응을 하게 되지만, 똑같은 자극을 지속적으로 준다면 그 자극에 익숙해져 결국 더 강도 높은 자극이 올 때 비로소 반응하기 때문입니다. 2003년에 행해진 설문 조사에 따르면 체벌을 가했을 경우 효과가 없다고 응답한 비율이 50%를 차지했습니다. 즉 체벌은 장기적 효과를 갖지 못함을 알 수 있습니다.

마지막으로 체벌은 교사의 감정이입으로 인해 객관성이 부족하기 때문입니다. 체벌은 대체로 교사가 흥분한 상황에서 이루어집니다. 따라서 교사의 이성적 판단이 흐려질 가능성이 매우 큽니다. 객관적이지 않은 체벌은 피체벌자의 반발심만 크게 할 뿐입니다. 이 같은 결과는 교육적 효과의 측면보다는 교사와의 사이를 멀어지게 하는 등 비교육적 측면이 강하게 나타날 수 있습니다.

4. 찬성 측 확인 질문 (을)

찬: 찬성 측 확인 질문 시작하겠습니다. 현재 체벌의 교육 방식, 일제시대의 산물이라 말씀하셨습니다. 맞습니까?

반: 맞습니다.

찬: 그렇다면 체벌을 시행하는 국가는 과거 이런 식민지 경험을 했다는 말이 됩니다. 맞습니까?

반: 저희는 그러한 방향으로 말씀드린 게 아니라 우리나라의 특수한 상황이 현 교육에 영향을 미치고 있음을 말하고자 한 것입니다.

찬: 학교에서 교육의 목표 실현을 위해 가하는 신체적 고통이 체벌입니까? 폭력입니까?

반: 체벌입니다.

찬: 체벌이라고 인정하셨습니다. 그렇다면 체벌과 폭력은 같습니까?

반: 꼭 같지는 않으나 체벌과 폭력은 상관관계가 있다고 생각합니다.

찬: 저희는 체벌과 폭력은 엄연히 다르며 그 상관관계가 없다는 측면을 계속해서 말씀드리도록 하겠습니다. 계속해서 질문하겠습니다. 체벌은 일시적 효과가 있다고 말씀하셨습니다. 맞습니까?

반: 맞습니다. 하지만 교육이란…….

찬: 답변 충분합니다. 체벌의 교육적 효과 인정하셨습니다. 체벌이 학생의 인권을 침해하는 요소라고 말씀하셨습니다. 맞습니까?

반: 맞습니다.

찬: 그렇다면 학생의 동의하에 이뤄지는 체벌도 인권침해입니까?

반: 학생의 동의가 강제적인지 자율적인지 상황에 따라 달라질 수 있다고 생각합니다.

찬: 그렇다면 학생이 자율적으로 인정한 상황의 체벌은 인정하시는 겁니까?

반: 교사의 권위와 공포적 분위기에 의해 진정한 의미의 자율적 선택은 이뤄지기 어렵다고 생각합니다.

찬: 체벌에 교사의 감정이입이 될 소지가 다분하다고 하셨습니다. 맞습니까?

반: 맞습니다.

찬: 그렇다면 교사의 감정이 이입된 것과 그렇지 않은 체벌, 구분할 수 있습니까?

반: 피체벌자인 학생의 입장에서는 구분이 가능하고, 그렇기 때문에 여러 부작용들이 나타나는 것이라 생각합니다.

찬: 피체벌자인 학생의 판단이 잘못되었을 경우에도 교사의 잘못입니까?

반: 학생의 판단이 잘못되었고 교사의 판단이 옳다고 생각하지는 않습니다.

찬: 학생이 체벌을 받는 상황 역시 학생도 이성적 판단이 흐릴 수 있음을 인정하셨습니다. 저희 찬성 측에서는 체벌에 교사의 감정이입보다는 받아들이는 학생이 어떻게 받아들이느냐에 따라 그 효과가 달리 나타날 수 있다는 측면에서 계속 말씀드리도록 하겠습니다.

이상, 찬성 측 확인 질문 마치겠습니다.

5. 찬성 측 반론 1 (병)

찬성 측 첫 번째 반론 시작하겠습니다. 먼저 반대 측에서 체벌에 대한 인식적 측면 말씀하시면서 이렇게 말씀하셨습니다. "근대 학교 제도가 일제 군국주의를 통해서 들어왔기 때문에 학교는 군사 교육을 함께 도입함으로써 일방적 순종, 복종을 강압하는 분위기가 형성되었습니다. 이러한 교육 방식은 일제시대라는 특수한 상황에서만 적용되는 것이었습니다."

그렇다면 현재 체벌을 허용하고 있는 국가들은 모두 식민지의 시대의 상황과 비슷하다는 것인지 의구심이 듭니다. 또한 반대 측 입론에 의하면 과거 식민주의를 경험한 국가들이 모두 체벌에 대한 인식이 잠재되어 있어야 한다는 의미인데 그렇지 않음을 말씀드립니다. 단적인 예로 영국의 식민지를 경험한 미국만 보아도 알 수 있습니다.

체벌하지 않았을 때 문제 무엇입니까? 한 학생의 잘못된 행동으로 모든 학생이 수업의 권리를 침해받도록 방치해야 합니까? 모든 학생들이 그 학생을 체벌할 것을 요구할 때는 어떻게 대응해야 합니까? 체벌을 무차별하게 사용하자는 의미가 아닙니다. 저희는 폭력을 주장하는 것이 아니라 체벌의 필요성을 주장하는 것입니다. 체벌은 혹시 있을 사고에 대비하는 안전망과 같습니다. 안전망 유지 비용이 불필요하게 들고 그런 사고가 극소수라 하여 안전망을 철회할 것인지, 반대 측에게 묻고 싶습니다.

1996년 11월 교육개혁위원회는 「민주 시민 교육의 방향과 개혁 과제」라는 시안을 제출하였습니다. 그 시안은 학생들에 대한 교사의 체벌을 일체 금지하고 교사들의 경어 사용을 의무화할 것을 제안했습니다. 이에 따라 교육부는 당초에는 "초·중등 교육법"에 학생 체벌 금지 조항을 신설할 예정이었습니다. 그러나 교육부는 교육 현실을 제대로 파악하지 못한 탁상공론을 폈다는 지적을 피할 수 없었습니다. 이에 1998년 3월 새로이 제정된 초·중등 교육법에서는 체벌의 불가피성을 인정하는 방향으로 법조문을 제정하였습니다.

성인 사회에서 통용되는 벌의 개념은 그 사회에서 적용되는 법을 준수하지 않았을 때 가해지는 수단으로, 지극히 제한적인 것입니다. 이에 반하여 학교 사회에서의 벌의 개념은 도덕적인 가치 기준의 수락 등 보다 바람직한 행동의 습득이나 육성을 위해 활용되는 보다 넓고 포괄적인 의미로 받아들여지고 있습니다. 성인 사회에서의 처벌이 바로 학교 사회에서의 체벌인 것입니다.

입론의 세 번째 주장에서 학교 내의 체벌은 특별 권력 관계 형성에 따른 정당화가 가능하다고 주장한 바 있습니다. 이러한 관계가 무너졌을 경우에 발생하는 현상으로는 교권의 하락, 학생의 교사에 대한 폭행을 들 수 있습니다.

1996년 11월 4일 『조선일보』에 따르면 1987년 모든 공립학교에서 체벌을 금지시킨 영국에서 1996년도에 잦은 학교 폭력으로 2개 학교가 폐쇄 사태까지 간 것을 계기로 영국 내에서 10년 전 금지했던 학교 체벌을 다시 부활하라는 여론이 일어나고 있다는 독일 『디벤트』지 의 내용을 보도한 바 있습니다. 또한, 영국 일간지 *Sunday telegraph*에서 최근에 실시한 여론조사에서는 영국인의 68%가 학생들에 대한 육체적 매질 즉, 체벌에 찬성했다고 보도했습니다. 교사들은 교내 폭력과 교사들에 대한 위협이 늘어 가는데 체벌마저 못하게 되었으므로 퇴학이 불가피하다는 입장을 취했습니다.

규칙과 규율을 어기고 폭력으로 문제를 해결하려는 학생을 학교가 최후의 수단으로 퇴학시키고 사회에 내보내면 그 학생은 사회 부적응자로 전락할 것이고, 사회에 악영향을 미칠 것입니다. 학교는 이를 방치하는 것이 아니라 바로잡아야 하는 곳입니다. 국가는 이를 법적인 조항으로 뒷받침해 주고 힘을 실어 주어야 할 것입니다.

미국의 예일대 교수인 코미 교수는 10대들의 공통 증상으로 외부로부터 받은 자극을 자제할 수 없어 '칵' 하고 분출해 버린다고 표현했습니다. 10대들의 충동적인 반항심을 바로잡아 주기 위해서 많은 방법이 필요한데 그중 최후의 수단으로 체벌을 남겨 두어야 합니다.

이상 찬성 측 첫 번째 반론을 마치도록 하겠습니다.

6. 반대 측 확인 질문 (갑)

반: 반대 측 확인 질문 시작하겠습니다. 체벌이 직접적 효과가 나타나기 때문에 다른 훈육의 수단 대신 체벌을 선택할 가능성이 높습니다. 맞습니까?

찬: 교육은 빠르게가 목적이 아니라 가장 효과적인 방법으로 훈육하는 게 목적이므로 꼭 체벌을 선택하게 될 것이라 장담할 수 없습니다.

반: 학교 체벌, 학교장의 재량이지 교사의 재량은 아니지 않습니까?

찬: 학교장은 학교의 정책을 결정하는 사람이라면 그것을 실행하는 사람은 교사입니다. 또한 학생을 실질적으로 가르치고 훈육하는 사람 또한 교사이므로 교사에게 그 재량권이 있다고 할 수 있습니다.

반: 체벌이 계속되다 보면 내구성이 생겨 점차 그 강도를 높이게 될 것이고 결국 폭력이 될 수 있습니다. 맞습니까?

찬: 체벌은 교육적 목적을 위한 고통이므로 폭력과는 목적 자체가 다르다고 생각합니다.

반: 아무리 훈육을 목적으로 한다 할지라도 한 학생에게 반복적으로 행해

질 수 있습니다. 맞습니까?

찬: 반복적이라는 것은 그 학생이 잘못된 것의 개선 의욕이 약하다는 것이고, 교사는 그런 학생도 붙잡아 주어야 한다고 생각합니다. 체벌도 교사가 학생에 대한 열정과 사랑이 있어야 가능하기 때문입니다.

반: 지식 정보화 사회로 점점 변모하는 현 시점에서 특별 권력 관계의 인정이 꼭 필요합니까?

찬: 지식 정보화 사회로 변모하고 있다 하더라도 한해 교육예산비나 입시 위주의 사회 구조 등은 변화하지 않고 있기 때문입니다.

반: 이상적인 교육 여건이란 무엇입니까?

찬: 교사가 학생들의 학업 증진과 인성 등의 측면을 충분히 돌아보고 준비할 수 있도록 수업 이외의 업무량을 줄이는 것이며, 한 학급당 학생의 수를 15명 정도로 제한하는 것과 입시 위주의 수업을 학생의 소질과 능력 계발 중심 교육으로 바꾸는 것이 그것입니다.

반: 교사의 권리를 위해 체벌이 필요합니까?

친: 체벌은 학생의 잘못을 바로잡는 것이 제1의 목적입니다. 따라서 학생의 잘못된 행동을 교정해 줌으로써 학생들은 스스로 교사에 대한 권위를 갖게 될 것입니다.

반: 이상으로 반대 측 확인 질문을 마칩니다.

7. 반대 측 반론 1 (병)

반대 측 반론 시작하겠습니다. 찬성 측에서 체벌이 법령에 의한 것이기 때문에 정당화되어야 한다고 말씀하셨습니다. 현재 법은 미완전한 존재이며 끊임없이 논란이 되고 있습니다. 얼마 전에는 상상도 하지 못했던 호주제가 폐지되는 등 법은 시대와 상황에 따라 유동적으로 움직입니다. 그러므로 헌법에 명시되어 있다 하여 아무 하자가 없는 문제는 아니라는 뜻입니다.

체벌 또한 마찬가지입니다. 게다가 체벌에 대해 헌법은 불가피한 경우에만 허용한다고 명시하고 있습니다. 이는 경우에 따라 체벌을 해서는 안 된다고 받아들여질 수 있는 여지가 다분합니다. 대체 불가피한 경우란 무엇입니까? 교육 현장에서 이런 불가피한 경우가 일어날 수 있는지 찬성 측에서 설명해 주시기 바랍니다. 헌법적 측면에서 본다면 체벌은 분명 제10조에 있는 "헌법은 인간의 존엄성 보장을 최고의 원칙으로 삼는다"라는 법 조항을 위반하는 행위라 할 수 있습니다.

인간의 존엄성이란 인간으로 태어날 때부터 인정되고 보호받아야 할 보편적 가치입니다. 미성숙으로 인해 인권이라는 인식을 못하는 어린아이일지라도 존중받고 보호받아야 마땅한 것입니다.

만약 체벌로 행동의 개선을 보인다 하더라도 그것은 일시적 눈가림에 불과합니다. 또한 체벌로 인해 자신의 잘못의 대가를 치렀다 생각하고 반성이나 행동의 개선을 보이지 않을 가능성이 또한 다분합니다. 이런 체벌을 허용하는 것이 교사의 본분에 충실하다는 것인지 찬성 측의 충분한 반론 부탁드립니다.

8. 찬성 측 확인 질문 (갑)

찬: 찬성 측 확인 질문 시작하겠습니다. 우리나라는 법치주의 국가입니다. 맞습니까?

반: 맞습니다.

찬: 그렇다면 법치주의 국가에서 법을 지키는 준법정신, 중요합니까, 중요하지 않습니까?

반: 중요합니다.

찬: 네, 준법정신의 중요성 인정하셨습니다. 저희 찬성 측은 헌법상 허용한 체벌, 긴급 상황 조치, 특별 권력 관계 등의 법적 정당성에 대해서 계속해서 말씀드리겠습니다. 다음 질문하겠습니다. 학생과 교사 사이의 문제, 누가 가장 잘 압니까?

반: 학생과 교사입니다.

찬: 네 학생과 교사입니다. 그렇기 때문에 교사가 학생의 상황을 두고 불가피한지 불가피하지 않은지 판단할 수 있습니다. 맞습니까?

반: 교사가 판단했지만 학생이 수긍하지 못하는 판단을 내릴 수 있습니다.

찬: 교사와, 학생 — 누가 더 인생에 도움이 되는 조언과 이치를 가르칠 수 있습니까?

반: 청소년기의 학생에게는 친구들의 조언이 더 큰 위안과 도움이 될 것

입니다.

찬: 그러나 근본적으로 친구들의 조언이 문제를 해결해 주지는 않습니다. 같은 시기를 겪었고 극복한 어른으로서 인생의 지혜를 가진 교사의 권위, 존중되어야 합니다. 맞습니까?

반: 존중되어야 하지만 그 수단이 체벌이어서는 안 됩니다.

찬: 존중되어야 한다고 인정하셨습니다. 권위에 의한 호소가 가능합니까, 가능하지 않습니까?

반: 가능합니다. 거듭 말씀드리지만 체벌이란 강압에 의한 권위는 학생과 사회에 악영향을 미칩니다.

찬: 체벌을 전면 금지하였을 때, 학생의 교사 폭행이 빈번하게 이슈화되었습니다. 인생의 지혜를 가진 자로서의 권위가 무너지면 우리 교육 무너집니까, 유지됩니까?

반: 꼭 교사의 권위가 무너진다고 교육이 무너지는 것은 아닙니다.

찬: 교사의 권위는 이 사회 연장자들에 대한 행위라 볼 수 있습니다. 맞습니까?

반: 교사와 사회 연장자들의 위치는 다르다고 생각합니다.

찬: 그렇다면 교사에게 권위가 없어야 건전한 교육이 가능합니까?

반: 그런 말씀드린 적 없습니다.

찬: 알겠습니다. 우리 사회 통념상 웃어른을 공경하는 것이 사회 상규로 자리하고 있습니다. 따라서 학생은 교사의 체벌을 통해 교육의 효과를 더 갖는 것입니다. 반대 측에서는 체벌이라는 안전망 없이 어떻게 개인주의가 팽배한 현 사회에서 올바른 교육 효과를 기대할 수 있을지 설명해 주시기 바랍니다. 이상으로 찬성 측 확인 질문 마치겠습니다.

9. 찬성 측 반론 2 (을)

찬성 측 두 번째 반론 시작하겠습니다. 반대 측에서 체벌은 폭력을 정당화하는 사회 심리적 계기를 제공한다고 말씀하셨습니다. 그러나 체벌은 폭력을 정당화하는 행위가 아님을 말씀드리도록 하겠습니다. 만약 교사가 잘못을 한 학생에게 체벌을 가할 때, 그 체벌이 교사의 화풀이나 분함을 해소,

전가시키기 위한 수단으로서 여겨지면 그 체벌은 정당화될 수 없는 것입니다. 그러나 교사가 교육적 목적하에 학생에게 지속적인 기회를 주고, 학생이 저지른 잘못된 행동의 성질, 그러한 행동을 하게 된 동기, 체벌이 학생에게 미치는 영향 등을 종합적으로 고려한 뒤, 사회적 상규에 어긋나지 않는 범위에서 행하는 체벌은 정당성을 획득할 수 있습니다.

여기서 사회적 상규란, 그 나라에서 통용되는 규칙을 말합니다. 학교에서는 잘못을 한 학생의 행동 교정과 다른 학생들의 수업 받을 권리를 침해하지 않는 범위 내에서의 체벌 허용을 사회적 상규로 인정하고 있습니다. 이와 같은 사회적 상규에 어긋나지 않는 범위 내에서 체벌을 하는 경우, 체벌은 폭력을 정당화하는 행위가 아니라 학생의 행동 교정을 목적으로 하는 교육적 행위로 인식되며, 사회적 상규에 의해 학생들도 체벌을 폭력이라 오인하지 않게 됩니다.

다음으로 체벌이 인권침해의 요소가 다분하다고 말씀하셨습니다. 그렇다면 타인의 권리를 침해하면서 자신의 인권을 보호받길 원하는 것은 합당한 처사일까요?

2006년 11월 30일자 『동아일보』는 한 초등학생이 훈계를 하던 담임교사의 얼굴을 수차례 때린 사건이 보도되었습니다. 기사에 따르면 그 학생은 평소에도 다른 학생들에게 폭력을 행사하여 교내 봉사 등의 징계를 받고 있었는데, 이날도 다른 학생을 폭행해 담임교사는 이 학생을 불러 훈계를 하는 과정에서 2, 3차례 장구채로 체벌을 하였습니다. 이에 학생이 교사를 폭행하게 된 것입니다. 여기서 이 학생의 평소 행동은 분명히, 다른 학생들의 신체적으로 보호받을 권리를 침해한 것입니다. 이에 교사는 수차례 훈계를 하였고, 교내 봉사라는 징계를 하였음에도 불구하고 학생의 행동이 교정되지 않았기 때문에 긴급 피난의 사유로서 다수의 이익을 위해 학생을 체벌하기에 이릅니다.

여기서 눈여겨보아야 할 점은 교사가 훈계 등의 유순한 방법을 거쳐 최종적으로 체벌을 사용했다는 점입니다. 또한 그 학생을 체벌하는 상황에서도 학생을 존중해 주기 위해서 다른 학생들이 없는 곳에서 '장구채'라는 일정한 체벌의 도구를 사용해서 체벌을 하였다는 점입니다. 이러한 상황에서 과연, 체벌이 학생의 인권을 침해한 요소가 포함되어 있다고 할 수 있을까요?

교사는 학생이 스스로 잘못을 시정하도록 기회를 주었고, 최후의 수단인 체벌을 긴급 피난의 사유로서 행한 것이기 때문에 인권침해의 요소가 아니라고 생각합니다. 학생들 또한 우리나라의 문화 속에 살고 있으므로 사회 상규를 이미 알고 있습니다. 따라서 학생들 스스로 교사가 폭력을 행사하는 것인지 교육의 수단으로 체벌을 사용하는 것인지 구분할 수 있다는 것을 의미합니다. 그러나 통제 능력이나 기타 판단력과 같은 것이 부족한 실정이므로 지속적으로 교사의 관심과 훈육, 체벌 등의 교육을 병행해야 하는 것입니다. 이상, 찬성 측 반론을 마치겠습니다.

10. 반대 측 반론 2 (을)

반대 측 최종 반론 시작하겠습니다. 찬성 측에서 개인은 개인이 속한 문화를 따로 배우지 않아도 사회적 상교를 체득할 수 있다고 말씀하셨습니다. 그 논거로 체벌이 현재 사회에서 일반적으로 통용될 수 있다고 말씀하셨습니다. 그렇다면 현재 사회에서 일반적으로 통용되는 것들은 모두 옳은 것입니까? 잘못된 사고방식이 계속해서 대물림되고 있다고 생각하지 않으십니까?

저희 반대 측에서 주장하는 바는 초·중등 교육에서 체벌은 필요하지 않다는 것입니다. 현재 우리나라에서 사람이 사람을 때릴 수 있다고 정한 곳은 오직 학교와 군대뿐입니다. 이렇게 단적으로 드러나지 않습니까? 군대는 군대 생활의 기강을 바로잡기 위해서 체벌을 허용합니다. 군대는 철저히 계급적인 사회입니다. 아예 자신이 입은 옷에 일병인지 이병인지 알 수 있게 해 놓습니다. 하지만, 학교는 어떻습니까? 학교는 배우는 사람과 가르치는 사람으로 나뉠 수 있습니다. 하지만, 넓게 본다면 선생님도 학생들을 통해서 배울 수 있는 것이 있을 것입니다.

지금 찬성 측에서 주장하는 바는 학교를 이등분화 시켜 계급으로 나눈 것에 불과합니다. 학교는 가르치고 배우는 장소입니다. 아직 어린아이들에게 사회적으로 통용되는 이러한 관습을 가르치는 것이 소용이 있는 문제일지는 생각해 보아야 할 것입니다.

또한 체벌이 일어나는 분위기는 어떻습니까. 교사가 화를 내는 공포적 분위기 속에서 과연 민주적인 의사소통이 가능할지 의문이 듭니다. 찬성 측에서도 먼저는 훈육을 통해 교육을 하고 최후의 수단으로 체벌을 남겨 두어야 한다고 주장하셨습니다. 그러나 공포적 분위기 속에서 교사와 학생 사이 충분한 대화가 가능하지 못할 것입니다. 이런 분위기 속에서 체벌을 통한 학생의 행동 개선이라는 교육적 목표 달성은 이루어질 수 없다고 말씀드리고 싶습니다.

앞으로의 사회는 지식 정보화 시대로 획일화된 교육보다는 창의적이고 개성적인 측면이 강조되어야 할 것입니다. 교사의 학생을 대하는 태도나 훈계, 훈육의 방법 또한 다가올 시대에 맞게 변화해야 한다고 생각합니다. 그런 의미에서 체벌은 시대에 반하는 행동이며 학생들을 미성숙하다 치부하여 그들의 발전 가능성을 제한하게 될 것입니다.

11. 찬성 측 최종 발언

찬성 측 최종 발언 시작하겠습니다. 반대 측에서는 "잘못된 사고방식이 계속해서 대물림되어도 옳은 것인가?"라는 질문을 하셨습니다. 대물림을 거듭해 왔다는 것은 그만큼 많은 사람들이 인정하고 보존하고자 한 가치라는 것을 의미합니다. 체벌의 경우도 마찬가지라 생각합니다. 이런 체벌을 한때 금지한 영국의 경우 체벌을 통해 유지되어 오던 교육적 효과 및 학생 선도의 벽이 무너져 그 폐단들이 금세 수면 위로 떠올랐습니다.

법적으로 잘못을 범한 학생들을 선도할 최후의 수단을 거두자 교사는 퇴학이라는 극단적인 방법을 선택하게 되었습니다. 영국에서 퇴학이 급증하기 시작한 것이 체벌을 금지한 시점이었다는 사실이 이를 뒷받침해 주고 있습니다. 이러한 상황 속에서 영국 정계에서는 체벌 허용 법규를 다시 마련해야 한다는 논의가 강력히 일어났습니다. 영국의 예만 보더라도 최후의 안전망으로 체벌을 허용하는 것과 그렇지 않은 차이를 알 수 있습니다.

교사의 학생 체벌, 필요하다는 첫 번째 주장으로 체벌의 법제화를 말씀드렸습니다. 여기에서 반대 측, "법에 명시되어 있다면 모두 지켜야 하는 것입니까" 라고 확인 질문해 주셨습니다. 이에 저희 찬성 측은 법은 일류 보편적 도덕성을 반영하는 것이고 사회적으로 다수가 인정하는 것이라고 말씀드렸습니다.

두 번째로 교사는 행동 교정자로서의 역할에 충실해야 함을 주장하였습니다. 교사는 학생들을 교육적 목표 아래에서 가르칠 의무가 있습니다. 교사는 학생들이 학교와 사회에 적응하도록 도와야 하며, 그 밖에 잘못된 행동을 했을 경우, 행동 교정을 도와주어야 할 의무가 있습니다. 이러한 과정에서 체벌이 필요할 경우 긴급 조치성이 인정되어 체벌을 할 수 있고 법적으로도 아무런 문제가 되지 않음을 주장했습니다. 이에 대해서 반대 측 반박 들어오지 않았습니다. 그렇다면 이 부분은 인정한 것이라고 판단하겠습니다.

마지막 주장은 현재 교육 여건상 체벌이 불가피함을 주장하였습니다. 학급 당 학생 수가 많은 우리나라, 입시 위주의 교육 및 학업에 의해 지위가 결정되는 현 사회의 모순된 제도 속에서 학교는 학생들을 통제하기 위해 특별 권력 관계를 행사할 수 있습니다. 이런 특별한 권력 관계 속에서 체벌은 학생들 선도에 필요한 수단임을 말씀드렸습니다. 또한 체벌은 교육적으로 효과가 있다는 면을 주장하였고, 이 부분에 대해서는 찬성 측에서도 효과가 있다고 인정하셨습니다.

체벌은 사회적으로 뜨거운 감자입니다. 뜨거운 감자와 같이 쉽게 건드릴 수 없지만, 맛있는 감자를 먹기 위해서는 뜨거운 감자의 껍질을 벗겨 내는 과정이 있어야 할 것입니다. 지금 이렇게 체벌에 관해서 논의를 펼쳐 나가는 것도 감자를 먹기 위한 하나의 과정일 것입니다. 감자를 먹는 최종적인 과정을 체벌에 도입을 시켜본다면 바로 교육에 있어서 최대한 효율적인 방법을 찾는 것일 것입니다. 저희는 체벌이 최선의 방법이라고 주장하는 것이 아니라 그 필요성에 대해 주장하는 것입니다.

마지막으로 체벌은 오토바이 폭주족들에게 헬멧을 씌워 주는 것과 같다는 말씀을 드리고 싶습니다. 헬멧이 사고가 일어나지 않도록 막아 주는 역할은 하지 못합니다. 하지만, 사고가 날 경우 헬멧을 쓰고 있다면, 최소한 중요한 신체 부위인 머리를 보호해 줄 수 있는 것입니다. 이것처럼 체벌도 학생이 자신의 잘못을 깨닫게 해 주는 하나의 방법이라는 것을 말씀드리고 싶습니다. 이상 찬성 측 최종 발언을 마치도록 하겠습니다.

12. 반대 측 최종 발언

찬성 측 최종 발언 시작하겠습니다. 저희 반대 팀은 체벌은 이 세상에서 사라져야 할 제도이며 풍습이라고 여러분께 말씀을 드립니다. 찬성 팀원들께서 체벌이 아니면 다른 방안이 없기 때문에 체벌은 필요악이라고 주장하셨습니다. 하지만 체벌의 목적은 학생에게 반성을 하게 함으로써 다시는 그와 같은 잘못을 되풀이하지 않게 하려는 것이라고 할 수 있습니다. 체벌의 대안도 마찬가지로 이와 같은 목적을 달성하면 되는 것입니다. 학습과 관련해서는 체벌 대신에 시를 외워 오게 한다든지, 책을 읽고 글쓰기를 하게 하는 것 등이 있고, 교사와의 교감을 고려한다면 불러서 1:1 대화를 한다든지, 남아서 선생님과 함께 퇴근을 하는 것 등이 있고, 분노 조절 및 통제 훈련의 측면에서는 운동장을 걷게 한다든지, 마음을 차분하게 하는 시간을 갖게 하는 것 외에도 작지만 효과적이고 교사와 학생 모두에게 도움을 줄 수 있는 것들이 많습니다. 단지 우리가 여태껏 체벌에 길들여진 생활을 해 왔기 때문에 체벌이 아니고서는 그릇된 행동을 고칠 수가 없다고 생각하는 것뿐입니다.

저희 반대 팀은 체벌 금지를 법제화하여 더 이상 위와 같은 비인격적인 체벌로 고통 받는 사람들이 없었으면 합니다. 학생들의 교육받을 권리는 인간적인 성장 발달을 위한 권리를 의미합니다. 따라서 학생의 교육을 실현할 수 있는 수단이기 때문에 이에 대한 보장은 국가적 차원에서 이루어져야 합니다. 『꽃으로도 아이를 때리지 말라』라는 자유 교육의 선구자인 프란시스코 페레의 평전이 있습니다. "꽃으로도 아이를 때리지 말라"라는 것은 권위에 의한 어떤 억압도 아이들에게 실행되어서는 안 된다는 페레의 비권위적 사고를 극단적으로 대변합니다. 진정한 교육자는 학생에게 그 자신의 생각과 의지를 강요하지 않으며, 학생의 에너지에 호소합니다. 참된 교육자는 심지어 그 자신의 사상이나 의지에 반하더라도 학생을 존중하며 학생의 에너지에 최대한 호소할 수 있는 사람이어야 합니다. 이상, 토론을 모두 마치겠습니다. 감사합니다.

4장 토론 후 자기 점검하기

토론이 끝난 후 토론자들은 '이제 끝났다. 만세!' 하고 접어 버릴 것이 아니라 토론에 대해서 팀원들과 함께 또는 혼자서 그날 수행한 토론에 대한 평가를 내려 보는 시간을 갖는 것이 좋다. 자신들의 활동과 활동의 결과에 대한 평가와 반성의 시간을 갖는 것은 앞으로 훨씬 더 나은 토론을 수행하는 데 큰 자양분이 될 것이다.

▪ 인식적 측면 : 토론의 내용에 대한 종합적인 정리와 평가

- 잘못 제시된 근거는 없었나?
- 답변이 충분하고 설득력이 있었나?
- 적절하고 깊이 있는 반론을 펼쳤나?
- 질문과 무관한 답변을 하지는 않았나?
- 논점에서 벗어난 주장은 없었나?

▪ 정서적 측면 : 토론의 표현에 대한 평가

- 청자의 입장을 고려했나?
- 적절한 표현을 사용했나?

▪ 윤리적 측면 : 토론의 방법과 태도에 대한 평가

- 토론의 규칙을 잘 준수했나?

- 상대를 존중했나?
- 발언을 할 때 인신공격성 발언을 하거나, 상대의 반론에 대해 감정적인 대응을 하지 않았나?
- 상대방이 발언할 때 중간에 자르거나 끼어들지는 않았는가?

〈연습문제〉

1. 영화 『12인의 성난 사람들』을 보고, 여기에 등장하는 12인의 토론자들의 토론을 로고스, 에토스, 파토스라는 세 가지 측면에서 평가해 보시오. 그리고 가장 문제가 많은 토론자가 누구인지 지적해 보시오.

2. 각종 토론 대회 동영상 또는 TV 방송 토론 프로그램을 보고 각 팀의 토론 내용을 인식적 측면에서 평가하여 보시오.

3. 조별로 촬영된 토론 수행 동영상을 보면서 각자의 토론 수행 능력을 평가, 반성해 보시오.

5장 글쓰기로 마무리하기

토론이 끝난 후에는 구어적 의사소통을 통해 강화되거나 혹은 약화된 자신의 논증을 글쓰기를 통해 더욱 발전시키고 명료하게 정리할 필요가 있다. 토론 전에 본인이 가졌던 입장이나 관점이 토론 후에 어떻게 수정 혹은 강화되었는지 그리고 그것은 무엇 때문인지를 되짚어 보면서 자신의 최종 주장을 합리적인 이유와 근거를 들어 제시하는 글을 써 보자.

〈연습문제〉

1. 본인이 토론한 논제에 대한 글을 써 보시오. (본인의 주장과 근거가 명확하게 드러나는 글)

2. 글쓰기를 통해 강화된 부분이 있다면 어떤 부분인지 이야기해 보시오.

3. 토론을 하기 전, 토론 수행 중, 토론을 하고 나서 논제에 대한 본인의 입장이 각각 어떻게 달라졌는지, 그리고 그렇게 된 원인은 무엇인지 분석해 보시오.

〈토론 후 글쓰기 예시〉

양심적 병역 거부에 관하여

1. 들어가며

양심적 병역 거부는 몇 년 전 부터 중요하게 떠오른 논쟁거리이며, 여전히 이를 둘러싼 논의가 뜨겁다. 양심에 따른 병역 거부를 인정해 주는 제도는 그 자체로 매우 중요한 인권 문제임에도 불구하고 우리 사회에서는 병역 기피의 수단이 아닌가 하는 의심의 눈초리와 특정 종교에 대한 봐 주기라는 차가운 비판의 목소리 때문에 아직은 용인되고 있지 않은 제도이다. 특히 이제까지 양심적 병역 거부로 구속되어 있는 이들이 모두 여호와의 증인이라는, 특정 종교인이기 때문에 인권 문제로 접근하기보다는 이들을 이단시하고 배척하려는 경향이 조금 더 짙다. 하지만 지난해 말 국가인권위원회의 대체 복무제 입법 권고가 있은 후 국방부에서는 대체복무연구위원회를 발족시켜 대체 복무를 검토하는 방향의 전환이 이루어졌다. 아직 뚜렷한 결론이 나지 않은 상태인데 이를 둘러싸고 당분간은 상당한 의견의 대립이 예상된다. 우리는 수업 중 이 논제를 토론하면서 양측의 주장과 근거 그리고 그것들의 타당성 등을 따져 보았다. 이 글에서는 토론 후 정리된 나의 주장을 근거와 함께 제시하고 상대편의 주장에 대한 반박, 내가 생각하는 대안 등을 차례로 피력해 보도록 하겠다.

2. 양심적 병역 거부를 반대하는 나의 의견

1) - 1. 남북 분단, 병력 가용 자원 부족 그리고 국민들의 반응에 의해 우리나라에서 양심적 병역 거부를 인정하는 것은 적합하지 않다

우리나라는 세계에서 가장 폐쇄적인 국가인 북한과 군사적으로 대치하고 있다. 게다가 한반도는 지금 휴전 상태이고 지난 수년 동안 서해 교전을 두

차례나 치렀다. 현재는 북한이 핵실험을 하는 등 위협적인 자세를 취하고 있어 긴장감이 고조된 상태이다. 게다가 우리나라는 1980년도의 출산율 저하 때문에 병력 가용 자원이 2004년도부터 부족한 상황이며, 이 부족한 인원을 채우기 위해 예전에는 병역 면제 또는 상근 예비역으로 분류되었던 이들이 징병 대상자인 현역으로 분류되고 있는 실정이다. 이러한 상황 속에서 양심적 병역 거부를 인정하면 어떻게 될까? 국가는 국가의 생존을 위해 적정 수준의 군사력을 보유할 필요가 있으며 현재 우리나라의 상황처럼 전쟁의 가능성이 있을 때는 만일을 대비하여 병력을 충분히 확보해야 한다. 이러한 현실을 도외시한 양심적 병역 거부권 인정 주장은 무책임한 것이 아니라 할 수 없다.

무엇보다 국가 안보가 탄탄해야 국민이 있고, 그리고 나서야 개인의 양심이나 신념도 지켜질 수 있다. 국가가 먼저인지 국민이 먼저인지를 논하는 것은 닭이 먼저인지 달걀이 먼저인지를 논하는 것과 같다. 내가 주장하고 싶은 것은 국가가 있어야 국민이 있다는 것이 아니라 국가가 있어야 국민의 권리를 인정받을 수 있다는 것이다. 현재 우리나라의 현실을 직시하고 국방의 중요성을 인식해야 한다고 생각한다.

또, 국민들의 여론에 의해서도 양심적 병역 거부를 인정하는 것은 적합지 않다. 우리나라의 경우 양심적 병역 거부자에 대한 합의가 광범위하게 이루어져 있지 않으며 여론 역시 부정적인 편이다. 물론 소수의 의견도 중요하지만 소수를 위해서 다수의 의견을 무시할 수는 없다.[1] 모든 일에는 희생이 필요하다. 소수를 위해 큰 희생을 요구하는 것은 잘못된 것이라고 생각한다.

1) - 2. **양심을 판단하는 기준을 정할 수 없다**

양심적 병역 거부자를 판단하는 기준은 말 그대로 양심에 있다. 그러나

1) 국방연구원의 설문 조사 결과 군 간부의 81.2%, 사병의 74.7%가 대체 복무 허용에 반대한 것으로 나타났다. 일반인의 경우 징병 검사 대상자의 46.7%가 허용해서는 안 된다고 답한 반면 일반 국민들은 그 비율이 72.3%에 달했다. 또 대체 복무를 허용할 경우에도 공익 분야보다 힘든 곳에 배치해야 한다는 응답이 절반 이상이었으며 기간에 대해서도 일반인의 54%와 군 장병의 85%가 일반 복무보다 긴 36개월 이상이어야 한다고 응답했다. 또 2005년 12월 27일부터 2006년 1월 25까지 15562명이 참여한 대체 복무에 대한 네이버의 설문 조사에 따르면 30.72%(4781명)이 입법화를 서둘러야 한다고 답변한 반면 69.28%(10781명)이 시기상조라고 답하였다.

개인의 양심을 판단하는 기준은 불확실하고 객관적이지도 못하다. 양심은 그 사람의 마음을 알아야 하는데 열 길 물속은 알아도 한 길 사람 속은 모른다는 속담이 있듯이 그 사람의 마음을 안다는 것은 결코 쉬운 일이 아니며 그렇다고 정확하다고 할 수도 없다. 또, 양심이라는 애매모호한 기준으로 판단한 결과를 모든 사람들이 신뢰할 수 있을까? 이 질문의 답은 '아니다'이다. 양심이라는 것은 변할 수 있는 것이며, 변하지 않는다 하더라도 확실하게 알 수가 없다. 양심이란 것을 정확히 알 수 없기 때문에 파생되는 문제는 바로 악용의 가능성이다. 우리나라의 경우 징병제로써 병역을 기피하면 처벌을 받게 된다. 양심적이라는 기준만으로 병역 기피와 양심적 병역 거부를 나누는 일은 매우 까다로운 일이다. 아무리 심사숙고한다고 해도 논란의 여지는 남아 있을 게 분명하다. 그리고 만약 양심적 병역 거부권을 인정한다면 병역을 기피하려는 목적으로 단순히 군대 가기 싫은 사람들도 너도 나도 양심이라고 외치면서 병역 의무를 거부할 것이다.

'양심'이라는 기준으로 보다 정확하게 판단하기 위해서 양심적 병역 거부자를 판단하는 기구를 만들어 가려낸다고 해도 양심의 불확실성은 사라지는 것이 아니며 양심적 병역 거부자를 가려내는 사람들 사이에서도 기준이 객관적이지 않기 때문에 다르게 판단할 수도 있다. 병역 거부자에 대해 판단할 때 어떤 판단자들은 양심적이지 않다고 판단할 수 있고, 또 다른 판단자들은 양심적이라 판단할 수도 있다. 이런 경우엔 아마도 다수의 의견을 따라 양심적이라 판단하는 사람들이 많다면 양심적 병역 거부자로 분류할 것이고, 그렇지 않다면 단순 병역 기피자로 분류할 것이다. 이 작은 단체 안에서도 양심이라는 기준으로 판단하기 때문에 생각이 다를 수 있다. 그렇다면 국가라는 큰 사회 안에서 어떻게 양심적 병역 거부자에 대한 판단에 대해 객관적으로 국민들을 납득시킬 수 있겠는가?

기준이 객관적이지 못하다는 문제점을 보완하여 양심적 병역 거부 찬성자들은 객관적인 기준을 세워서 판단하면 되지 않느냐고 주장한다. 그 예로 주로 대만을 든다. 대만은 해당 종교에 2년 이상 속해 있어야 하고 '심리적으로 현역 상비군 임무를 수행할 수 없는 상태'여야 한다고 규정하고 있다. 또 신청 시 종교 단체로부터 발행받은 증명서를 첨부해야 하며, 이때 종교 단체는 정부에 합법적으로 정식 등록되어 있는 종교 단체여야 한다고 하였다. 그러나 이것도 판단 기준으로 적합하지 못하다. 왜냐하면 해당 종교에 2년 이상 속해 있다 하더라도 반드시 믿음이 독실하다 할 수 없다. 설령 해당 종교에 속해 있기 때문에 종교에 대한 믿음이 있다고 판단한다 하더라도 2년은 군복무를 대체할 수 있다면 누구든지 해당 종교에 속해 있을 수 있을 만큼의 기간이다. 그러므로 자신이 해당 종교에 2년 이상 속해 있으므로 자신의 신앙적 양심을 위배 못한다는 주장이 반드시 양심적이라고 받아들이기는 어렵다. 교회를 오랫동안 다닌다고 해서 믿음이 굳건한 것은 아니다. 예를 들어 많은 학생들이 교회나 성당을 다니고 있지만 모두 독실한 것만은 아니기 때문이다. 그러므로 이러한 판단은 오류가 있어 보인다.

양심적 병역 거부의 최대의 난점은 객관적이고 신뢰할 수 있는 기준을 만들 수 없다는 것에 있다. 양심이라는 것이 객관적일 수 없는 다분히 주관적인 것이기 때문이다.

1) - 3. **현역에 군복무하는 사람들과 양심적 병역 거부자의 형평성에 문제가 있다**.

양심적 병역 거부자들은 군대 대신에 대체 복무제를 주장한다. 양심적 병역 거부자들은 병역을 면제해 달라는 것이 아니라 군대를 가지 않는 대신 사회에 도움이 되는 일을 하겠다는 것이다. 그런데 만약 기간이 같다면 군복무보다 편한 대체 복무를 하겠다는 사람들이 많아질 것이다. 이것을 보완하여 양심적 병역 거부 찬성자들은 대체 복무를 현역 복무 기간보다 길게 하겠다고 주장한다. 또, 군대에서의 억압적이고 사회와 분리된 생활에 비해 자유로운 생활이 가능하고 집에서 출퇴근하는 대체 복무와의 형평성 문제가 제기되자 군대와 같은 생활은 하되 기본 군사훈련은 하지 않겠다고 한다. 하지만 기본 군사훈련을 하지 않는다는 것은 전쟁이 일어났을 경우 최소한의 방어도 하지 않는다는 것과 같다. 현역 군인들이 군사훈련을 받는 것은 만약 전쟁이 일어났을 때 조국을 지키기 위해 싸우겠다고 동의한 것과 같다. 그리고 전쟁이 일어난다면 현역으로 있는 군인들은 총알이 쉴 새 없이 쏟아져 나오는 전쟁터로 나가야만 한다. 그렇기 때문에 오늘날과 같이 정세가 불안정한 시점에서 현역 군인들의 내적인 압박감과 두려움은 클 것이다.

또한, 압박감과 더불어 상대적 박탈감도 느낄 수 있다. 양심적 병역 거부자들이 주장하고 있는 대체 복무는 주로 봉사 활동으로 고된 육체적 훈련을 요하는 군복무보다 쉬워 보이기 때문에 현역 군인들 입장에서는 자신들의 양심 때문에 군복무를 못하겠다고 주장하였다면 누릴 수 있었을 권리를 누리지 못했다고 생각할 것이고, 이로 인한 불만으로 군복무를 수월히 이행하지 못할 것이다.

이에 비해 양심적 병역 거부자들은 전쟁이 일어났을 때 살인 행위를 하지 않는다는 명목 아래 아무것도 하지 않을 것이다.[2] 적으로부터 방어를 하려면 기본적인 기술이라도 알아야 하지만, 기초 군사훈련도 받지 않은 이들이 무엇을 할 수 있겠는가? 고작 4주의 기초 군사훈련을 받지 않겠다고 감옥에 가는 양심적 병역 거부자들이 많다. 어떻게 보면 고작 4주를 양보하지 못하고 젊은 청년들이 아까운 시간을 감옥에서 보내게 하느냐고 하겠지만, 그 고작 4주의 의미는 국가가 위험한 지경에 처해 있을 때 국가를 위해 싸우겠다는 것을 내포하고 있다. 이 기초 군사훈련마저 받지 않겠다는 것은 위험한 순간에 뒤에서 도움만 받겠다는 이기적인 생각과 다를 것이 없다고 생각한다.

양심적 병역 거부를 인정하기 어려운 큰 이유는 육체적인 형평성은 어떻게 해서든 맞출 수 있지만 심리적인 형평성을 맞추기가 어렵기 때문이다.

2) 양심적 병역 거부 찬성 의견에 대한 반박

2) - 1. 양심적 병역 거부 찬성 의견의 전제에 대한 나의 반박

① 살인을 하지 않기 위해 군대를 가지 않는다는 양심적 병역 거부의 전제에 오류가 있다.

양심적 병역 거부자들은 살인을 하지 않기 위해 군대에 가지 않는다고 주장한다. 군사훈련이 살인 행위를 위한 것이라고 주장하기도 한다. 하지만

---

2) 이렇게 생각하는 이유는 양심적 병역 거부자들이 병역 거부를 하면서 하는 주장이 '군대는 살인을 위한 곳이므로 살인을 하지 않기 위해 군대에 가지 않겠다'고 했기 때문이다.

군에서 배우는 훈련은 누군가를 죽이기 위한 것이 아니라 전쟁이 일어났을 때 우리나라 국민들을 지키기 위해서 배우는 것이다.

이들은 살인미수와 군사훈련을 두고 혼동하는 것 같다. 살인미수는 어떤 특정한 이를 해칠 계획을 세웠다가 실행하려는 단계에서 실행치 못하고 형장 체포되었을 때 쓴다. 이것은 분명히 살인 행위를 하려는 것이다. 하지만 군사훈련은 어떤 특정인을 해치려는 목적으로 하는 것이 아니다. 다시 말해 공격 대상이 있을지조차 분명치 않다는 것이다. 단지 앞으로 있을지도 모르는 적에 대비해서 훈련을 받는 것일 뿐이다. 그 의도 역시 살인미수의 의도와는 달리 우리나라 국민들을 보호하고, 우리나라를 지키기 위함이다.

그렇다면 한 걸음 양보해서 2년 동안 군사훈련을 하는 것이 양심에 위배된다면 의료병이나 취사병 등 비교적 군훈련을 받지 않는 쪽에 복무를 하면 되지 않을까란 생각을 해 보았다. 하지만 양심적 병역 거부자들은 고작 4주의 기초 훈련이 포함되어 있기 때문에 이 또한 할 수 없다 하고 의료병이나 취사병도 살인을 위한 조직인 군대를 돕는 것이므로 이런 곳에 일한다는 것은 살인 행위를 돕는 것이라고 주장하면서 거부하고 있다. 이들이 주장하는 것처럼 살인에 대해서 포괄적으로 주장한다면, 그들은 요리를 하기 위해 칼을 들지 말아야 한다. 누군가를 해칠 수 있는 위험이 있기 때문이다. 그들의 논리에 따르면 요리하기 위해 칼을 드는 행위조차도 살인을 위한 행위가 될 수 있기 때문이다.

② 양심적 병역 거부자들이 군대를 가지 않는 일이 평화운동이라 생각하는 것은 잘못된 것이다.

양심적 병역 거부자들은 평화적인 세계를 위해 군복무를 할 수 없다고 주장한다. 군대 가는 것이 폭력의 산물이며 살인 행위를 하기 위한 곳이기 때문에 평화를 해치지 않기 위해서 군복무를 할 수 없다고 주장한다. 그렇다면 지금 현역에 복무하고 있는 이들은 평화를 해치기를 좋아하는 사람들일까? 전혀 그렇지 않다. 이들 역시 평화를 사랑하고 어떤 이들은 평화를 위해 실천을 하고 있을지도 모른다. 평화라는 것은 모두가 바라는 것이지 양심적 병역 거부자들만이 특출나게 바라는 것은 아니다.

양심적 병역 거부자들이 주장하는 것처럼 군대는 폭력의 산물이며 살인 행위를 하기 위한 곳이라면 군대는 매우 부정적인 것이고 이런 부정적인 요소는 없애는 것이 좋을 것이다. 만약 우리나라에 군대가 없어지게 되면 어떻게 될까? 전쟁이 일어났을 때 우리는 자국을 지킬 수 없으며 곧 다른 나라의 하위에 들어가게 될 것이다. 이런 결과가 나오는 이유는 세계는 약육강식의 세상이기 때문이다. 다른 나라들이 모두 군대를 갖지 않고 전쟁이 일어날 가능성이 없으며 강한 자이든 약한 자이든 모두 힘을 합쳐 평화롭게 산다면 굳이 무엇 때문에 피해자들을 만들면서 군대를 운영하겠는가? 모두들 평화를 사랑하지만 생존을 위해서 힘을 키우는 것이다. 그 나라의 힘은 군사력의 뒷받침이 있어야 한다. 북한만 보아도 알 수 있다. 분단국가이고 경제적으로도 후진국 대열이며 사회주의 체제로 사람들의 복지도 높지 않은 작은 나라 북한을 강대국 중의 강대국인 미국도 마음대로 하지 못한다. 그 이유는 북한의 군사력3)이 무시할 수 없을 만큼 위협적이기 때문이다. 그러므로 각 나라들은 자신들의 힘을 키워 강자가 되어 자국을 지키려는 것이다.

양심적 병역 거부자들의 주장은 평화를 위한 것이 아니다. 우리가 사는 큰 세계 안에서 그들 개개인, 게다가 소수의 사람들이 양심을 운운하면서 평화로운 세상을 이룩하자고 해도 약육강식인 세상의 이치를 바꾸지 않는 한 그들의 행동은 평화운동을 위한 것이라기보다는 자기 합리화라고 할 수 있다. 간혹 양심적 병역 거부자들 중에서 진짜로 평화운동을 하고 있는 사람도 있겠지만, 그렇지 않은 양심적 병역 거부자들은 단지 군복무를 거부한 것만으로 자신들이 평화를 지키기 위해 대단한 무언가를 했다는 것처럼 말하는 것처럼 보인다.

2) - 2. **양심적 병역 거부 찬성 의견에 대한 반박**

① 군사력이 중요하다면 징병제보다 지원제가 더 낫지 않은가? 인력을 대체할 수 있는 성능 좋은 전쟁 장비를 갖추면 국민들의 양심도 지킬 수 있고 국력도 유지시킬 수 있지 않을까?

군사력이 중요하다고 생각한다면 징병제보다 지원제가 더 나을 것이란 주장엔 동의한다. 그 일을 하고픈 사람들이 더 열심히 하고 더 열정적으로 일

3) 북한은 국방에 많은 투자를 하고 있으며 핵을 보유한 것 역시 군사력이라고 생각한다.

에 임하기 때문이다. 하지만 이것은 지금 우리나라 형편상 당장 실현할 수는 없다. 지원제를 한다는 것은 직업군인을 선발한다는 것이다. 직업이라면 그 일에 임하는 사람들에게 생활을 영위할 수 있는 급여를 지급해야 한다. 그렇지만 병력을 유지하기 위한 수만큼 직업군인을 선발한다는 것은 현재 우리나라 국가의 예산에 맞지 않다.

군대는 정부가 세금을 얻어 운용하게 된다. 그런데 우리나라의 조세 부담률은 유럽 등의 선진국과는 달리 GDP 대비 20%선에 그치고 있어 지원제로 할 경우 인권비로 인해 증가할 천문학적인 예산을 감당할 수 없다. 또, 지원제로 할 경우 징병제보다 적은 사람이 모이게 될 것이다. 아직도 병력이 전력 지수의 중심적인 위치에 있는 병력 집약적 군 구조상 상당한 전력 공백을 야기할 수 있기 때문에 지금 상태에서 지원제를 하는 것은 무리이다. 또, 복무 기간 단축에 따른 병역 자원 부족 상황을 고려해 본다면 전력 공백은 더욱 커질 것이다. 그러면 부족한 인원만큼의 전력을 보충하기 위해 전쟁 장비를 구입하면 되지 않겠냐고 하겠지만 전쟁 장비의 액수가 만만치 않으며 전쟁 장비로 부족한 전력을 채우기엔 아직 역부족이다. 우리나라에서 현재 쓰고 있는 전투기는 KF-16으로 한대 당 가격이 400억 원 정도이다. 그리고 한개 대대의 일 년 동안의 유지비는 600억 원 정도이다. 군대 한개 대대의 전력을 전투기 한대로 대체할 수는 없을 것이다.

지원제로 인한 군인들의 급여 상승과 전쟁 장비 구입을 위한 예산 증가는 바로 대다수의 국민들의 세금으로 충당되게 된다. 당연히 더 많은 비용이 들기 때문에 국민들의 세금 부담은 증가할 것이다. 그러나 세금 증가만으로 비어 버린 전력을 채우기에는 한계가 있다. 그러므로 지원제는 우리나라 경제수준이 향상하고 국가 안보가 향상하였을 때 이루어질 수 있기 때문에 지금 우리나라 상황에서 맞지 않다고 할 수 있다.

② 양심의 자유는 헌법에 보장된 인간 존엄성의 기초로서 국가 비상 상태에서도 유보될 수 없는 최상급의 기본권이다. 국방의 의무를 더 중시하는 것은 이 기본권을 하위에 두고 있는 것 아닌가?

헌법 제19조 '양심의 자유'는 양심적 병역 거부 찬성의 법적 근거이고 헌법 제39조 '국방의 의무'는 양심적 병역 거부 반대의 법적 근거이다. 찬성자들은 양심의 자유를 중심으로 주장하고 반대자들은 국방의 의무를 중심으로 주장한다. 그런데 찬성자들은 헌법 제10조인 "모든 국민은 인간으로서의 존엄과 가치를 가지며, 행복을 추구할 권리를 가진다. 국가는 개인이 가지는 불가침의 기본적 인권을 확인하고 이를 보장할 의무를 진다"를 함께 근거로 들면서 양심의 자유를 국방의 의무의 하위에 둘 수 없다고 주장한다. 그러나 양심의 자유를 국방의 의무 하위에 두고 있다는 주장은 단지 헌법에 대한 해석 차이일 뿐이라 생각한다. 헌법에 명시된 것들은 모두 동등한 것이고 무엇이 하위인지를 판단하는 것은 어리석은 일이다. 왜냐하면 상황에 따라서 해석의 차이가 있다면 그를 수도 있고 옳을 수도 있기 때문이다.

국방의 의무를 중요하게 생각하는 것은 국가가 존재해야만 국민의 권리를 지킬 수 있으며, 국민의 권리를 증진시킬 수 있기 때문이다. 만약 국방력이 없어 우리나라가 다른 나라의 하위에 속하게 되었다면, 우리는 지금 희생해야 하는 권리보다 더 많은 것을 포기하고 살아야 할지도 모른다. 팔은 안으로 굽는다는 말이 있다. 자국이 아닌 일종의 식민지 나라의 국민을 누가 성심성의껏 돌봐 주겠는가? 소수의 사람들이 군복무로 인해 희생당하고 있지만 더 큰 권리를 보장받기 위해선 불가피한 선택이라고 할 수 있다.

③ 한해 교도소에 가는 600여 명의 젊은 인재들을 다른 곳에서 일하게 하는 게 국가에게 이득이지 않을까?

물론 양심적 병역 거부로 징역살이를 하고 있는 젊은 인력들을 다른 곳에서 일하게 하는 것은 국가에게 도움이 되는 일일 것이다. 그럼에도 국가가 그렇게 하지 않는 이유는 양심적 병역 거부를 인정한다면 부정적 파급효과가 크기 때문이다. 이는 즉, 대체 복무제를 인정하자는 것인데 그렇게 되면 대부분의 사람들이 대체 복무를 하려고 할 것이고, 그렇게 되면 군사 체제가 엉망이 될 것이다. 군사 기강 또한 해이해질 수 있다. 양심적 병역 거부를 하면 더 편하게 보낼 수 있었을 거란 박탈감에 군훈련에 열심히 임하지 않을 것이고 불만이 커져서 통제하기가 어려워질 것이다. 지금까지 계속 주장한 것처럼 군사력은 각 나라에서 매우 중요한 것이기 때문에 군 체제가 허물어진다는 것은 자칫 치명적일 수가 있다. 이는 빈대를 잡고자 초가산간을 다 태우는 일일 것이다.

④ 우리나라와 비슷한 상황의 대만에서 대체 복무는 성공적으로 이루어지고 있다. 또, 이스라엘도 분단국가이지만 양심적 병역 거부를 인정하고 있다. 그런데 우리나라는 왜 시행하지 않는 것인가?

양심적 병역 거부 찬성자들은 대만 역시 중국과 대립하고 있으며 언제 전쟁이 일어날지 모르는 우리와 비슷한 안보 상황에서도 대체 복무제를 인정하였고 성공적으로 운영되고 있기 때문에 우리나라에 대체 복무제를 도입해도 문제가 되지 않을 것이라고 주장한다. 그러나 대만은 중국과 분단된 것이 아니라 하나의 독립된 나라이다. 그리고 우리나라는 현재 정전이 아닌 휴전 상태에 있으며 극단적 정규전은 일어나지 않았지만, 간간히 작은 충돌은 꾸준히 이어지고 있다. 그 예가 연평도 앞바다의 해전이다. 또, 안보 상황이 다른 국가들과의 비교는 합리적이지 못하다. 군사에 필요한 인력을 획득·활용하는 병역 제도는 국가의 체제와 여건에 따라 결정되기 때문이다. 대만의 국방비는 185억 달러로 우리나라 국방비인 123억 달러에 비해 더 많은 비용을 국방 예산에 쏟고 있으며, 병력 가용 자원 또한 우리나라와 달리 늘어나고 있는 추세이다. 또, 대만은 독립된 나라이기 때문에 휴전된 상태가 아니며, 국방비의 차이로 보나 병력 가용 자원으로 보나 우리나라와 같은 상황이라고 말할 수도 없다.

이스라엘의 경우 나라 자체가 종교 국가이고, 그 지역 역시 종교 지역이기 때문에 종교가 매우 중요한 의미를 갖는다. 그렇게 때문에 분단 상황에서도 종교에 의한 양심적 병역 거부를 수용하기에 더 수월했을 것이다. 그러나 우리나라는 종교 국가도 아니고 우리나라 지역이 종교 지역도 아니다. 그러므로 분단이라는 하나의 문제 상황만 놓고 따져 보았을 땐 이스라엘의 경우와 우리나라 경우가 같아 보이지만, 사실상 같은 것이 아니다.

다른 나라가 성공한 정책이라 해서 우리나라에서도 역시 성공하리라는 보장은 없다. 즉 어느 나라의 예를 들더라도 우리나라 대체 복무와 병역 형태는 우리나라의 현실을 최상으로 고려한 다음 결정해야 한다.

⑤ 언제나 전쟁의 위험은 있을 것이다. 그렇다면 계속 양심적 병역 거부를 인정하

지 않을 것인가?

인간은 문명이 발생한 이후로부터 줄곧 전쟁을 일으켜 왔다. 우리가 앞으로 살아가는 날 동안에도 전쟁의 위험은 항상 존재할 것이다. 어떤 문제에 직면했을 때 자신의 주장만을 너무 내세우는 것은 모두에게 좋지 않은 영향을 끼친다. 문제가 있다면 합의점에 도달하여 개선하는 것이 최우선일 것이다. 그러므로 양심적 병역 거부라는 문제에 대한 해결은 언젠가는 이루어져야 한다. 그러나 지금은 시기상조라는 것이다.

양심적 병역 거부를 단호하게 반대하는 사람들의 주장처럼 북한과 통일을 하고 국력이 어느 정도 도달했을 때 양심적 병역 거부를 인정할 수 있을 것이란 것은 양심적 병역 거부자들에게 너무 오랫동안 희생을 요구하는 것이다. 빠른 시일 내에 합의점을 찾아내야 하지만, 지금 의견이 분분한 대체 복무제를 시행하는 것은 우리나라의 안보 상황이나 예산, 그리고 국민들의 여론 등을 고려했을 때 무리가 있다고 생각한다.

양심적 병역 거부를 인정하고 대체 제도를 도입하기 위해서는 군사 체제 개혁과 같은 제도 개혁이 같이 이루어져야만 한다. 군사 체제 개혁도 군사력을 공급할 만한 우리나라 경제 능력도 하루아침에 이루어지는 것이 아니다. 그렇기 때문에 지금은 양심적 병역 거부를 인정할 수 없다는 것이다.

3. 마무리하며

양심적 병역 거부에 대한 결론은 되도록 빠른 시일 내에 내려져야 한다. 소수의 국민의 권리를 다수를 위해 계속 침해할 수는 없기 때문이다. 나는 대체 복무 자체를 반대하는 것이 아니다. 양심적 병역 거부를 인정하고 대체 복무를 시행하기에는 합의해야 할 문제들도 있기 때문에 지금 당장 실현할 수 없다는 주장을 하는 것이다. 합의하기 제일 어려운 과제는 바로 형평성의 문제일 것이다. 완전한 형평성이란 이루기 어려운 것이다. 형평성의 차를 최소한으로 하는 것이 이제 우리들이 풀어 나가야 할 문제일 것이다.

대체 복무를 인정하게 된다면 일의 강도를 높이고 기간도 연장해야 할 것이다. 일의 강도를 높인다는 것은 예를 들어 생명을 다치게 할 수 있는 지뢰 작업 같이 위험하지만 다른 사람들에게 치명적일 수 있는 위험 물질들을 제거하는 일을 한다든지 나병 환자를 돌보는 것과 같이 봉사 정신이 투철하지 않다면 하지 못하는 일들을 하게 하는 것이다. 이런 제안이 너무 군복무자들의 형평성에만 치우쳐 정도가 심하다고 생각할 수도 있지만, 여러 가지 체제들이 불완전한 상태이기 때문에 부작용을 최소화하기 위해선 불가피한 일이라 생각한다. 이런 일들은 일반 국민들이 단순한 병역 기피를 하기엔 어렵고 위험한 작업이므로 양심적 병역 거부자를 판별하는 것에도 도움이 될 것이기 때문이다. 또, 군대와 같이 집단생활을 해야 한다고 생각하고 기초 군사 훈련에 참가하는 것 대신 전쟁이 일어났을 때의 대처법 등과 같은 것을 지식으로 습득하게 하는 것이 좋을 것 같다.

이런 대체 복무 제도는 반드시 군 개혁과 함께 이루어져야 할 것이다. 군대 개혁으로 군 생활의 질이 향상되고 병역 체제의 문제점도 개선되어 병역 기피의 수단으로 대체 복무를 택하는 정도가 낮아진다면 대체 복무의 정도는 봉사 활동 분야로 점점 넓혀 나가는 것이 좋을 것 같다. 그러나 군 개혁이 이루어지려면 오랜 시간이 걸리고, 여러 가지 제도들을 함께 개선해야 하는 것이므로 지금 당장 양심적 병역 거부를 인정하고 대체 복무를 시행하는 것은 어려울 것이다. 지금 당장 양심적 병역 거부자들이 받는 피해는 어떻게 할 것이냐고 반문한다면, 그들의 형벌의 감소와 같이 지금 그들이 받는 피해를 최대한으로 줄이는 방법밖에는 없는 것 같다.

— 학생의 글

〈더 읽어 볼 책〉

1. 강태완 · 김태용 · 이상철 · 허경호, 『토론의 방법』, 커뮤니케이션북스, 2001.

2. 한상철, 『토론』, 커뮤니케이션북스, 2006.

3. 박승억 · 신상규 · 신희선 · 이광모, 『토론과 논증』, 형설출판사, 2005.

4. 천대윤, 『토의 토론 회의 방법론』, 선학사, 2004.

5. Austin J. Freely, *Argumentation and debate*, Wadsworth, 1996.

6. Robert E. Dunbar, *How to Debate*, 1994.

7. Bauer, Otto F, *Fundamentais of Debate : Theory and Practice*, Rockbrook press, 1999.

문제 해결과 의사소통
— 발표와 토론

제1판 제1쇄 펴낸날 2007년 9월 14일
제1판 제6쇄 펴낸날 2017년 2월 28일

편저자 가톨릭대학교 학부대학
김상희 · 김영심 · 이지양 · 이현재 · 최선경 · 하병학 · 황성근
펴낸이 박영식
펴낸곳 가톨릭대학교출판부

출판 등록 제300-1989-1호(1989년 1월 13일)

우편번호 03083 | 서울시 종로구 창경궁로 296-12 | 전화 02-740-9718 | 전송 02-745-9793 |
전자우편 cukpress@catholic.ac.kr | 홈페이지 http://press.catholic.ac.kr |
인쇄제작처 가톨릭출판사

ISBN 978-89-7108-202-7 93000

값 10,000원